Unfall-Opfer: Das sind ihre Ansprüche

Was die Versicherungen zahlen. Und was Unfall-Opfer erhalten, wenn ein Dritter haftpflichtig ist

Hanspeter Thür

© 2003 Consuprint AG, 8001 Zürich
Alle Rechte vorbehalten
1. Auflage, August 2003

Druck: Huber & Co. AG, 8500 Frauenfeld

Autor: Hanspeter Thür
Redaktion und Produktion: Ernst Meierhofer
Layout: Max Rindlisbacher, Brigitta Colombo
Korrektorat: Romeo Vendrame

Bestelladresse:
saldo, Aboverwaltung,
Postfach 75, 8024 Zürich
www.saldo.ch

ISBN 3-907955-15-3

Inhalt

1 Wer ist unfallversichert? Und was ist ein Unfall?
8 Keine Unfallversicherung? Die Krankenkasse zahlt
9 Was ist ein Unfall? Es braucht fünf Voraussetzungen
9 Unfall oder Krankheit? Ein folgenschwerer Unterschied
10 Faire Arbeitgeber versichern ihre Putzfrau richtig
11 Auch Schwarzarbeiter sind gegen Unfall versichert
11 Abnützungserscheinungen sind keine Unfallfolgen
12 Checkliste: Wer ist UVG-versichert?
13 Unfallversicherung im Nebenjob: Brauche ich zwei Policen?
14 Die Abredeversicherung
15 Wann ist ein Zahnschaden «ungewöhnlich»?
16 Unfall oder nicht? Gefordert ist ein Kausalzusammenhang
17 Wann sind psychische Störungen die Folge eines Unfalls?
17 Ein Selbstmord gilt meistens nicht als Unfall
19 Wenn ein psychisches Leiden schon vor dem Unfall bestand
20 Schwer nachweisbar: Das Schleudertrauma
21 Tipps für den richtigen Umgang mit der Unfallversicherung
22 Die Berufskrankheit
23 Berufs- und Nicht-Berufsunfall
24 Die unfallähnlichen Körperschädigungen

2 Die Leistungen der Unfallversicherung
26 Die Vergütung der Heilungskosten
26 Private haben keinen Anspruch auf Spitex-Geld
27 UVG-Versicherte zahlen weder Franchise noch Selbstbehalt
28 Wie die Unfallversicherung Sachschäden vergütet
29 Die Geldleistungen der Unfallversicherung
29 Für den kurzfristigen Lohnausfall: Details zum UVG-Taggeld
30 Massgebend für die Zahlungen: Der versicherte Verdienst
31 Spezialfälle bei der Berechnung des Taggeldes
32 Mit der Abredeversicherung: Lohn trotz unbezahltem Urlaub?
33 Die Invalidenrente: Lohnersatz bis ans Lebensende
35 Die Integritätsentschädigung der Unfallversicherung
38 Die Hilflosenentschädigung gemäss UVG
39 Die Hinterlassenenrenten: Das erhalten Witwen und Waisen
41 Die Berechnung der Hinterlassenenrenten
43 Die Kürzung der UVG-Leistungen
43 Die Kürzung bei einer bereits bestehenden Krankheit
45 Die Kürzung bei Selbstmord
46 Die Kürzung bei Grobfahrlässigkeit
48 Die Kürzung bei Vergehen und Verbrechen
49 Die Kürzung bei aussergewöhnlichen Gefahren
50 Die Kürzung bei Wagnissen

3 Wann braucht es Zusatzversicherungen?

54 Zusatzversicherungen für Angestellte mit hohem Einkommen
55 Als Unfallpatient im Privatspital im Einerzimmer
55 Hausfrauen sind bei der Krankenkasse versichert
56 Prämienvergleich: Taggeldversicherung für eine Hausfrau
58 Summenversicherung und Schadenversicherung
59 Die Unfallversicherung für Selbständigerwerbende
61 Selbständige sollten das Risiko Krankheit nicht vergessen
62 Prämienvergleich: Erwerbsunfähigkeits-Rente für einen Mann

4 Das zahlen die Pensionskasse und die IV

64 Die Leistungen der Pensionskasse bei Unfall
66 So viel zahlt die staatliche Invalidenversicherung (IV)
68 Selbständige ohne UVG-Taggeld und Pensionskasse: Achtung!
69 Das Verbot der Überentschädigung und seine Folgen

5 Der «Täter» muss den Schaden ersetzen

72 Die Folgen von Absicht, Fahrlässigkeit und Verschulden
74 Der Nutzen der Privathaftpflicht-Versicherung
75 Privathaftpflicht-Versicherung und Schäden durch Kinder
77 Milde und scharfe Kausalhaftung
78 Für eine Haftung braucht es vier Voraussetzungen
79 Die zehn Gebote für Skifahrer und Snowboarder
82 Die Haftung von Fussgängern und Velofahrern
83 Die Haftung der Inlineskater
84 Die Haftung des Familienoberhauptes
85 Die Haftung des Hausbesitzers
86 Die Werkeigentümerhaftung
87 Die Haftung von Bergbahn- und Skiliftbetreibern
88 Die Haftung des Tierhalters
90 Die Produktehaftpflicht
91 Die Haftung der Geschäftsleute
91 Die Haftung des Autohalters
94 Die Konsequenzen der Strolchenfahrt
95 Unschuldig in Unfall verwickelt: Haftet Autohalter trotzdem?

6 Schadenberechnung, Haftungsreduktion und Regress

98 Schäden an Tieren werden teurer
98 Die Elemente des Schadens
100 Verhinderte Ferien: Der Schädiger muss Ersatz zahlen
100 Die Heilungs- und Bestattungskosten
101 Muss mir der Schuldige die Privatabteilung zahlen?
102 So wird der Versorgerschaden berechnet

105 Die Berechnung des Lohnausfalls
106 Berechnung des Barwerts: So werden Zahlungen kapitalisiert
107 Beispiele für die Berechnung des Lohnausfalls
108 Die Berechnung des Lohnausfalls für ein kleines Kind
110 So wird der Haushaltschaden berechnet
112 Tabelle: Der Zeitaufwand für Hausarbeit und Kinderbetreuung
114 Der Haushaltschaden von Teilzeitlerinnen
116 Der Pflege- und Betreuungsschaden
118 In diesen Fällen ist die Haftung des «Täters» reduziert
119 Der Regress: So belangen die Versicherungen den «Täter»
123 Die Arbeitgeber-Haftung beim Unfall eines Angestellten
125 Das Haftungsprivileg unter Verwandten

7 Das Schmerzensgeld für Geschädigte
126 Sinn und Zweck der Genugtuung
128 So wird das Schmerzensgeld konkret bemessen
129 Das Schmerzensgeld beim Verlust eines Angehörigen
130 Schmerzensgelder für Opfer: So haben Gerichte entschieden
132 Das Schmerzensgeld bei erlittenen Körperverletzungen

8 Die Leistungen der Opferhilfe
134 Opferhilfe gibt es auch nach Straftaten im Ausland
135 Der Schadenersatz gemäss Opferhilfegesetz
136 Opfer dürfen die Anlaufstelle frei wählen
136 Die Genugtuung gemäss Opferhilfegesetz
137 Die Zahlungen von Versicherungen werden angerechnet
138 Geldansprüche an die Opferhilfe verjähren nach zwei Jahren

9 Der Rechtsweg: So wahren Versicherte ihre Rechte
140 Vom Nutzen der Rechtsschutz-Versicherung
141 Der Rechtsweg in der Unfallversicherung
142 Die Ombudsstellen: Eine Alternative zum Gerichtsweg
143 Das Verfahren im Sozialversicherungsrecht: Auch für Laien
144 Der Rechtsweg bei der Invalidenversicherung
144 Der Rechtsweg bei der Krankenversicherung
145 Der Rechtsweg bei der Pensionskasse
146 Das Verfahren im Zivilprozessrecht
147 Saldo-Quittungen können tückisch sein

10 Adressen und Stichwortregister
150 Anlauf- und Beratungsstellen für Versicherte und Unfallopfer
153 Verzeichnis der Krankenkassen und Unfallversicherer
156 Stichwortregister

Der Autor

Hanspeter Thür, geboren 1949, arbeitet seit 1983 als Rechtsanwalt in Aarau. Sein Arbeitsschwerpunkt liegt im Zivil- und Sozialversicherungsrecht. Er war bis 1983 als Rechtsberater und Journalist beim Zürcher «Tages-Anzeiger» tätig und führt seither ein eigenes Anwaltsbüro. Er ist Mitautor von Ratgebern zu den Themen Versicherung und Arbeitsrecht. Seit September 2001 ist Thür ausserdem Eidgenössischer Datenschutzbeauftragter.

Vorwort

Damit ein Unfall Sie nicht ruiniert...

Wer gestern noch munter und kerngesund war, kann heute verunfallen und lebenslänglich invalid werden. Neben den Heilungs- und Behandlungskosten fällt dabei ins Gewicht, dass Unfallopfer keiner Arbeit mehr nachgehen können. Selbst begüterte Personen geraten dann in finanzielle Schwierigkeiten, falls sie nicht genügend versichert sind.

In der Schweiz werden solche Schäden nicht einfach von der «Versicherung» übernommen; zuerst gilt es festzustellen, welche Versicherung überhaupt zuständig ist.

Rührt die Schädigung von einer Krankheit her, ist die Krankenkasse zuständig. Wenn ein Unfall zum Schaden führte, muss die Unfallversicherung bezahlen. Und falls eine fremde Person – zum Beispiel ein Autolenker – einen Unfall verschuldet hat, wird die Haftpflichtversicherung (oder die haftpflichtige Person) zur Kasse gebeten. Bei Invalidität sind zusätzlich noch die IV und die Pensionskasse zuständig.

In jedem dieser Fälle ist ein anderes Gesetz im Spiel: Bei der Krankenkassen-Grundversicherung ist es das Krankenversicherungsgesetz (KVG), bei den Zusatzversicherungen der Krankenkassen das nicht eben konsumentenfreundliche privatrechtliche Versicherungsvertragsgesetz (VVG). Chronisch kranke Personen haben sich zusätzlich mit dem Gesetz über die Invalidenversicherung und dem Gesetz über die berufliche Vorsorge (BVG) herumzuschlagen. Angestellte, die einen Unfall erleiden, sind mit dem Unfallversicherungsgesetz (UVG) konfrontiert. Es sei denn, eine Drittperson habe den Unfall verschuldet – in diesem Fall ist das Haftpflichtrecht zuständig.

Um sich in diesem Versicherungs- und Rechtsdschungel zurechtzufinden, sollten sich Versicherte gründlich informieren, um den Versicherungen Paroli bieten zu können. Nur wer seine Ansprüche genau kennt, kann seine Rechte gegenüber einer Versicherung oder einer haftpflichtigen Person durchsetzen.

Dieser *saldo*-Ratgeber informiert ausführlich über alle Fragen im Zusammenhang mit Unfall, Invalidität und Arbeitsunfähigkeit. Er beantwortet auch die Frage, wer bei einem Unfall haftet und wie der Schaden berechnet wird. Die Krankenversicherung fehlt in diesem Buch. Diese Informationen sind im K-Tipp-Ratgeber «Krankenkasse: Das Beste daraus machen» zusammengefasst.

Zürich, August 2003
Verlag und Autor

Die Unfallversicherung für Angestellte
Wer ist versichert? Was ist ein Unfall?

Die meisten Beschäftigten unterstehen dem vollen Schutz der obligatorischen Unfallversicherung. Falls ihnen etwas zustösst, sind sie finanziell gut abgesichert. Voraussetzung ist allerdings, dass das Ereignis auch wirklich als Unfall gilt.

Alle in der Schweiz beschäftigten Arbeitnehmerinnen und Arbeitnehmer sind obligatorisch gegen die Folgen von Berufsunfällen am Arbeitsplatz und gegen Berufskrankheiten versichert – auch Teilzeitler mit einem Minipensum.

Die Beschäftigten müssen sich nicht selber um diesen Schutz bemühen: Der Arbeitgeber ist verpflichtet, sie zu versichern – und er muss auch die entsprechende Berufsunfall-Prämie zahlen.

Auch Putzfrauen müssen übrigens vom Arbeitgeber gegen Unfall versichert werden – selbst wenn sie nur eine Stunde pro Woche ins Haus kommen (siehe Kasten auf Seite 10).

Tipp
**Keine Unfallversicherung?
Die Krankenkasse zahlt**

Personen ohne Anstellung – also Kinder und Jugendliche, Hausfrauen, Erwerbslose, die nicht stempeln, Ausgesteuerte, Pensionierte und Selbständigerwerbende – unterstehen nicht dem Obligatorium der Unfallversicherung.

Ihre Heilungskosten sind nach einem Unfall aber trotzdem in jedem Fall gedeckt – und zwar durch die Krankenkasse (Details auf Seite 55 ff.).

Viele Betriebe – vor allem beim Bund, im Baugewerbe und in der Industrie – sind von Gesetzes wegen obligatorisch bei der Suva, der Schweizerischen Unfallversicherungsanstalt, versichert. Das betrifft annähernd zwei Drittel aller Beschäftigten.

Die restlichen Angestellten sind bei privaten Versicherungsgesellschaften versichert; sie geniessen dort den gleichen Schutz und die gleichen obligatorischen Leistungen wie bei der Suva, denn für alle gilt dasselbe Gesetz: das Bundesgesetz über die Unfallversicherung (UVG).

Die meisten Arbeitnehmerinnen und Arbeitnehmer sind aber nicht nur für Unfälle versichert, die sich am Arbeitsplatz ereignen. Wer mindestens acht Stunden pro Woche bei *einem* Arbeitgeber arbeitet, ist automatisch auch gegen Unfälle in der Freizeit versichert; im Gesetz heissen sie Nicht-Berufsunfälle (NBU, siehe Details auf Seite 23). Dieser Versicherungsschutz gilt grundsätzlich auch für Beschäftigte, die für ihre Firma im Ausland arbeiten.

Die Prämie für die Nicht-Berufsunfall-Versicherung müssen im Prinzip die Angestellten zahlen. Es gibt aber Betriebe, die sich freiwillig an den NBU-Kosten beteiligen.

Ein Prämienbeispiel: Die NBU-Prämie kostet bei der Suva für ein mittleres Jahreseinkommen von 55 000 Franken zwischen 40 und 120 Franken pro Monat (je nach Branche, Stand 2003).

Bei den privaten Versicherungsgesellschaften sind die Prämien oft um rund 20 Prozent günstiger. Nach Meinung der Suva hängt das damit zusammen, dass die Risikostruktur bei den Branchen, die bei der Suva versichert sind, ungünstiger ist.

Unfall oder Krankheit? Der Unterschied ist folgenschwer

Bei jedem Gesundheitsschaden muss als Erstes abgeklärt werden, ob es sich um einen Unfall oder um eine Krankheit handelt. Denn im schweizerischen Gesundheitssystem sind zwei Gesetze für die Gesundheit zuständig: das Krankenversicherungs- und das Unfallversicherungsgesetz. (Zusätzlich spielt für die Zusatzversicherungen der Krankenkassen und für Taggelder noch das Versicherungsvertragsgesetz VVG eine Rolle, siehe Seite 59 ff.)

Die Unterscheidung zwischen Unfall und Krankheit ist deshalb von Bedeutung, weil je nachdem unterschiedliche Leistungen ausbezahlt werden.

Generell werden Geschädigte bei einem Unfall besser entschädigt (siehe Seite 42).

Deshalb streiten die Versicherungen oft darüber, ob ein Leiden auch tatsächlich auf einen Unfall zurückzuführen ist – denn es geht um viel Geld.

Was ist ein Unfall? Es braucht fünf Voraussetzungen

Das Gesetz definiert den Unfall als «die plötzliche, nicht beabsichtigte schädigende Einwirkung eines ungewöhnlichen äusseren Faktors auf den menschlichen Körper». Damit sind fünf konkrete Voraussetzungen verlangt:

1. Die schädigende Einwirkung. Nötig ist eine medizinisch feststellbare Verminderung der physischen und psychischen Gesundheit. Wer einen heftigen Schlag auf den Kopf erhält, ohne dass er Kopfschmerzen verspürt oder sonst wie gesundheitlich beein-

In diesem Kapitel

Seite 8	Der Schutz gilt am Arbeitsplatz, aber auch in der Freizeit
Seite 9	Die fünf Voraussetzungen, damit der Unfall als Unfall gilt
Seite 10	So versichern Sie Putzfrauen
Seite 11	Auch Schwarzarbeiter sind gedeckt
Seite 12	Checkliste: Wer ist UVG-versichert?
Seite 13	Unfallversicherung im Nebenjob: Braucht es zwei Policen?
Seite 14	Die Abredeversicherung
Seite 15	Wann gelten Zahnschäden als Unfall?
Seite 16	Ohne Kausalzusammenhang zahlt die Unfallversicherung nicht
Seite 17	Psychische Störungen und Kausalzusammenhang
Seite 17	Selbstmord ist meist kein Unfall
Seite 19	So wird ein bereits bestehendes psychisches Leiden gewertet
Seite 20	Das Schleudertrauma
Seite 21	Checkliste für den richtigen Umgang mit der Unfallversicherung
Seite 22	Einige Berufskrankheiten zählen als Unfall
Seite 23	Berufsunfall und Nicht-Berufsunfall
Seite 24	Die unfallähnlichen Körperschädigungen

trächtigt wird, erleidet keine schädigende Einwirkung.

2. Die plötzliche Einwirkung. Während eine Krankheit oft schleichend verläuft, kennzeichnet sich der Unfall durch eine plötzliche Einwirkung von aussen. In der Regel dauert diese nur einige Sekunden oder Minuten (Sturz, Stich, Schuss, Stoss oder Schlag).

Faire Arbeitgeber versichern ihre Putzfrau richtig

Die wichtigsten Details zum Thema Putzfrau und Unfallversicherung:

- Jeder einzelne Arbeitgeber einer Putzfrau ist dafür verantwortlich, dass seine Hausangestellte gegen Unfälle versichert ist. Die Mindestprämie dafür beträgt für jeden Arbeitgeber einzeln 100 Franken pro Jahr. Die Versicherung muss bei einer privaten Versicherungsgesellschaft abgeschlossen werden, bei der Suva ist das nicht möglich.
- Falls die Frau pro Jahr im betreffenden Haushalt weniger als 2000 Franken verdient, kann sie gegenüber der AHV ein Verzichtsformular unterschreiben; dann sind keine AHV-Prämien geschuldet. Voraussetzung ist aber, dass die Hausangestellte daneben noch einen AHV-pflichtigen Haupterwerb hat (das Führen eines Haushalts gilt bei verheirateten Frauen ebenfalls als Haupterwerb). In diesem Fall besteht auch keine Unfallversicherungspflicht und die Putzfrau kann zusammen mit dem Arbeitgeber bei der UVG-Ersatzkasse eine Verzichtserklärung einreichen (Badenerstrasse 694, 8048 Zürich, Tel. 01 434 61 90).
- Liegt eine solche UVG-Verzichtserklärung vor, kommt bei einem Unfall die Krankenkasse zum Zug. Allerdings ist der Versicherungsschutz bei den Krankenkassen weniger gut ausgebaut (siehe Seite 57). Wer für seine Putzfrau die beste Lösung will, versichert sie also in jedem Fall gegen Unfall.
- Verunfallt eine nicht versicherte Putzfrau, die aber versicherungspflichtig gewesen wäre (die also schwarz gearbeitet hat), so zahlt die erwähnte UVG-Ersatzkasse.
- Falls der Arbeitgeber die Versicherung «verschlampt» hat (und keine Verzichtserklärung vorliegt), muss er die Unfallversicherungsprämie rückwirkend seit dem Zeitpunkt der Anstellung der Putzfrau (maximal 5 Jahre zurück) nachzahlen.

Auf diese so genannte Ersatzprämie kann ein Verzugszins von 6 Prozent erhoben werden. Entzieht sich der Arbeitgeber wissentlich und bewusst der Versicherungs- oder Prämienpflicht, so kann die Versicherungsgesellschaft die Prämie verdoppeln. Kommt er seinen Pflichten wiederholt nicht nach, riskiert er, bis maximal das Zehnfache dieses Betrages zahlen zu müssen.

«Schluss mit Schwarzarbeit»: Unter diesem Motto bieten zwei Organisationen Privaten Hilfe beim Ausarbeiten fairer Verträge sowie beim Abrechnen der Sozialabzüge an:

- **Etcetera.** Die Auftragsvermittlung des Schweizerischen Arbeiterhilfswerks SAH. Büros in Bern, Dietikon, Effretikon, Interlaken, Langenthal, Morges, Thalwil, Zürich. Telefonische Beratung: Mo bis Fr von 9 bis 16 Uhr.
- **Verein Hauswirtschaft Schweiz.** Telefonische Beratung: Mo bis Fr unter der Nummer 01 831 02 55, jeweils 8 bis 12 Uhr. Hier ist auch die Broschüre «Information für Hausangestellte» für 12 Franken plus Porto erhältlich.

Was ist ein Unfall? Wer ist versichert?

Ein Sonnenbrand oder Erfrierungen gelten deshalb normalerweise nicht als Unfall.

Körperschäden bzw. Erkrankungen nach Insektenstichen und Tierbissen von Bienen, Wespen, Hornissen, Schlangen, Skorpionen oder Zecken gelten als Unfall (nicht aber die Malaria-Übertragung durch Insektenstich).

Abnützungserscheinungen sind keine Unfallfolgen

Unter Umständen kann auch eine mehrere Stunden dauernde Einwirkung als Unfall betrachtet werden: Wenn ein Bergsteiger in eine Gletscherspalte fällt, sich dabei nicht verletzt, später aber an Erfrierungen stirbt, handelt es sich um einen Unfall.

Klassische Abnützungserscheinungen sind umgekehrt keine Unfälle, weil ihnen das Kriterium der Plötzlichkeit fehlt. Ein Bauarbeiter, der täglich mit schweren Werkzeugen (Hammer, Bohrer usw.) arbeitet, wobei die Handgelenke mit der Zeit Schaden nehmen, erleidet keinen Unfall.

Ist das Handgelenk aber verletzt, weil der schwere Bohrer plötzlich auf die Hand fällt, kann man von einem Unfall sprechen.

Wichtig ist in solchen Fällen die Frage, wie schnell sich die Beschwerden nach dem Ereignis einstellen.

Ein Patient klagte, weil er seine Diskushernie-Beschwerden einem Unfall zuschrieb; ein Bundesgerichtsentscheid hält fest, dass solche Beschwerden spätestens nach acht bis zehn Tagen auftreten müssen, um als Folge eines Unfalls zu gelten. Dauert es länger, bis der Schaden auftritt, sind nach Auffassung des Gerichts Faktoren im Spiel, die mit dem Unfall nichts zu tun haben.

Bei Verletzungen der Halswirbelsäule müssen die Beschwerden aber spätestens nach 24 bis

Tipp

Auch Schwarzarbeiter sind gegen Unfall versichert

Wer in der Schweiz für ein Entgelt arbeitet, ist automatisch gegen die Folgen von Unfällen am Arbeitsplatz versichert – selbst wenn der Arbeitgeber es versäumt hat, seinen Angestellten zu versichern.

Im Klartext: Leistungen gemäss Unfallversicherungsgesetz haben auch Schwarzarbeiter zugut – wie wenn eine Arbeitsbewilligung vorliegen würde.

Schwarzarbeit ist insbesondere in der Landwirtschaft gang und gäbe. Wer Schwarzarbeiter ohne Arbeits- und Aufenthaltsbewilligung beschäftigt, verstösst gegen das Gesetz «über Aufenthalt und Niederlassung der Ausländer» (Anag). Dafür droht eine Busse von maximal 5000 Franken.

Auch bei Putzfrauen ist Schwarzarbeit weit verbreitet. Was hier gilt, steht im Kasten auf der Seite links.

Stichwort

Militärversicherung

Was geschieht, wenn eine Person, die obligatorisch gegen Unfall versichert ist, während des Militärdienstes verunfallt? In diesem Fall hat nicht die Unfallversicherung, sondern die Militärversicherung die Leistungen zu erbringen. Diese sind ungefähr gleich hoch wie diejenigen der Unfallversicherung.

72 Stunden aufgetreten sein (siehe auch Seite 20). Treten die Beschwerden hingegen später auf, nehmen die Gerichte an, dass kein Schleudertrauma vorliegt.

3. Die nicht beabsichtigte Einwirkung ist dann gegeben, wenn der Schaden ohne den Willen des Versicherten eingetreten ist. Selbstverstümmelung und Selbstmord

Checkliste

Wer ist UVG-versichert?

- Wer einer bezahlten Arbeit nachgeht, ist obligatorisch gegen die Folgen von Unfällen am Arbeitsplatz und damit zusammenhängende Berufskrankheiten versichert.
- Als Berufsunfälle gelten Unfälle, die dem Versicherten zustossen bei Arbeiten, die er auf Anordnung des Arbeitgebers oder in dessen Interesse ausführt; versichert ist auch die Zeit während Arbeitspausen.
- Als Arbeitnehmer gelten auch Putzfrauen (siehe Kasten auf Seite 10), Heimarbeiter, Lehrlinge, Praktikanten, Volontäre sowie Personen, die in Lehr- oder Invalidenwerkstätten tätig sind.
- Angestellte, die mindestens acht Stunden pro Woche bei *einem* Arbeitgeber arbeiten, sind zusätzlich gegen die Folgen von Nicht-Berufsunfällen (Freizeit und Ferien) versichert. Sie können folglich den Unfallschutz in der Grundversicherung der Krankenkasse sistieren und damit Prämien sparen (siehe Seite 55 ff.).
- Unfälle auf dem Arbeitsweg gelten im Prinzip als Nicht-Berufsunfälle (siehe dazu die Ausführungen auf Seite 23).
- Selbständigerwerbende unterstehen nicht dem UVG, können aber freiwillig eine UVG-Versicherung abschliessen und so in den Genuss der UVG-Leistungen kommen. Wenn sie das nicht tun, sind sie zwar über die obligatorische Krankenkassen-Grundversicherung automatisch auch gegen Unfälle versichert – allerdings nur für Heilungskosten, aber nicht für Taggelder oder Renten.
- Hausfrauen, Erwerbslose, die nicht stempeln, Ausgesteuerte, Kinder und Jugendliche sowie Pensionierte sind bei ihrer Krankenkasse unfallversichert.
- Arbeitslose mit Anspruch auf eine Arbeitslosenentschädigung sind bei der Suva obligatorisch gegen die Folgen von Unfällen versichert (auch wenn sie in einem Beschäftigungsprogramm stehen).

Die Versicherung beginnt mit dem Tag, an dem die arbeitslose Person die Voraussetzungen für den Bezug von Arbeitslosengeld erfüllt, und endet mit dem 30. Tag nach dem Tag, an dem sie das letzte Mal Anspruch auf Arbeitslosenentschädigung hatte.

Wer anschliessend ausgesteuert wird, kann innert 30 Tagen nach der Aussteuerung die Versicherung um maximal 180 Tage verlängern (siehe Kasten auf der Seite 14).

Das Unfalltaggeld für Arbeitslose ist gleich hoch wie die Arbeitslosenentschädigung nach Abzug der Sozialversicherungsbeiträge. Die Suva zahlt erst ab dem dritten Tag nach dem Unfall. Für diese Zeit besteht ein Taggeldanspruch gegenüber der Arbeitslosenversicherung.

Die Prämie von 2,94 Prozent der Arbeitslosenentschädigung (Stand 2003) wird dem Versicherten direkt vom Stempelgeld abgezogen.

Was ist ein Unfall? Wer ist versichert?

sind deshalb keine Unfälle im Sinne des Unfallversicherungsgesetzes.

4. Der äussere Faktor. Im Unterschied zur Krankheit, deren Ursache im Inneren des Körpers liegt, handelt es sich bei einem Unfall um eine von aussen wirkende Ursache.

Die Folgen können sich aber unter Umständen im Inneren zeigen, zum Beispiel dann, wenn jemand durch einen Schlag eine Hirnerschütterung erleidet.

Von einem äusseren Faktor spricht man beispielsweise auch, wenn jemand sein künstliches Gebiss verschluckt und dabei erstickt. Oder wenn ein Fremdkörper verschluckt wird und dieser die Darmwand verletzt.

5. Die ungewöhnliche Ursache. Der äussere Faktor, der auf den Körper einwirkt, muss zudem ungewöhnlich sein. Das Ereignis muss also den Rahmen des All-

Fortsetzung auf Seite 15

Unfallversicherung im Nebenjob: Brauche ich zwei Policen?

Ich habe einen 90-Prozent-Job bei einem Industriebetrieb. Dort bin ich natürlich gegen Unfälle im Betrieb und in der Freizeit versichert. Daneben habe ich noch das Amt als Hauswart in unserem Mietshaus übernommen; das bringt mir im Jahr 3000 Franken ein. Muss mich die Liegenschaftsverwaltung als Arbeitgeberin für meinen Nebenjob als Hauswart gegen Unfälle versichern?

Ja. Das Unfallversicherungsgesetz (UVG) schreibt vor: Wer einer bezahlten Arbeit nachgeht, muss vom Arbeitgeber obligatorisch gegen die Folgen von Unfällen am Arbeitsplatz versichert werden. Und: Wer acht Stunden pro Woche bei *einem* Arbeitgeber tätig ist, ist obligatorisch auch gegen Nicht-Berufsunfälle (NBU) versichert, die in der Freizeit oder in den Ferien passieren.

Für Sie heisst das: Die Liegenschaftsverwaltung muss Sie für Ihren Nebenjob als Hauswart zwingend gegen Unfälle am Arbeitsplatz versichern; die Prämien für diese Unfalldeckung gehen gemäss Gesetz zu Lasten des Arbeitgebers (die NBU-Prämien hingegen können Arbeitgeber den Angestellten weiterbelasten).

Sollte Ihre Liegenschaftsverwaltung die Versicherungspflicht missachten, müssten Sie allerdings nichts befürchten: Sie würden die gesetzlich vorgeschriebenen Zahlungen (z. B. für Arzt- oder Spitalkosten oder Taggelder) trotzdem erhalten. Grund: Hier springt die UVG-Ersatzkasse ein (siehe Kasten auf Seite 10).

Von der Versicherungspflicht ausgenommen sind Leute mit einem Haupterwerb, die im Nebenjob weniger als 2000 Franken pro Jahr und Arbeitgeber verdienen. Auch solche Personen müssen sich aber keine Sorgen machen: Ein Unfall bei ihrem Nebenerwerb würde über die NBU-Deckung ihres Haupterwerbs bezahlt.

Achtung! Das gilt nur für Leute, die einen Haupterwerb haben und daneben noch einen kleinen Nebenjob. Putzfrauen hingegen, die *nur* kleine Jobs haben, müssen von *allen* Arbeitgebern zwingend gegen Unfall versichert werden (siehe S. 10).

Stichwort

Abredeversicherung

Wer seine Arbeitsstelle verlässt, bleibt nur noch 30 Tage über den letzten Anspruch auf mindestens den halben Lohn hinaus gegen Nicht-Berufsunfälle versichert.

Da kann es sich lohnen, diesen Schutz um maximal 180 aufeinander folgende Tage (das sind fast 6 Monate) zu verlängern – durch die Abredeversicherung.

Die Prämie kostet sowohl bei der Suva als auch bei den privaten UVG-Versicherern 25 Franken pro ganzen oder angefangenen Monat (Stand 2003).

Der Abschluss einer Abredeversicherung ist ohne umständliche Formalitäten möglich: Interessierte verlangen bei der Suva oder bei einem privaten Unfallversicherer oder bei ihrem Arbeitgeber einen Einzahlungsschein, zahlen für die gewünschte Anzahl Monate ein — und schon sind sie weiter gegen Freizeitunfälle versichert.

Die Abredeversicherung muss innerhalb der genannten 30-tägigen Nachdeckungsfrist abgeschlossen werden. Voraussetzung ist, dass man vorher am Arbeitsplatz auch schon gegen Nicht-Berufsunfall (Unfälle in der Freizeit) versichert war.

Wichtig: Sie sollten die Quittung unbedingt aufbewahren!

Die Abredeversicherung empfiehlt sich besonders für Leute, die einen längeren unbezahlten Urlaub einlegen. Betroffene erhalten während des unbezahlten Urlaubs sogar Lohnersatz, falls sie in dieser Zeit verunfallen (siehe Kasten auf Seite 32).

Tipp: Melden Sie einen Unfall während des unbezahlten Urlaubs unverzüglich Ihrem (letzten) Arbeitgeber oder direkt der zuständigen Versicherungsagentur.

Übrigens: Sowohl Arbeitgeber als auch Versicherung sind verpflichtet, die Beschäftigten ausreichend über diese Möglichkeit zu informieren; dies kann vor oder nach der Kündigung geschehen. Für die Versicherung reicht es, wenn sie nachweisen kann, dass sie den Arbeitgeber zuhanden des Arbeitnehmers informiert hatte. Für das Weiterleiten der Information über die Abredeversicherung ist dann der Arbeitgeber zuständig.

Falls die Versicherung oder der Arbeitgeber nicht nachweisen kann, dass sie bzw. er ausreichend informiert hat, erhält der Versicherte die ihm zustehenden Leistungen trotzdem. Bezahlen muss derjenige, der die Information nicht weitergegeben hat. Dies geht aus einem neueren Bundesgerichtsurteil hervor.

Auch für Arbeitslose ist eine Abredeversicherung angezeigt. Denn grundsätzlich endet die obligatorische Unfallversicherung für Arbeitslose 30 Tage nach Auszahlung der letzten ALV-Entschädigung (siehe Kasten auf Seite 12).

Und: Wer während der Arbeitslosigkeit krank oder schwanger wird, ist nicht mehr vermittlungsfähig. In diesen Fällen wird das Taggeld nur noch während längstens 30 Tagen ausbezahlt. In dieser Zeit bleibt auch der Versicherungsschutz bestehen.

Sobald aber Arbeitslose ausgesteuert sind und nicht mehr stempeln können (wegen Krankheit oder weil die Leistungen der Arbeitslosenversicherung erschöpft sind), besteht nur noch eine Nachdeckung durch die Suva von weiteren 30 Tagen. Wer darüber hinaus bei der Suva gegen Unfall versichert bleiben will, sollte ebenfalls eine Abredeversicherung abschliessen.

Was ist ein Unfall? Wer ist versichert?

Fortsetzung von Seite 13

täglichen überschreiten. Wer den ganzen Tag an der Sonne liegt und sich einen Sonnenbrand holt oder einen Hitzschlag erleidet, muss mit solchen Konsequenzen rechnen – das ist also nichts Ungewöhnliches.

Auch wer während eines Fussmarsches Blasen an den Füssen einfängt, kann dies nicht als Unfall deklarieren.

Zusammenstösse beim Autoscooter, im Volksmund die «Putschi-Bahn» genannt, sind in diesem Sinne ebenfalls nichts Ungewöhnliches, ebenso wenig Fahrten auf Vergnügungsbahnen.

Der Begriff der Ungewöhnlichkeit spielt bei den Zahnschäden eine wichtige Rolle (siehe unten).

Zähne als Juristenfutter: Was ist «ungewöhnlich»?

Wer sich einen Zahn ausbeisst, kriegt den Schaden unter Umständen von der Unfallversicherung ersetzt (oder allenfalls von der Krankenkasse, falls eine Person den Unfall dort versichert hat). Voraussetzung ist, dass man auf etwas «Ungewöhnliches» gebissen hat, also auf einen Fremdkörper im Nahrungsmittel, der darin normalerweise nicht vorkommt.

Die Gerichte hatten schon verschiedentlich die Frage zu beurteilen, ob ein Bestandteil im Essen ungewöhnlich war oder nicht.

In den folgenden Fällen wurde die Ungewöhnlichkeit und damit ein Unfall vom Gericht bejaht, die Versicherung musste zahlen:
- Kirschenstein in einer Wähe, die der Verkäufer ausdrücklich als entsteint angeboten hatte;
- Knochensplitter in Wurstwaren;
- Knochensplitter in Schweins-, Rinds- oder Kalbsvoressen;
- Nicht entsteinte Olive in Eintopfgericht;
- Nussschale in Nussbrot, Nusstorte, Nussgipfel oder Nussschokolade;
- Fruchtstein in Fruchtkuchen;
- Steinchen in einem Reisgericht;
- Kleiner Stein in Spaghetti Vongole.

In den folgenden Fällen haben Gerichte einen Unfall verneint (Unfallversicherung oder Krankenkasse musste nicht zahlen):
- Zwetschgenstein in Wähe, die mit nicht entsteinten Früchten zubereitet wurde;
- Knorpel in Wurstwaren;
- Knochensplitter in Lamm- oder Kaninchenvoressen;
- Figur in Dreikönigskuchen;
- Dekorationsperlen auf Torte;
- Meersalzkorn in Roastbeef;
- Unzermahlene Gewürze (Pfefferkörner, Nelken usw.);
- Zerbeissen von Bonbons;
- Zerbeissen von «Totenbeinli»;
- Hart gebratene Haut eines Lammgigots;
- Nicht geplatztes Maiskorn im Popcorn.

Tipp: Bewahren Sie den ungewöhnlichen Bestandteil auf, mit dem Sie sich einen Zahnschaden geholt haben, damit Sie ihn der Versicherung präsentieren können.

Falls Sie den Gegenstand nicht mehr haben, müssen Sie mindestens noch Zeugen haben, die das ausgespuckte Corpus Delicti gesehen haben. Es kommt immer wieder vor, dass Gerichte Klagen mangels Beweisen ablehnen.

Unfall oder nicht? Gefordert ist ein Kausalzusammenhang

Damit die Unfallversicherung zahlt, muss zwischen dem äusseren Ereignis (siehe Seite 13) und der Schädigung der Gesundheit ein Zusammenhang bestehen. Die Fachleute reden hier vom Kausalzusammenhang bzw. von natürlicher und adäquater Kausalität.

■ **Natürliche Kausalität.** Zwischen dem Ereignis und der Gesundheitsschädigung muss zunächst ein natürlicher Kausalzusammenhang bestehen: Ein Ereignis oder ein bestimmter Umstand muss zum Unfall und damit zum Gesundheitsschaden beigetragen haben.

Der kausale Zusammenhang ist bereits gegeben, wenn das Ereignis den Unfall mit verursacht hat; das äussere Ereignis muss also nicht die alleinige Ursache der gesundheitlichen Störung sein. Wenn sich beispielsweise ein bereits vorhandener schwacher Meniskusriss durch einen Treppensturz massiv vergrössert, ist die natürliche Kausalität gegeben.

■ **Adäquate Kausalität.** Gefordert ist aber auch die adäquate Kausalität: Die Unfallversicherung muss für einen Unfall nur dann aufkommen, wenn der Unfall für die Gesundheitsschädigung eine hinreichend relevante Ursache darstellt.

Das heisst: Ein bestimmtes Ereignis muss «nach dem gewöhnlichen Lauf der Dinge und nach der allgemeinen Lebenserfahrung an sich geeignet sein, einen Erfolg

Zahnunfall vor 23 Jahren: Muss ich für die Spätfolgen selber aufkommen?

Vor 23 Jahren hatte ich einen Zahnunfall. Nun haben sich plötzlich Spätfolgen bemerkbar gemacht, die eine aufwändige Behandlung nötig machen. Ich habe keine Unterlagen mehr über meine damalige Unfallversicherung. Muss ich die Kosten nun selber bezahlen?

Nein. Falls keine andere Versicherung vorhanden ist, muss bei Unfallschäden Ihre obligatorische Krankenversicherung (die Grundversicherung) einspringen.

Voraussetzung ist, dass Ihr Zahnarzt bestätigt, dass die Spätfolgen vom damaligen Unfall herrühren und von Ihnen nicht zu vermeiden waren.

Für Sie wäre es aber von Vorteil, wenn eine Unfallversicherung den Schaden übernähme. Denn bei der Grundversicherung müssen Sie wie üblich Selbstbehalt und Franchise zahlen, was bei der Unfallversicherung nicht der Fall ist.

Falls Sie damals über den Beruf obligatorisch unfallversichert waren (also nach dem Unfallversicherungsgesetz UVG), so muss Ihre damalige Berufsunfall-Versicherung bis zur Pensionierung alle Spätfolgen übernehmen.

Bei einer privaten Unfallversicherung richtet sich die Zahlungspflicht nach den Versicherungsbedingungen. Hier sind wesentlich kürzere Fristen üblich.

Was ist ein Unfall? Wer ist versichert?

Ein Selbstmord gilt in den meisten Fällen nicht als Unfall

In der Regel bezahlt die Unfallversicherung bei Suizid nicht. Ausnahme: Wenn der Selbstmord die Folge eines Unfalls ist.

Dies setzt aber voraus, dass der Unfall so schwer war und der Betroffene unter dem Schaden so sehr litt, dass deswegen Selbstmordgedanken aufkommen konnten (siehe auch Seite 45).

So litt ein Mann an einer Berufskrankheit, die zu 100-prozentiger Erwerbsunfähigkeit und zu Medikamentensucht führte; dies wiederum hatte eine paranoid-depressive Wesensveränderung und den Abbau seiner Persönlichkeitsstruktur zur Folge. Eine solche Situation kann durchaus einen Selbstmord provozieren.

Die Versicherung durfte im Falle dieses Mannes die Leistungen nicht mit der Begründung verweigern, der Versicherte sei schon vorher selbstmordgefährdet oder depressiv gewesen.

Nach einem Unfall hingegen, der nur zu einem leichten Rückenschaden führte, gilt ein Selbstmord nicht als Folge des Unfalls.

von der Art des eingetretenen herbeizuführen», wie es das Bundesgericht jeweils formuliert.

Der Unfall muss zwar nicht unbedingt allein verantwortlich dafür sein, dass eine Schädigung eintreten konnte. Er kann auch nur eine Ursache unter anderen sein.

Dennoch muss ein adäquater Kausalzusammenhang (ein genügend relevanter Zusammenhang) zwischen einem Unfall und einem Schaden bestehen. Wenn also der Unfall nur eine untergeordnete Bedeutung für den Gesundheitsschaden hatte, kann der Versicherte keine Entschädigung verlangen.

Beispiel: Bei einem 33-jährigen Versicherten wurde ein adäquater Kausalzusammenhang anerkannt. Seit einem schweren Autounfall, der aber nicht zu sichtbaren Verletzungen führte, litt der Mann an Konzentrations- und Gedächtnisstörungen, an starken Kopfschmerzen, starker Müdigkeit und an Wesensveränderung. Er war nur deshalb noch vermindert arbeitsfähig.

Das Gericht anerkannte ein Schleudertrauma, das auf den erwähnten Unfall zurückging, sodass die Unfallversicherung für die Folgeschäden aufkommen musste (mehr zum Schleudertrauma auf Seite 20ff.).

Wann sind psychische Störungen die Folgen eines Unfalls?

Auch bei psychischen Störungen muss ein adäquater Kausalzusammenhang zwischen dem psychischen Leiden und dem Unfall bestehen. Auch hier wird also geprüft, wie schwer der Unfall war.

Die Gerichtspraxis unterscheidet drei Kategorien von Unfällen – leichte, mittlere und schwere:

- **Bei leichten Unfällen** (z. B. Treppensturz mit erheblichen Prellungen) werden psychische Störungen nicht als kausal, als Folge des Unfalls also, akzeptiert. Wer

> ### Tipp
>
> **Abfindung statt Taggeld!**
>
> Wer eine unfallbedingte psychische Störung hat und deshalb arbeitsunfähig wird, kann statt des Taggeldes eine Abfindung geltend machen (maximal den dreifachen Betrag des versicherten Jahresverdienstes), falls die Chance besteht, dass er dadurch wieder arbeitsfähig wird. Dazu braucht es aber stets ein psychiatrisches Gutachten.

nach einem relativ harmlosen Unfall psychisch übermässig reagiert und arbeitslos wird, kann keine Versicherungsleistungen geltend machen.

■ **Bei mittleren Unfällen** genügt der Unfall alleine nicht. Es müssen noch bestimmte Faktoren hinzukommen (wie dramatische Begleitumstände, besondere «Eindrücklichkeit» des Unfalls oder Grad der Verletzung). Hier wird in der Regel ein psychiatrisches Gutachten verlangt.

■ **Bei schweren Unfällen** wird ein psychisches Leiden als Folge eines Unfalls auch ohne psychiatrisches Gutachten anerkannt.

Depression nach einem Unfall: Hier wurde Kausalität bejaht

Einige Beispiele zum Thema psychische Störungen als Folgen eines Unfalls:

■ Ein Musiklehrer verlor im Anschluss an einen schweren Gleitschirmunfall seinen Geschmacks- und Geruchssinn und beging in der Folge Selbstmord. Der Kausalzusammenhang wurde vom Eidgenössischen Versicherungsgericht anerkannt. Es erachtete die «psychogene Fehlentwicklung mit tödlichem Ausgang», die nach dem Unfall entstanden war, als entschädigungswürdig.

■ Eine Frau wurde nach einem Unfall (mit mehreren Schwerverletzten und einem Toten) erwerbsunfähig; sie hatte eine schwere Depression, obwohl sie selber unverletzt geblieben war. Ihre psychische Störung wurde von der Versicherung als unfallbedingt akzeptiert.

Psychisches Leiden nach leichtem Unfall: Kein Geld

Als *nicht* kausal stufte dagegen das Gericht folgenden Fall ein:

■ Ein Versicherter, der auf einer Böschung lief, schlug mit seinem Rücken auf einem Betonstück auf und erlitt eine Kompressionsfraktur eines Rückenwirbels. Die Verletzung wurde als nicht besonders schwer bezeichnet, und der psychische Schaden, unter dem der Mann nach diesem Ereignis litt, wurde von der Unfallversicherung nicht als kausal eingeschätzt.

■ Auch ein Lastwagenfahrer ist vor Gericht abgeblitzt. Seine psychische Störung, die zu einer länger dauernden Erwerbsunfähigkeit führte, wurde als nicht unfallbedingt eingestuft; er hatte zwei unterschiedlich schwere, acht Jahre auseinander liegende Unfälle erlebt. Beim ersten Unfall konnte der Fahrer aus seinem Lastwagen abspringen, der sich überschlug; er erlitt eine Hirnerschütterung sowie Prellungen an der Halswirbelsäule und am rechten Knie, die zu

Was ist ein Unfall? Wer ist versichert?

einer zweimonatigen Arbeitsunfähigkeit führten.

Beim zweiten Unfall wurde der Mann mehrmals von seinem Führersitz in die Höhe geschleudert, als die Ladebrücke des Lastwagens hochkippte und auf das Chassis prallte; er erlitt dabei eine Kompressionsfraktur des ersten Lendenwirbelkörpers.

Das Gericht befand, dass die Unfälle nicht so gravierend waren, und verneinte eine psychische Störung als kausale Folge.

Wenn ein psychisches Leiden schon vor dem Unfall bestand

Die Gerichte haben sich wiederholt mit der Frage befassen müssen, inwieweit ein bereits bestehendes psychisches Leiden den Kausalzusammenhang unterbricht bzw. eine Leistungskürzung der Unfallversicherung zur Folge haben kann. Die Frage ist also, ob eine Veranlagung zu psychischen Fehlentwicklungen nach einem Unfall als unfall*fremder* Faktor zu werten ist.

Das Bundesgericht hat sich in diesem Punkt klar auf die Seite der Betroffenen gestellt. Argument der höchsten Richter: Falls ein Verunfallter nicht in der Lage ist, das Unfallerlebnis und die Unfallfolgen psychisch zu verarbeiten, so darf das nicht zu einer Verneinung des adäquaten Kausalzusammenhangs führen – und zwar auch dann nicht, wenn dieses Unvermögen auf eine bereits bestehende psychische Störung zurückzuführen ist.

Das höchste Gericht begründet seine Haltung mit der Feststellung, das UVG müsse nicht nur psychisch gesunde Personen versichern, sondern auch solche, die besondere Veranlagungen aufweisen und daher einen Unfall weniger gut verkraften.

Entscheidend ist dabei, ob die spezifische psychische Konstitution bereits *vor* dem Unfall zu

Ein psychisches Spezialproblem: Die Begehrungsneurose

Ein Spezialfall sind die Begehrungsneurosen: Ein Begehrungsneurotiker ist völlig auf die Folgen seines Unfalls bzw. das damit verbundene Leiden fixiert und kann dieses Gefühl nicht steuern. Er ist nur krank, weil ihm der Unfall Aussicht auf Versicherungsleistungen gibt. Und er hat das Gefühl, die Folgen des Unfalls seien gravierender, als dies seine Umwelt und insbesondere die Ärzte wahrhaben wollen.

Trotzdem ist er kein Simulant, denn ein Simulant täuscht ein Leiden lediglich vor.

Wer von der Unfallversicherung Leistungen aufgrund einer solchen Neurose verlangt, geht in der Regel leer aus, weil die Unfallversicherung hier unfallfremde Faktoren sieht. Mit anderen Worten: In solchen Fällen wird der Kausalzusammenhang verneint.

Im Haftpflichtrecht wird aber die Begehrungsneurose anders behandelt: Sie kann durchaus als Mitursache eines Leidens zählen und so einen Anspruch auf Leistungen mitbegründen.

Stichwort

Schleudertrauma

Wenn nach einem Unfall Nacken- und Hinterkopfschmerzen, Muskelverspannungen, Nervosität, Konzentrations-, Gedächtnis- und Schlafstörungen, ausgeprägte Müdigkeit, Wesensveränderungen und verminderte Leistungsfähigkeit auftreten, hat man es in der Regel mit Symptomen des Schleudertraumas zu tun. Sie treten insbesondere nach Auffahrunfällen im Strassenverkehr auf.

Die unmittelbaren körperlichen Beschwerden müssen aber spätestens nach 24 bis 72 Stunden aufgetreten sein. Falls es länger dauert, waren nach Ansicht der gegenwärtigen Gerichtspraxis Faktoren im Spiel, die mit dem Unfall nichts zu tun haben.

Nicht selten haben solche Halswirbelsäulen-Verletzungen eine Verringerung der Erwerbsfähigkeit zur Folge.

Das grösste Problem beim Schleudertrauma ist die Tatsache, dass die körperlichen Folgen in der Regel weder auf Röntgenbildern noch im Computertomogramm sichtbar sind. Patienten haben deshalb Mühe, ihr Leiden zu beweisen.

Seit 2002 gibt es das Projekt Activita, das von Anwälten und einigen Unfallversicherern (darunter die Suva) ins Leben gerufen wurde. Es will Schleudertrauma-Patienten schnell und unbürokratisch helfen.

Konkret: Die Versicherungen haben eingewilligt, Leistungen ohne vorgängige juristische Auseinandersetzungen auszuzahlen, damit die Patienten schnell behandelt und gut betreut werden können. Allerdings können nicht alle Schleudertrauma-Patienten ins Activita-Projekt übernommen werden.

Meist läuft der erste Kontakt zu Activita über den Schleudertrauma-Verband (Adresse auf Seite 152). Anmeldungen können aber auch durch Ärzte, Anwälte oder verunfallte Personen erfolgen.

Die Activita klärt dann die Kostenübernahme durch die beteiligten Versicherungen ab.

einer Verminderung der Erwerbsfähigkeit geführt hat.

Ist dies nicht der Fall, war also der Verunfallte trotz psychischer Störungen *vor* dem Unfall voll erwerbsfähig, so darf ihm seine psychische Störung *nach* dem Unfall grundsätzlich nicht zum Nachteil gereichen (siehe auch Seite 45).

Schwer nachweisbar: Das Schleudertrauma

Noch vor wenigen Jahren wurde ein Schleudertrauma nicht als Folge eines Unfalls akzeptiert, weil die darauf folgenden körperlichen Beeinträchtigungen meist schwer nachweisbar sind.

Die Gerichtspraxis hat sich in den letzten Jahren aber intensiv mit dieser Problematik befasst. Heute gilt allgemein als anerkannt, dass ein Schleudertrauma der Halswirbelsäule Arbeitsunfähigkeit auslösen kann. Dazu braucht es keinen Nachweis organischer Verletzung.

Der Richter wertet aber bei einem solchen Unfall eine Reihe von Umständen, die gegeben sein müssen, damit er ein Schleudertrauma anerkennt: z. B. besonders dramatische Begleitumstände, speziell «eindrücklicher» Unfall, Grad der erlittenen Verletzungen, ungewöhnlich lange Dauer der ärztlichen Behandlung, Dauerbeschwerden, ärztliche Fehlbehandlung, welche die Unfallfolgen verschlimmerte, schwieriger Heilungsverlauf und erhebliche Komplikationen oder Grad und Dauer der Arbeitsunfähigkeit.

Was ist ein Unfall? Wer ist versichert?

Ein Beispiel: Ein Motorradfahrer kollidierte seitlich mit einem Personenwagen, der ebenfalls zum Überholen ausscherte; er stürzte etwa 15 Meter über die Strassenböschung. Ein solcher Unfall gilt laut Bundesgericht nicht als besonders «eindrücklich».

Der Motorradfahrer war aber in der Folge zwei Monate lang voll und während weiteren sieben Monaten zu 50 Prozent arbeitsunfähig; dann konnte er während elf Monaten zwischen 25 und 33,3 Prozent arbeiten; anschliessend war er sogar dauernd arbeitsunfähig und litt jahrelang unter starken Kopfschmerzen mit Konzentrations- und Gedächtnisstörungen.

Checkliste

Tipps für den richtigen Umgang mit der obligatorischen Unfallversicherung

- Vergewissern Sie sich, ob Ihr Betrieb eine Unfallversicherung abgeschlossen hat.
- Melden Sie einen Unfall unverzüglich Ihrem Arbeitgeber, dem RAV oder dem Vorgesetzten in einem Beschäftigungsprogramm.
- Achten Sie darauf, dass Sie nach einem Unfall alle gesetzlich vorgeschriebenen Leistungen erhalten: Dazu zählen nicht nur die Heilungskosten, sondern auch Geldzahlungen wie Taggelder usw.
- In der Regel gehen Arzt- und Spitalrechnungen direkt an die Unfallversicherung; Sie haben damit nichts zu tun. Im Ausland kann es sein, dass Sie die Rechnung selber bezahlen müssen; die Kosten werden Ihnen dann von der Versicherung zurückerstattet.
- Falls Sie beim Arbeitgeber gegen Berufs- und Nicht-Berufsunfälle versichert sind, können Sie die Unfalldeckung bei der Grundversicherung und allenfalls auch bei den Zusatzversicherungen Ihrer Krankenkasse sistieren (Details dazu auf den Seiten 12, 23 und 55ff.).
- Bei vielen Vorkommnissen ist unklar, ob und wieweit es sich um einen Unfall handelt – und die Unfallversicherung zahlt nicht oder nur wenig. In solchen Fällen empfiehlt es sich, professionelle Beratung zu holen; entweder bei einem spezialisierten Anwalt oder bei gut ausgewiesenen Beratungsstellen – zum Beispiel bei der Rechtsberatungsstelle für Unfallopfer und Patienten (U. P.), Adresse auf Seite 153.
- Bei der Wahl der Unfallversicherung, die der Arbeitgeber abschliessen muss, haben die Angestellten kein Mitspracherecht. Viele Betriebe (mehrheitlich in Industrie, Baugewerbe und beim Bund) müssen sich bei der Suva versichern. Betriebe aus dem Dienstleistungsbereich hingegen können sich nur bei den privaten Gesellschaften (Zürich, Basler usw.) versichern.
- Will ein Betrieb seine Angestellten besser versichern, als das Gesetz im Minimum vorschreibt, so kann er bei einer privaten Versicherungsgesellschaft eine Zusatzversicherung abschliessen. Möglich ist etwa, dass Gutverdienende für mehr versichert sind, als es die vom Gesetz festgelegte Höchstgrenze vorsieht. Oder dass die Versicherung bei einem Spitalaufenthalt die Privatabteilung zahlt (siehe Seite 55). Bei der Suva ist es nicht möglich, solche überobligatorischen Leistungen zu versichern.

Zusätzlich litt er unter einer ausgeprägten Wesensveränderung. Diese Symptome deuten auf ein Schleudertrauma hin.

Bei älteren Personen, die ein Schleudertrauma geltend machen, behaupten die Versicherungen oft, der Verunfallte leide bereits unter einer degenerativen Abnützung der Halswirbelsäule.

In solchen Fällen stellt sich die Frage, welche Folgen diese vorbestandene Versteifung hat. Wenn sie *vor* dem Unfall lediglich eine eingeschränkte Beweglichkeit des Kopfes zur Folge hatte, ohne dass damit Schmerzen bzw. eine Einschränkung der Erwerbsfähigkeit verbunden waren, *nach* dem Unfall aber wegen dauerhafter er-

Stichwort

Berufskrankheit

Berufskrankheiten werden in der obligatorischen Unfallversicherung nach UVG wie Unfälle behandelt.

Das Gesetz enthält eine abschliessende Liste von schädigenden Stoffen, welche eine Berufskrankheit auslösen können. Die Liste zählt rund 110 Stoffe auf, darunter Aceton, Ammoniak, Arsen, Asbeststaub, Benzine, Benzol, Brom, Chlor, Essigsäure, Fluor, Formaldehyd, Holzstaub, Jod, Kohlenmonoxid, Mineralöle, Natriumchlorat, Ozon oder Teer.

Im Weiteren zählt das Gesetz eine Reihe von Krankheiten auf, welche durch bestimmte Arbeiten ausgelöst werden können.

Wer beispielsweise in lärmiger Umgebung arbeitet, muss mit einer Schädigung des Gehörs rechnen. Bestimmte Arbeiten können etwa zu einer chronischen Erkrankung der Schleimbeutel, einer Drucklähmung der Nerven oder zu so genannten Sehnenscheiden-Entzündungen führen. Gelbfieber, Hepatitis und Malaria können durch beruflich bedingte Auslandaufenthalte ausserhalb Europas ausgelöst werden, eine Staublunge durch Arbeiten in Stäuben von Aluminium, Silikaten, Graphit usw.

Mehr noch: Als Berufskrankheiten anerkannt werden unter bestimmten Voraussetzungen auch Schädigungen, die in der Liste der schädigenden Stoffe und den arbeitsbedingten Erkrankungen nicht eigens aufgeführt sind.

Im Gesetz heisst es dazu wörtlich: «Als Berufskrankheiten gelten auch andere Krankheiten, von denen nachgewiesen wird, dass sie ausschliesslich oder stark überwiegend durch berufliche Tätigkeit verursacht worden sind.»

Der Nachweis einer Erkrankung durch die Berufsausübung ist aber in solchen Fällen schwieriger zu erbringen, wenn man weder einen schädigenden Stoff noch eine arbeitsbedingte Erkrankung gemäss der erwähnten Aufzählung geltend machen kann.

Eine weitere Hürde hat das höchste Gericht 1988 gesetzt: Eine Berufskrankheit sei erst dann «stark überwiegend» eine Folge der beruflichen Tätigkeit, wenn sie zu mindestens 75 Prozent durch die berufliche Tätigkeit verursacht wurde.

Stressbedingte Erkrankungen zählen nicht zu den Berufskrankheiten. Das Gleiche gilt für die Abnützung von Gelenken und des Rückens durch anstrengende Arbeiten.

Was ist ein Unfall? Wer ist versichert?

heblicher Schmerzen eine Erwerbsunfähigkeit resultiert, darf die Unfallversicherung die vorbestandene Degeneration der Halswirbelsäule nicht berücksichtigen und muss voll zahlen (siehe S. 43ff.).

Berufsunfall und Nicht-Berufsunfall

Was ist ein Berufsunfall? Ein Unfall gilt dann als Berufsunfall, wenn er einem Beschäftigten zustösst, während er eine Arbeit für seinen Arbeitgeber ausführt. Die Dauer der Arbeitspausen ist ebenfalls versichert.

Dasselbe gilt für Angestellte, die sich vor oder nach der Arbeit auf ihrer Arbeitsstelle aufhalten; sie sind auch während des Sichumziehens in der Garderobe gegen Berufsunfall versichert und auch dann, wenn sie in der Betriebskantine ihre Mahlzeit einnehmen.

Kundenbesuch nach Feierabend: Die Versicherung zahlt

Ein Beispiel dazu: Eine Aussendienstmitarbeiterin besuchte für ihre Firma nach Feierabend noch einen Kunden. Sie rutschte auf dem nassen Vorplatz des Hauses des Kunden aus und verletzte sich am Fussgelenk. Ihr Chef hatte diesen Kundenbesuch nicht ausdrücklich angeordnet.

Wird die Berufsunfall-Versicherung trotzdem bezahlen müssen? Die Antwort lautet Ja, denn die Arbeit wurde im Interesse der Firma erledigt. Entscheidendes Kriterium ist die Frage, ob das Ergebnis dem Arbeitgeber zugute kommt.

Der Nicht-Berufsunfall: Schutz auch in Ferien und Freizeit

Alle anderen Unfälle, die nicht zu den Berufsunfällen zählen, gehören in die Kategorie Nicht-Berufsunfälle (NBU).

Es handelt sich dabei um Unfälle, die sich in der Freizeit oder in den Ferien ereignen. In der Regel gehört auch der Arbeitsweg dazu.

In diesem Punkt gibt es zwei Besonderheiten:
- Unfälle während Fahrten mit betriebseigenen Fahrzeugen von und zum Arbeitsplatz gelten als Berufsunfälle.
- Für Teilzeitbeschäftigte mit sehr geringem Pensum gilt eine Sonderregelung: Weil sie gegen Unfälle in der Freizeit (Nicht-Berufsunfälle NBU) nicht versichert sind, wird bei ihnen der Weg zur Arbeit und zurück ebenfalls in die Berufsunfall-Versicherung eingeschlossen (mehr dazu auf S. 48).

> **Tipp**
>
> **Unfälle melden!**
>
> Wenn Sie einen Unfall erleiden, so ist eines entscheidend wichtig: Melden Sie den Unfall unbedingt so bald als möglich Ihrem Arbeitgeber. Der Betrieb wird dann die Unfallversicherung benachrichtigen.
>
> Falls Sie das unterlassen, riskieren Sie eine Kürzung der Versicherungsleistungen.

Die unfallähnlichen Verletzungen

Versichert sind weiter die so genannten unfallähnlichen Körperschädigungen: Das sind Schäden, die grundsätzlich den Unfällen gleichgestellt sind – auch wenn sie ohne ungewöhnliche äussere Einwirkung entstehen.

Wichtig: Das ist nur der Fall, wenn der Körperschaden nicht eindeutig auf Erkrankung oder Degeneration zurückzuführen ist.

Das sind die unfallähnlichen Körperschädigungen:
- Knochenbrüche;
- Verrenkungen von Gelenken;
- Meniskusrisse;
- Muskelrisse;
- Muskelzerrungen;
- Sehnenrisse;
- Bandläsionen;
- Verletzungen des Trommelfells.

In vielen Fällen müssen Gerichte Klarheit schaffen

So klar die Definition des Unfalls mit allen Facetten in der Theorie auch klingen mag: In der täglichen Praxis kommt es immer wieder zu Streitereien darüber, ob das eingetretene Ereignis nun wirklich ein Unfall war oder nicht.

Dazu gibt es eine breite Palette von Gerichtsentscheiden, die

Den Fuss verrenkt: Erhalte ich Taggelder?

Beim Aussteigen aus dem Auto habe ich durch eine ungeschickte Bewegung den linken Fuss verrenkt. Der Arzt schrieb mich für zwei Wochen zu 100 Prozent krank. Ich bin der Meinung, dass meine freiwillige Unfallversicherung nach UVG die Heilungskosten übernehmen muss und dass ich als Selbständigerwerbender demnach auch Anspruch auf Taggelder habe. Stimmt das?

Ja. Sie hatten zwar nach den Grundsätzen des Unfallversicherungsgesetzes (UVG) keinen eigentlichen Unfall, aber die Versicherung muss trotzdem zahlen.

Damit eine körperliche Beeinträchtigung gemäss UVG als Unfall gilt, braucht es als Voraussetzung (unter anderen) einen äusseren Faktor, und dieser Faktor muss dazu noch ungewöhnlich sein (siehe Seite 13ff.).

Als äusserer Faktor gilt zum Beispiel eine von aussen wirkende Ursache (etwa Schlag durch einen Gegenstand). Und ungewöhnlich ist das Ereignis dann, wenn es den Rahmen des Alltäglichen klar überschreitet.

Da Sie nicht gestürzt sind, fehlt zwar hier das Merkmal des äusseren Faktors. Und eine ungewöhnliche Ursache, wie zum Beispiel Ausgleiten auf Glatteis, fehlt ebenfalls. Für solche Fälle gibt es aber gemäss Gesetz die so genannten unfallähnlichen Körperschädigungen; sie sind in der entsprechenden Verordnung aufgezählt (siehe oben).

In solchen Fällen muss also die Versicherung nach Unfallversicherungsgesetz (UVG) Arztkosten und Taggelder zahlen – sofern die aufgezählten Körperschädigungen nicht eindeutig auf eine Erkrankung oder auf eine Degeneration zurückzuführen sind.

**1
Was ist
ein Unfall?
Wer ist
versichert?**

sich im Einzelfall unter Umständen als richtungweisend heranziehen lassen. ■

2 Die Leistungen der Unfallversicherung
Wagemut wird mit Kürzungen bestraft

Die Leistungen der Unfallversicherung sind gut ausgebaut; auch Lohneinbussen sind versichert.
Wer allerdings am Unfall eine Mitschuld trägt, muss mit Kürzungen rechnen.

Dieses Kapitel behandelt die gesetzlichen Leistungen, welche die Unfallversicherer aufgrund des Gesetzes den Versicherten zahlen müssen. Diese Leistungen sind markant besser als die Zahlungen der Grundversicherung der Krankenkassen, denn bei Unfall fliessen auch Geldleistungen in Form von Taggeldern, Renten oder Genugtuungsbeiträgen an die Betroffenen.

So vergütet die Unfallversicherung die Heilungskosten

■ Der Verunfallte hat Anspruch auf die zweckmässige Behandlung seiner Unfallfolgen. Die Unfallversicherung zahlt also sämt-

Frage

Die Mutter gepflegt: Habe ich Anspruch auf Spitex-Geld?

Meine Mutter hatte einen Unfall und musste zu Hause gepflegt werden. Statt die Spitex zu rufen habe ich sie selber betreut. Nun will die Unfallversicherung meinen Aufwand nicht vergüten. Nur die «offizielle» Spitex sei bezahlt, was viel teurer gewesen wäre. Habe ich eine Entschädigung zugut?

Nein. Die Unfallversicherung darf nur die Betreuung durch gesetzlich anerkannte und zugelassene Pflegerinnen und Pfleger zahlen. In der Regel sind diese einer Spitex-Organisation angeschlossen. Die Pflege durch Verwandte muss die Unfallversicherung grundsätzlich nicht vergüten.

Allerdings enthält das Unfallversicherungsgesetz einen Passus, wonach die Versicherung «ausnahmsweise» auch Beiträge an «nicht zugelassene Personen» gewähren kann. Damit ist aber nicht eine eigentliche Entlöhnung von Verwandten gemeint, sondern nur eine Entschädigung für entstehende Kosten. Das könnte der Fall sein, wenn Reisespesen anfallen, oder dann, wenn die pflegende Person einen Lohnausfall hinnehmen muss.

Es kann sich also lohnen, einen Antrag an die Unfallversicherung zu stellen.

Tipp: Falls es für den Unfall einen Schuldigen gibt, so muss er (bzw. seine Haftpflichtversicherung) den *ganzen* entstandenen Schaden übernehmen – also auch allfällige Betreuungskosten durch Verwandte (siehe Seite 116f.).

Hätten Sie Ihren Unfallschutz bei der Krankenkasse (siehe Seite 55ff.), so wäre die Rechtslage übrigens noch strikter. Das Bundesgericht hat im Jahr 2000 festgehalten, dass Krankenkassen gemäss Krankenversicherungsgesetz (KVG) kein Spitex-Geld für Privatpersonen zahlen müssen, sondern nur für «anerkannte» Leistungserbringer, bei der Spitex-Pflege also für Krankenschwestern und -pfleger sowie für entsprechende Organisationen. Und eine Ausnahmebestimmung wie im Unfallversicherungsgesetz gibt es im KVG nicht.

Was die Unfallversicherung zahlt

liche Heilungskosten bei Ärzten, Zahnärzten, Chiropraktoren und medizinischen Hilfspersonen (Masseure, Heilgymnasten, Physiotherapeuten und Krankenpfleger), sofern sie ihren Beruf selbständig und auf eigene Rechnung ausüben.

- Die Unfallversicherung zahlt auch die notwendigen Arzneimittel und Laboranalysen.
- Die Versicherten können Arzt und Spital frei wählen. Im Spital zahlt die Unfallversicherung aber nur die allgemeine Abteilung.

Achtung! Falls Sie bei der Krankenkasse eine Spitalzusatzversicherung haben, sollten Sie darauf achten, dass die Unfalldeckung inbegriffen ist (siehe Seite 55). Andernfalls riskieren Sie, dass Sie nach einem Unfall in die allgemeine Abteilung müssen (oder Sie zahlen den Aufpreis für die Halbprivat- oder Privatbehandlung selber).

UVG-Versicherte zahlen weder Franchise noch Selbstbehalt
Eine unfallversicherte Person muss bei den Heilungskosten übrigens – anders als in der obligatorischen Krankenpflegeversicherung der Krankenkassen – keine Franchise und auch keine sonstigen Kostenbeteiligungen selber übernehmen (ausgenommen die eingesparten Unterhaltskosten im Spital, siehe Kasten auf Seite 31).

- Vom Arzt verordnete Nach- und Badekuren sind vollständig bezahlt, falls sich die verunfallte Person in eine Klinik oder in eine Bäderheilanstalt begibt, mit der die UVG-Versicherer einen Tarifvertrag abgeschlossen haben (was man vor Kurantritt unbedingt klären sollte).

In den übrigen Fällen – etwa bei einer Badekur im Ausland – übernimmt die Unfallversicherung die effektiven Kosten für Unterkunft,

In diesem Kapitel

Seite 26	Wie die Unfallversicherung Arzt- und Spitalkosten vergütet
Seite 27	Badekuren, Spitex und Hilfsmittel
Seite 28	Wie die Unfallversicherung Sachschäden vergütet
Seite 29	Details zum Taggeld nach UVG
Seite 30	Der versicherte Verdienst
Seite 31	Die Berechnung des Taggeldes bei Sonderfällen
Seite 32	Abredeversicherung und unbezahlter Urlaub
Seite 33	Die UVG-Invalidenrente
Seite 33	So wird der Invaliditätsgrad bestimmt
Seite 35	Die Komplementärrente
Seite 35	Die Integritätsentschädigung
Seite 36	Skala der Integritätsschäden
Seite 38	Die Hilflosenentschädigung
Seite 39	Die Witwen- und Waisenrente
Seite 43	Die Kürzung der Leistungen bei bereits bestehender Krankheit
Seite 46	Der Abzug bei grob fahrlässigen Freizeitunfällen
Seite 48	Keine Kürzungen am Arbeitsplatz!
Seite 48	Die Kürzung bei Vergehen und Verbrechen
Seite 49	Die Kürzung bei aussergewöhnlichen Gefahren
Seite 50	Die Kürzung bei Wagnissen

Verpflegung und Reisespesen, derzeit aber höchstens 150 Franken pro Tag (Stand 2003). Ausserdem sind die Behandlungskosten (Physiotherapie, Arztkonsultationen) nach UVG-Tarif vergütet.
- Die ärztlich verordnete Hauspflege nach den örtlichen Tarifen ist von der Unfallversicherung ebenfalls gedeckt (siehe Kasten auf Seite 26) – aber nicht die Haushalt*hilfe* (beispielsweise das Putzen der Wohnung oder das Einkaufen).
- Übernommen werden auch alle Kosten für zweckmässige Hilfs-

Frage

Sachschaden nach einem Unfall: Muss die Versicherung meinen Ring zahlen?

Ich hatte am Arbeitsplatz einen Unfall, bei dem meine linke Hand schwer verletzt wurde. Bei der Behandlung mussten die Ärzte meinen Ehering aufschneiden, der bei der Heirat 1100 Franken gekostet hatte. Ich bin der Ansicht, dass meine Unfallversicherung, die Suva, mir diesen kaputten Ring ersetzen muss. Sehe ich das richtig?

Nein. Sachschäden nach einem Unfall sind gemäss Gesetz nur dann versichert, wenn Dinge kaputtgehen, «die einen Körperteil oder eine Körperfunktion ersetzen». Dabei muss man unterscheiden:
- Prothesen, fest sitzende Zahnbrücken oder einzelne Kronen sind auch dann bezahlt, wenn die verunfallte Person sonst gar keine Verletzung erleidet, der Beizug eines Arztes also nicht nötig ist. Beispiel: Treppensturz mit Bruch der Prothese.
- Für Brillen, Kontaktlinsen, Hörapparate sowie herausnehmbare, künstliche Gebisse (Zahnprothesen) besteht ein Ersatzanspruch nur, wenn der Unfall gleichzeitig irgendeine Verletzung zur Folge hat, die ein Arzt oder Samariter behandeln muss.

Betroffene sollten aber an die Kulanz ihrer Versicherung appellieren. Es gibt nämlich eine – allerdings unverbindliche – Empfehlung der Kommission der Unfallversicherer. Sie besagt, dass bei Schäden an persönlichen Dingen des Unfallopfers eine Entschädigung von maximal 500 Franken drinliegen sollte.

Wenn also ein Arzt oder eine medizinische Hilfsperson nach einem Unfall Kleidungsstücke, Schuhe, Eheringe oder andere Schmuckstücke aufschneiden muss, weil es aus medizinischen Gründen nicht anders geht, wird eine kulante Versicherungsgesellschaft maximal 500 Franken im Sinne eines Entgegenkommens vergüten.

Tipp: Anders sieht es aber aus, wenn eine *fremde* Person für den Unfall verantwortlich ist. Der Unfallverursacher bzw. seine Haftpflichtversicherung muss dann *sämtliche* Schäden bezahlen – auch Sachschäden.

In der Regel ersetzt aber die Haftpflichtversicherung nur den aktuellen Zeitwert des Gegenstandes und nicht den Neuwert, den man beim Kauf gezahlt hat. Es gibt aber namhafte Juristen, die die Ansicht vertreten, bei Gegenständen des täglichen Lebens (wie zum Beispiel Kleider) müsse die Haftpflichtversicherung den Neupreis ersetzen.

mittel wie Prothesen. Die zugelassenen Hilfsmittel und deren maximal erlaubten Kosten sind in einer speziellen Liste einzeln aufgeführt.
- Muss ein Versicherter im Ausland notfallmässig zum Arzt oder ins Spital, erhält er maximal das Doppelte dessen vergütet, was die Behandlung in der Schweiz im Wohnkanton gekostet hätte. Voraussetzung ist hier natürlich, dass die Person gegen Nicht-Berufsunfälle versichert ist. Anders sieht es aber aus, wenn man eigens für eine Behandlung ins Ausland reist (siehe Kasten rechts).
- Reise-, Transport- und Rettungskosten werden ebenfalls vollständig vergütet, falls sie sich als notwendig erweisen (im Ausland beschränkt auf 21 360 Franken, Stand 2003). Dazu gehören auch Repatriierungskosten, also die Rückführung in die Schweiz. Diese werden vergütet, falls im Ausland keine ausreichende medizinische Versorgung gewährleistet ist.
- Für den Leichentransport sind die notwendigen Kosten bis zum Bestattungsort gedeckt (vom Ausland in die Schweiz beschränkt auf 21 360 Franken, Stand 2003).
- An die Bestattungskosten zahlt die Unfallversicherung höchstens 2048 Franken (Stand 2003).

Die Geldleistungen der Unfallversicherung

Die UVG-Versicherung erstattet dem Versicherten nicht nur die anfallenden Heilungskosten, sondern zahlt auch Geldleistungen in

> **Tipp**
>
> **Billigarzt im Ausland? Kein UVG-Geld!**
>
> Auslandbehandlungen sind nur im Notfall bezahlt. Wer sich hingegen für eine Behandlung gezielt ins Ausland begibt (etwa weil es dort billiger ist), erhält von der Unfallversicherung dafür kein Geld.

Form von Taggeldern, Invalidenrente, Integritätsentschädigung, Hilflosenentschädigung und Hinterlassenenrenten aus.

Das Taggeld ersetzt den kurzfristigen Lohnausfall

Verunfallte, die vom Arzt als ganz oder teilweise arbeitsunfähig erklärt werden, erhalten ein Taggeld. Es soll den Lohnausfall ersetzen, der durch den Unfall entstanden ist. Die Höhe des Taggeldes ist bei voller Arbeitsunfähigkeit auf 80 Prozent des versicherten Verdienstes beschränkt (siehe Kasten auf Seite 30).

Die Versicherung zahlt das Taggeld ab dem dritten Tag nach dem Unfall aus – bis zur Wiedererlangung der vollen Arbeitsfähigkeit oder der Auszahlung einer Rente oder bis zum Tod des Versicherten. Die ersten zwei Tage muss der Betrieb übernehmen, falls sich diese Pflicht aus dem Arbeitsvertrag ergibt.

Ausgangspunkt für die Berechnung des Taggeldes ist der versicherte Verdienst. Dabei geht man gilt, und fügt sämtliche Nebenbezüge und die Familienzulagen hinzu. Dieses Einkommen nennt sich «versicherter Verdienst» (siehe Kasten unten).

Von dieser Summe erhalten die Versicherten 80 Prozent.

Das Taggeld ist abhängig vom Mass der Arbeitsunfähigkeit

Der versicherte Verdienst als Basis für die Berechnung des Taggeldes ist nach oben bei 106 800 Franken begrenzt (Stand 2003).

Wer mehr verdient, kann das höhere Salär mit einer Zusatzversicherung abdecken (siehe Kasten auf Seite 54); machen Gutverdienende das nicht, erhalten sie nur ein Taggeld auf der Basis eines versicherten Verdienstes von maximal 106 800 Franken.

lohn, den Dreizehnten sowie Familienzulagen und kommt so auf den versicherten Jahresverdienst; dieser Jahresverdienst wird durch 365 dividiert, darauf multipliziert man diese Summe mit dem Faktor 0,8.

Diesen Betrag multipliziert man mit der Anzahl der Tage, die man wegen eines Unfalls aussetzen musste; dabei werden alle Kalendertage mitgezählt, also auch Sonn- und Feiertage sowie Samstage.

Beispiel: Ein Mann hat einen versicherten Verdienst von 86 000 Franken. Er erhält ein Taggeld von Fr. 188.50 pro Tag (86 000 : 365 x 0,8). Aufs Jahr gerechnet ergibt das einen Betrag von 68 800 Franken.

Bei nur teilweiser Arbeitsunfähigkeit wird das Taggeld ent-

Stichwort

Versicherter Verdienst

Massgebend für die Berechnung von Taggeldern und Renten ist der versicherte Verdienst. Ausgangspunkt ist der für die AHV massgebende Lohn inklusive Familienzulagen (etwa Kinderzulagen), 13. Monatslohn, Gratifikationen und andere Nebenbezüge.

Der versicherte Verdienst ist aber nach oben plafoniert. Derzeit sind es maximal 106 800 Franken Jahreslohn oder 8900 Franken pro Monat oder 293 Franken pro Tag (Stand 2003).

Wer mehr verdient, erhält dennoch nur Taggelder und Renten, wie wenn er 106 800 Franken verdienen würde.

Der Höchstbetrag des versicherten Verdienstes wird regelmässig vom Bundesrat angepasst. Dieser hat nämlich den Auftrag, dafür zu sorgen, dass mindestens 92 Prozent, höchstens aber 96 Prozent der Arbeitnehmerinnen und Arbeitnehmer zum vollen Lohn versichert sind.

Dies bedeutet, dass derzeit zwischen 4 und 8 Prozent der obligatorisch Versicherten mehr als 106 800 Franken verdienen (Stand 2003).

Einen höheren Lohn können Gutverdienende über eine freiwillige Zusatzversicherung abdecken (siehe Kasten S. 54).

Was die Unfallversicherung zahlt

Alleinstehende im Spital erhalten nur gekürzte Taggelder

Die UVG-Versicherung kennt – anders als die Krankenversicherung nach KVG – keine obligatorische Kostenbeteiligung mit Franchise und Selbstbehalt.

Einzige Ausnahme: Falls die verunfallte Person im Spital liegt, muss sie unter Umständen eine Kürzung der Taggelder hinnehmen. Grund: Das Gesetz geht davon aus, dass allein stehende Patientinnen und Patienten während eines Spitalaufenthaltes private Verpflegungskosten sparen.

Der Abzug beträgt:
- 20 Prozent, höchstens aber 20 Franken pro Tag für Alleinstehende ohne Unterstützungspflichten;
- 10 Prozent, höchstens aber 10 Franken pro Tag für verheiratete Versicherte sowie für Ledige, die Unterhalts- oder Unterstützungspflichten haben. Hier ist aber ein Abzug nicht statthaft, falls solche Personen minderjährige oder in Ausbildung stehende Kinder haben.

---

sprechend gekürzt. Auch dazu ein Beispiel: Ein Mann hat einen versicherten Verdienst von 35 000 Franken und ist nach einem Unfall zu 50 Prozent arbeitsunfähig.

Das ergibt bei einer 50-prozentigen Arbeitsfähigkeit einen versicherten Lohn von 17 500 Franken. 80 Prozent davon ergibt – auf ein ganzes Jahr gerechnet – Taggelder in der Höhe von 14 000 Franken.

Wer bereits ein Taggeld der Invalidenversicherung (IV) hat, verliert den Anspruch auf das volle Taggeld der Unfallversicherung. Wenn nämlich sowohl Unfall- als auch Invalidenversicherung zahlen müssen, richtet die Unfallversicherung nur eine Komplementärrente aus (siehe Kasten auf Seite 35).

Spezialfälle bei der Berechnung des Taggeldes

In gewissen Sonderfällen werden die Taggelder wie folgt berechnet:
- **Lohnschwankungen:** Für Personen mit starken Lohnschwankungen gelten Sonderregelungen, bei denen «ein angemessener Durchschnittslohn pro Tag als Berechnungsgrundlage» eingesetzt wird.
- **Ausbildung:** Bei Personen in Ausbildung geht man von einem Tagesverdienst aus, der mindestens 20 Prozent des höchsten versicherten Verdienstes ausmacht; dies gilt für Personen ab dem 20. Altersjahr. Derzeit entspricht dies einem Taggeld von Fr. 58.50 (21 360 : 365). Personen unter 20 Jahren erhalten die Hälfte.
- **Arbeitslose** erhalten von der Unfallversicherung monatlich dieselbe Summe, die sie bisher netto von der Arbeitslosenversicherung erhalten haben.

Die Suva vergütet den Arbeitslosen den vollen Ersatz der Arbeitslosengelder, falls die arbeitslose Person zu über 50 Prozent arbeitsunfähig ist. Falls sie zwischen 25 und 50 Prozent arbeitsunfähig ist, zahlt die Versicherung hingegen nur das halbe Taggeld. Bei einer Arbeitsunfähigkeit von

des Militärdienstes keinen oder nur einen reduzierten Lohn bezieht, kann bei einem Unfall verlangen, dass man jenen Verdienst zur Berechnung heranzieht, den er im Zivilleben erzielen würde.

■ Bei **Einkommensverbesserungen** gilt: Wenn die Versicherten beweisen können, dass sich ihr Einkommen in dieser Zeit um mindestens 10 Prozent erhöht hätte, muss ihr versicherter Lohn neu berechnet werden.

■ **Rückfall:** Falls Versicherte einen gesundheitlichen Rückfall erbend. Falls sie aber keiner Arbeit mehr nachgingen, erhalten sie ein Taggeld, welches mindestens 10 Prozent des Höchstbetrages des versicherten Verdienstes entspricht.

Beispiel: Eine Frau verdiente unmittelbar vor dem Rückfall 3500 Franken monatlich (inkl. Dreizehnter und Kinderzulage). Dieser Lohn ist massgebend. Sie bekommt ein Taggeld von 92 Franken (12 x 3500 : 365 x 0,8).

Falls die Versicherte aber zu dieser Zeit keiner Arbeit nachging,

Frage

Abredeversicherung: Lohn trotz unbezahltem Urlaub?

Ein Kollege hat ein halbes Jahr unbezahlten Urlaub genommen. Nach drei Monaten erlitt er einen Unfall. Jetzt stellt sich heraus, dass die Suva nicht nur die Arzt- und Spitalkosten zahlt, sondern für eine gewisse Zeit auch noch Taggelder. Auf diese Weise kommt mein Kollege auf einen Lohnersatz, obwohl er doch unbezahlten Urlaub genommen hat und folglich gar keinen Lohnanspruch hatte. Handelt die Suva korrekt?

Ja. Ihr Kollege hatte bei der Suva die Abredeversicherung abgeschlossen (siehe Seite 14); er war demnach zu den gleichen Konditionen versichert wie «normale» Angestellte. Er hat damit die gleichen Versicherungsleistungen zugut wie Angestellte, die in ihrer Freizeit einen Unfall erleiden.

Dass der Kollege während seines unbezahlten Urlaubs keinen Lohnanspruch an einen Arbeitgeber hatte, spielt hier keine Rolle. Er erhält ab dem dritten Tag trotzdem 80 Prozent seines vorherigen versicherten Gehalts ausbezahlt, und zwar so lange, wie er aufgrund der Verletzungen vom Arzt als arbeitsunfähig taxiert wird.

Das mag auf den ersten Blick stossend wirken, ist aber beispielsweise dann sinnvoll, wenn der Unfall kurz vor Ende des unbezahlten Urlaubs passiert: Ohne die Abredeversicherung würden Betroffene nach Ablauf des Urlaubs ohne Lohn dastehen, weil sie nicht wie geplant wieder am Arbeitsplatz erscheinen können.

Denkbar ist auch, dass jemand einen gebuchten und vorausbezahlten Weiterbildungskurs wegen eines Unfalls nicht antreten kann oder abbrechen muss. Das Taggeld würde hier die vorausbezahlten Kosten (teilweise) auffangen, die das Bildungsinstitut nicht zurückerstatten muss.

beträgt ihr Taggeld Fr. 23.40 (10 % von 106 800 = 10 680 : 365 x 0,8).

Die Invalidenrente nach UVG: Lohnersatz bis ans Lebensende

Ist der gesundheitliche Schaden von Dauer, haben die Verunfallten Anspruch auf eine Invalidenrente von maximal 80 Prozent des versicherten Lohnes – und zwar lebenslang.

Invalid sind all jene Personen, die voraussichtlich für immer oder jedenfalls für längere Zeit in ihrer Erwerbsfähigkeit eingeschränkt sind.

Im Unterschied zum Taggeld ist für die Berechnung der Invalidenrente nicht der letzte Monatslohn, sondern der Jahreslohn massgebend, der während des Jahres vor dem Unfall bezogen wurde.

Auch die Invalidenrente hängt vom Invaliditätsgrad ab
Zusätzlich hängt die Höhe der Invalidenrente vom Grad der Invalidität ab (siehe Kasten auf dieser Seite).

Beispiel: Ein Mann ist zu 80 Prozent invalid und hatte vor dem Unfall einen versicherten Verdienst von 54 000 Franken. Multipliziert man seinen Lohn mit dem Faktor 0,8 (Unfallversicherung bezahlt 80 %), ergibt dies eine Summe von 43 200 Franken; multipliziert man nun diesen Betrag mit dem Faktor 0,8 (Invaliditätsgrad 80 %), erhält man eine UVG-Invalidenrente von 34 560 Franken).

Stichwort
Invaliditätsgrad

Für die Berechnung der Unfallversicherungsrente muss zuerst der Invaliditätsgrad festgestellt werden.

Dabei wird folgendes Vorgehen gewählt: Das Erwerbseinkommen, das der Versicherte nach Eintritt der Invalidität erzielen könnte, wird verglichen mit dem Erwerbseinkommen, das er ohne Invalidität erzielen würde. Der Invaliditätsgrad entspricht der Differenz dieser beiden Erwerbseinkommen.

Wer also nach einem Unfall beispielsweise noch die Hälfte des bisherigen Erwerbseinkommens erzielen kann, ist zu 50 Prozent invalid.

Eine Invalidenrente bekommt also nur, wer nach einem Unfall weniger verdient.

Ein anderes Beispiel: Ein Kranführer erleidet durch einen Unfall einen Rückenschaden. Er verdiente zuvor 60 000 Franken. Nach dem Unfall kann er nur noch leichte Hilfsarbeiten erledigen und verdient noch 30 000 Franken; er ist also zu 50 Prozent invalid. Die Invalidenrente beträgt 80 Prozent der fehlenden 30 000 Franken, das sind 24 000 Franken. Das Gesamteinkommen des teilinvaliden Kranführers beträgt heute also 54 000 Franken.

In der Ausbildung verunfallt: Es zählt der berufliche Aufstieg
Will man das Erwerbseinkommen berechnen, das der Verunfallte trotz der Invalidität erzielen könnte, muss zuerst ermittelt werden, was der Verunfallte durch eine zumutbare Tätigkeit bei ausgeglichener Arbeitsmarktlage verdie-

Was die Unfallversicherung zahlt

> **Tipp**
>
> **UVG-Invalidenrente schon ab 6%**
>
> Verunfallte erhielten bis anhin von der Unfallversicherung (UVG) nur dann eine Invalidenrente, wenn sie zu mindestens 10 Prozent invalid waren. In einem neueren, umstrittenen Entscheid hat aber das Eidgenössische Versicherungsgericht eine UVG-Invalidenrente bereits bei einem Invaliditätsgrad von 6 Prozent zugesprochen.
>
> Übrigens: Eine *krankheits*bedingte Invalidität (zu der auch die Geburtsinvalidität gehört) wird in der Schweiz nicht gleich behandelt wie eine Invalidität, deren Ursache ein Unfall ist. Und bei den Pensionskassen gibt es – um die Verwirrung vollständig zu machen – noch einmal andere Grenzen. Die Unterschiede ersehen Sie aus der Tabelle auf Seite 64.

vollen Lohn bezieht, kann als Ausgangspunkt für die Rentenberechnung jenen Lohn verlangen, den er im angestrebten Beruf erzielt hätte.

Kurzfristige Lohneinbussen werden nicht berücksichtigt

Was gilt, wenn das Erwerbseinkommen im Jahr vor dem Unfall wegen ausserordentlicher Umstände tiefer war als üblich, etwa wegen Militärdienst, Zivilschutz, Krankheit, Mutterschaft, Arbeitslosigkeit, Kurzarbeit usw.?

Hier wird der versicherte Verdienst nach dem Lohn festgelegt, der ohne diese Umstände erzielt worden wäre.

nen könnte. Dieses mögliche Einkommen wird verglichen mit dem Lohn, den der Versicherte erzielen könnte, wenn er gesund wäre.

Ausgangspunkt ist also nicht immer jenes Einkommen, das der Verunfallte unmittelbar vor dem Unfall tatsächlich erzielte.

Diese Präzisierung ist vor allem für jene von Bedeutung, die ihre Ausbildung wegen eines Unfalls nicht beenden oder gar nicht in Angriff nehmen können. Hier wird darauf Rücksicht genommen, welches Einkommen der Versicherte im vorgesehenen Beruf erzielt hätte. Es müssen allerdings konkrete Anhaltspunkte dafür bestehen, dass der Versicherte diesen beruflichen Aufstieg und ein entsprechend höheres Einkommen tatsächlich realisiert hätte.

Wer sich also in Ausbildung befindet und deshalb noch keinen

Eine Überentschädigung ist nach Gesetz verboten

Wer neben einer UVG-Rente noch eine IV- oder AHV-Rente bezieht, könnte theoretisch mehr als 100 Prozent des versicherten Lohnes erhalten. Das lässt das Gesetz aber nicht zu.

In solchen Fällen hat der Versicherte von der Unfallversicherung nur eine Ergänzungsrente (eine so genannte Komplementärrente, siehe Kasten rechts) zugut.

Diese Komplementärrente darf bei einer 100-prozentigen Invalidität zusammen mit den anderen Renten höchstens 90 Prozent des versicherten Verdienstes ausmachen.

Ein Beispiel: Ein Mann erleidet einen Unfall und wird 100-prozentig erwerbsunfähig. Er erhält eine IV-Rente von 1500 Franken pro Monat. Sein versicherter Jahresverdienst vor dem Unfall betrug 50 000 Franken.

1. Rechnungsschritt: Bei Vollinvalidität würde der Mann von der Unfallversicherung 80 Prozent des versicherten Jahresverdienstes von 50 000 Franken erhalten. Dies sind 40 000 Franken pro Jahr oder Fr. 3333.35 pro Monat.

2. Rechnungsschritt: Da der Mann aber bereits eine IV-Rente bekommt, hat er nur eine UVG-Komplementärrente zugut. Die UVG-Komplementärrente darf zusammen mit der IV-Rente höchstens 90 Prozent des versicherten Jahresverdienstes betragen. Das sind 45 000 Franken pro Jahr oder 3750 Franken im Monat; zieht man die IV-Rente von 1500 Franken davon ab, beträgt die UVG-Komplementärrente somit 2250 Franken.

Für bleibende Schäden: Die Integritätsentschädigung

Wer durch einen Unfall «eine dauernde erhebliche Schädigung der körperlichen oder geistigen Integrität» erleidet, hat Anspruch auf eine angemessene Entschädigung. Diese wird unabhängig von einer allfälligen Rente zusätzlich ausbezahlt.

«Dauernd» ist die Schädigung dann, wenn sie aller Voraussicht nach während des restlichen Lebens bestehen bleibt, und zwar im gleichen Umfang.

Und «erheblich» ist sie, wenn die «körperliche oder geistige Integrität», unabhängig vom Grad der Erwerbsfähigkeit, stark beeinträchtigt wird.

Die Integritätsentschädigung ist mit der Genugtuung (Schmerzensgeld) vergleichbar, die Ge-

Fortsetzung auf Seite 37

Stichwort

Komplementärrente

Wer bereits eine AHV- oder IV-Rente bezieht und wegen eines Unfalls auch noch eine UVG-Rente beanspruchen kann, dem wird nicht die AHV- oder IV-Rente gekürzt, sondern die UVG-Rente. Er erhält eine UVG-Komplementärrente.

Diese darf bei 100-prozentiger Invalidität – zusammen mit anderen Renten – höchstens 90 Prozent des versicherten Verdienstes ausmachen. Die Komplementärrente entspricht der Differenz dieser 90 Prozent und der AHV- oder IV-Rente.

Beispiel: Eine Frau hatte früher einen versicherten Verdienst von 60 000 Franken und erhält heute eine IV-Rente von 15 000 Franken. Durch einen Unfall wird sie arbeitsunfähig. Die UVG-Komplementärrente beträgt nun:

90 % von 60 000.– Fr. 54 000.–
IV-Rente minus Fr. 15 000.–
UVG-Komplementärrente **Fr. 39 000.–**

Die verunfallte Frau bekommt somit von der Unfallversicherung und der IV zusammen 54 000 Franken oder 90 % des versicherten Lohnes.

Ist jedoch für ihren Unfall ein Dritter alleinverantwortlich, hat dieser den *gesamten* Erwerbsausfall zu ersetzen. Er muss also der Verunfallten einerseits direkt die offen gebliebenen 10 Prozent des Schadens ersetzen.

Andrerseits muss er den grossen Rest im Rahmen des Regressverfahrens der IV und der Unfallversicherung zurückerstatten, die der verunfallten Frau ja bereits in diesem Umfang eine Rente ausgerichtet haben (siehe Seite 122 ff.).

Was die Unfallversicherung zahlt

Siehe die Ausführungen dazu auf Seite 35 ff.

	Prozent	in Fr. (Stand 2003)
Verlust von mindestens zwei Gliedern eines Langfingers oder eines Gliedes des Daumens	5 %	5 340.–
Verlust des Daumens der Gebrauchshand im Grundgelenk	20 %	21 360.–
Verlust des Daumens der anderen Hand im Grundgelenk	15 %	16 020.–
Verlust der Gebrauchshand	50 %	53 400.–
Verlust der anderen Hand	40 %	42 720.–
Verlust eines Arms im Ellbogen oder oberhalb desselben	50 %	53 400.–
Verlust einer Grosszehe	5 %	5 340.–
Verlust eines Fusses	30 %	32 040.–
Verlust eines Beines im Kniegelenk	40 %	42 720.–
Verlust eines Beines oberhalb des Kniegelenks	50 %	53 400.–
Verlust einer Ohrmuschel	10 %	10 680.–
Verlust der Nase	30 %	32 040.–
Skalpierung	30 %	32 040.–
Sehr schwere Entstellung im Gesicht	50 %	53 400.–
Verlust einer Niere	20 %	21 360.–
Verlust der Milz	10 %	10 680.–
Verlust der Geschlechtsorgane oder der Fortpflanzungsfähigkeit	40 %	42 720.–
Verlust des Geruchs- oder Geschmackssinns	15 %	16 020.–
Verlust des Gehörs auf einem Ohr	15 %	16 020.–
Verlust des Sehvermögens auf einer Seite	30 %	32 040.–
Vollständige Taubheit	85 %	90 780.–
Vollständige Blindheit	100 %	106 800.–
Habituelle Schulterluxation	10 %	10 680.–
Schwere Beeinträchtigung der Kaufähigkeit	25 %	26 700.–
Sehr starke schmerzhafte Funktionseinschränkung der Wirbelsäule	50 %	53 400.–
Paraplegie (Halbkörperlähmung)	90 %	96 120.–
Tetraplegie (Ganzkörperlähmung)	100 %	106 800.–
Sehr schwere Beeinträchtigung der Lungenfunktion	80 %	85 440.–
Sehr schwere Beeinträchtigung der Nierenfunktion	80 %	85 440.–
Beeinträchtigung von psychischen Teilfunktionen wie Gedächtnis und Konzentrationsfähigkeit	20 %	21 360.–
Posttraumatische Epilepsie mit Anfällen oder in Dauermedikation ohne Anfälle	30 %	32 040.–
Sehr schwere organische Sprachstörungen, sehr schweres motorisches oder psychoorganisches Syndrom	80 %	85 440.–

Fortsetzung von Seite 35

schädigte für seelische Unbill erhalten (siehe Seite 126 ff.); sie ist eine Entschädigung für bleibende körperliche Nachteile.

Voll arbeitsfähig – aber eine Entschädigung gibts dennoch

Zur Auszahlung kommt eine Integritätsentschädigung sogar dann, wenn jemand zwar verletzt wurde, aber eine Verminderung der Erwerbsfähigkeit gar nicht gegeben ist.

So beeinträchtigt beispielsweise der Verlust des Geschmackssinnes in den meisten Berufen die Erwerbsfähigkeit in keiner Weise. Der vollständige Verlust des Geschmackssinns entspricht aber dennoch einem Integritätsschaden von 15 Prozent.

Eine Person, die nach einem Unfall ihren Geschmackssinn verliert, erhält also – auch wenn sie normal weiterarbeiten kann – eine einmalige Integritätsentschädigung von 16 020 Franken (siehe Kasten auf Seite 36). Eine Tetraplegikerin (eine vollständig gelähmte Person) erhält natürlich neben der Integritätsentschädigung auch eine volle UVG-Rente, weil sie zu 100 Prozent arbeitsunfähig ist.

Die Liste auf der Seite links ist aber insofern nicht vollständig, als die Gerichte auch dann Entschädigungen zusprechen können, wenn die Funktion von Organen nur teilweise vermindert ist.

Dazu einige Beispiele: Eine gestörte Sexualfunktion mit geringerer Sensibilität im Bereich des Geschlechtsorgans, verminderten Erektionen und geringer Ejakulationsfrequenz entspricht einem Integritätsschaden von 5 Prozent der Höchstsumme des versicherten Verdienstes.

Folgende Integritätsschäden entsprechen einem Prozentsatz von 7,5: Eine erhöhte «Blasenentleerungsfrequenz», d.h. die Unfähigkeit, den Urin länger als etwa eine Minute zu halten, oder eine chronische Verstopfung des Dar-

Integritätsentschädigung: Prozente sind fix, Zahlen ändern

Das Gesetz hat den Höchstbetrag für Integritätsschäden definiert: Es ist der höchstmögliche versicherte Jahresverdienst, derzeit also 106 800 Franken (Stand 2003).

Dieser Betrag gelangt aber nur bei sehr schweren Körperschädigungen zur Auszahlung, etwa bei vollständiger Blindheit oder Lähmung.

Deswegen enthält das Gesetz eine Zusammenstellung von gesundheitlichen Schäden mit Angabe der maximalen Entschädigung (siehe Kasten links). Für Schäden, die nicht in der Skala aufgelistet sind, werden analoge Beträge festgesetzt.

Eine Schädigung, die unter einem Grad von 5 Prozent liegt, gibt keinen Anspruch auf eine Entschädigung.

Die Prozentzahlen in der Tabelle sind fix, der Frankenbetrag hingegen ändert sich immer dann, wenn der Bundesrat den höchstversicherbaren Jahresverdienst anpasst.

Als **schwer** gilt die Hilflosigkeit, wenn der oder die Versicherte vollständig auf Hilfe angewiesen ist. Schwer hilflos ist beispielsweise eine Person, die sich nicht mehr bewegen und sich weder selber duschen noch ankleiden kann und auch beim Essen vollständig auf Hilfe angewiesen ist.

Von einer **mittleren** Hilflosigkeit spricht man, wenn:
- der Betroffene in den meisten alltäglichen Lebensverrichtungen «regelmässig und in erheblicher Weise» auf die Hilfe von Dritten angewiesen ist oder
- wenn er in mindestens zwei alltäglichen Lebensverrichtungen «regelmässig und in erheblicher Weise» auf die Hilfe Dritter angewiesen ist und überdies einer dauernden persönlichen Überwachung bedarf.

Als **leicht** gilt die Hilflosigkeit dann, wenn man:
- in mindestens zwei alltäglichen Lebensverrichtungen «regelmässig und in erheblicher Weise» auf Hilfe angewiesen ist oder
- einer dauernden persönlichen Überwachung bedarf oder
- ständige und aufwändige Pflege braucht oder
- wenn jemand nur dank der «regelmässigen und erheblichen Hilfe» von Dritten gesellschaftliche Kontakte pflegen kann.

---

mes (Stuhlgang etwa zweimal wöchentlich).

Hat ein Junggeselle eine riesige, entstellende Narbe (z. B. von der linken bis zur rechten Augenbraue und hinauf zur Stirn), erhält er eine Integritätsentschädigung von 10 Prozent.

Die Hilflosenentschädigung der Unfallversicherung

Verunfallte, die wegen ihrer Invalidität dauernd die Hilfe Dritter oder gar eine dauernde persönliche Überwachung brauchen, erhalten eine monatliche Hilflosenentschädigung. Details dazu:
- Voraussetzung ist, dass die Unfallversicherung der betreffenden Person eine Invalidenrente auszahlt.
- Solange sich eine versicherte Person in einer Heilanstalt (z. B. Spital) befindet, erhält sie keine Hilflosenentschädigung.
- Die Hilflosenentschädigung wird jeden Monat ausbezahlt.

Mit der Hilflosenentschädigung sollen die Versicherten die Mehrkosten bezahlen können, die wegen ihrer gesundheitlichen Hilflosigkeit anfallen. Wer also Hilfe braucht, um die alltäglichen Verrichtungen wie Ankleiden, Körperreinigung, Essen usw. zu erledigen, kann eine Hilflosenentschädigung beantragen.

Entscheidend ist der Grad der Hilflosigkeit

Die Höhe der Entschädigung ist vom Grad der Hilflosigkeit abhängig (siehe Kasten oben). Die Entschädigung verwendet als Berechnungsgrundlage das höchstmögliche Taggeld von 293 Franken (höchster versicherter Ver-

2 Was die Unfallversicherung zahlt

dienst geteilt durch 365, Stand 2003):
- Bei schwerer Hilflosigkeit wird die Summe von 293 Franken mit dem Faktor 6 multipliziert; das sind maximal 1758 Franken pro Monat (Stand 2003).
- Bei mittlerer Hilflosigkeit kommt der vierfache höchste Tagesansatz pro Monat (4 x 293 = 1172 Franken) zur Auszahlung.
- Bei leichter Hilflosigkeit wird maximal der doppelte höchste Tagesansatz von 293 Franken pro Monat ausbezahlt (Stand 2003).

Hinterlassenenrenten: Das erhalten Witwen und Waisen

Wenn Unfallversicherte an den Folgen des Unfalls sterben, haben Ehepartner Anspruch auf eine Witwen-/Witwerrente, Kinder erhalten eine Waisenrente. Diese zwei Leistungen werden im Gesetz zusammenfassend als Hinterlassenenrenten bezeichnet.

Im Unterschied zum Gesetz über die berufliche Vorsorge BVG (2. Säule) erhält auch der *Witwer* nach einem Unfall der Ehefrau immer eine Rente (und nicht nur die Witwe).

Das sind die Voraussetzungen für eine Witwenrente

Witwer und Witwe haben dann Anspruch auf eine Hinterlassenenrente, falls
- sie eigene, rentenberechtigte Kinder haben, d.h. Kinder unter 18 Jahren oder Kinder, die noch in Ausbildung stehen (siehe auch Seite 41), oder falls
- sie mit Kindern im gemeinsamen Haushalt leben, die rentenberechtigt sind (das sind beispielsweise adoptierte oder uneheliche Kinder oder Pflegekinder des Verstorbenen), oder falls
- sie selber zu zwei Dritteln invalid sind oder es binnen zweier Jahre nach dem Tode des Ehepartners werden.

Die Witwe hat in zwei weiteren Fällen ein Anrecht auf eine Hinterlassenenrente, nämlich falls
- sie beim Tode des Ehemannes Kinder hat, die nicht mehr rentenberechtigt sind,

Nach dem Unfall noch schnell heiraten? Das geht nicht

Wurde die Ehe *nach* dem Unfall geschlossen, so besteht der Anspruch auf eine Witwen- oder Witwerrente nur, falls die Ehe bereits vorher beim Zivilstandsamt angemeldet worden war. Oder falls die Ehe zum Zeitpunkt des Todes schon mindestens zwei Jahre gedauert hat.

Ein Beispiel: Ein Mann verunfallt am 1. Oktober 1999 schwer. Er heiratet am 3. Januar 2000 und stirbt 26 Monate später an den Folgen des Unfalls. Die frisch verheiratete Frau hat eine Witwenrente zugut, obwohl sie zum Zeitpunkt des Unfalls mit dem Mann noch nicht verheiratet war (und falls sie die anderen Voraussetzungen erfüllt, die es für eine Witwenrente braucht, siehe die Ausführungen dazu auf dieser Seite).

im Unterschied zur AHV nicht mindestens 5 Jahre gedauert haben.

Geschiedene Ehefrauen oder Ehemänner erhalten eine Rente, falls der Verunfallte ihnen einen Unterhaltsbeitrag bezahlen musste (siehe Kasten unten). Dieser Anspruch muss durch ein Gerichtsurteil abgesichert sein.

Die Witwe heiratet wieder: Die Rente fällt weg

Die Rente erlischt durch einen so genannten Auskauf: Unter bestimmten Umständen kann man eine Rente in eine Kapitalzahlung umwandeln, die anstelle der monatlichen Rente als einmalige Zahlung überwiesen wird.

Oder sie erlischt bei der Wiederverheiratung des Rentenbezügers. Die durch Verheiratung erloschene Rente muss aber erneut ausbezahlt werden, falls die neue Ehe nach weniger als 10 Jahren

Ein konkretes Beispiel dazu: Eine Witwe heiratet am 30. Juni 1994 und verliert damit erst mal die Witwenrente ihres verstorbenen Mannes. Am 15. Mai 2002 wird diese zweite Ehe jedoch geschieden. Die Witwenrente, die die Witwe vor der Heirat erhalten hatte, lebt damit im Jahr 2002 wieder auf.

Abfindung statt Rente: Das sind die Details

Falls die Voraussetzungen für eine Hinterlassenenrente nicht erfüllt sind, erhält der überlebende Partner oder die überlebende Partnerin in jedem Fall eine Abfindung. Diese hängt von der Ehedauer ab:
- Ehedauer bis zu einem Jahr: eine Jahresrente (maximal 106 800 Franken).
- Ehedauer bis zu fünf Jahren: drei Jahresrenten.
- Ehedauer mehr als fünf Jahre: fünf Jahresrenten.

Höhe der Witwenrente: Diese Faktoren sind entscheidend

Die Höhe der Hinterlassenenrente beträgt für die Witwe und für den Witwer 40 Prozent des versicherten Verdienstes des Verstorbenen.

Geschiedene Ehegatten erhalten 20 Prozent des versicherten Verdienstes des Verstorbenen – aber nie mehr als denjenigen Frankenbetrag, den der Verstorbene als Unterhaltsbeitrag zahlen musste.

Ein Beispiel dazu: Eine geschiedene Frau erhält von ihrem Ex-Mann einen Unterhaltsbeitrag von 500 Franken pro Monat. Der versicherte Jahresverdienst des geschiedenen Mannes lag bei 85 000 Franken. Die Frau könnte also maximal 20 Prozent von 85 000 Franken (das sind 17 000 Franken pro Jahr) als Witwenrente geltend machen.

Da sie aber vom Verstorbenen pro Jahr nur 6000 Franken Unterhaltsbeiträge erhielt, zahlt ihr auch die Unfallversicherung nur 6000 Franken als Hinterlassenenrente – und keinen Rappen mehr.

Was die Unfallversicherung zahlt

Die Waisenrente – für Studenten bis zum 25. Altersjahr

Die Waisenrente ist ein Bestandteil der Hinterlassenenrenten der Unfallversicherung. Kinder erhalten nach dem Tode ihrer Eltern eine Waisenrente der Unfallversicherung, und zwar bis zur Vollendung des 18. Altersjahres.

Für Jugendliche, die eine Lehre oder ein Studium absolvieren, kann sich diese Alterslimite erhöhen – und zwar bis zum Abschluss der Lehre oder des Studiums, längstens aber bis zur Vollendung des 25. Altersjahres.

Kinder, die *einen* Elternteil verlieren, erhalten eine Halbwaisenrente. Dies gilt auch dann, wenn das Kindesverhältnis nur zum verstorbenen Elternteil bestand und der überlebende Ehegatte Stiefvater oder Stiefmutter ist.

Falls beide Elternteile sterben, gelangt eine Vollwaisenrente zur Auszahlung.

Vollwaisen erhalten von der Unfallversicherung 25 Prozent und Halbwaisen 15 Prozent des versicherten Verdienstes des Verstorbenen.

Die Berechnung der Hinterlassenenrenten

Die einzelnen Waisen- und Hinterlassenenrenten an die ganze Familie müssen zusammengerechnet werden.

Jetzt kommt aber eine Limite ins Spiel: Im Normalfall darf die Summe aller Hinterlassenenrenten nicht höher liegen als 70 Prozent des versicherten Verdienstes des Verstorbenen.

Falls allerdings eine geschiedene Partei einen zusätzlichen Rentenanspruch hat, erhöht sich dieser Prozentsatz auf 90. Sollten die einzelnen Renten diesen Prozentsatz übersteigen, werden alle gleichmässig herabgesetzt.

Ein konkretes Rechnungsbeispiel: Ein verstorbener Familienvater hatte einen versicherten Jahresverdienst von 50 000 Franken. Der Versicherte hinterlässt nach seinem Tod eine Witwe und vier rentenberechtigte Kinder (Halbwaisen). Das ergibt zunächst:

Witwe:
40% von Fr. 50 000.–
= Fr. 20 000.–
4 Kinder à je 15%:
60% von Fr. 50 000.–
= Fr. 30 000.–
Total Fr. 50 000.–

Diese Zahlen basieren auf dem versicherten Jahresverdienst von 50 000 Franken. Weil aber das Total aller Renten nicht über der 70-Prozent-Limite liegen darf (hier bei 35 000 Franken), müssen die einzelnen Renten auf 70 Prozent herabgesetzt werden. Das ergibt neu:

Witwe:
70% von Fr. 20 000.–
= Fr. 14 000.–
4 Kinder:
70% von Fr. 30 000.–
= Fr. 21 000.–
Total Fr. 35 000.–

Falls ein Kind nach Abschluss der Lehre seinen Anspruch auf die

Rente verliert, führt dies zu einer gleichmässigen Erhöhung der Rente für die anderen Parteien.

In der Regel erhalten die Witwe und die Nachkommen neben der Unfallrente noch eine Rente aus der AHV/IV-Kasse. Hier zahlt die Unfallversicherung lediglich eine Komplementärrente. Die Summe der beiden Renten darf dabei 90 Prozent des versicherten Verdienstes nicht übersteigen.

Die UVG-Versicherten haben Glück im Unglück

Vergleicht man die hier geschilderten Leistungen der Unfallversicherung mit denjenigen der obligatorischen Krankenversicherung nach KVG, drängt sich ein klares Fazit auf: Wer verunfallt und nur den Schutz der KVG-Grundversicherung geniesst, ist nicht so gut gestellt wie die UVG-Versicherten:

- Die obligatorische Krankenpflegeversicherung zahlt nur die Heilungskosten und der Versicherte muss erst noch Franchise und Selbstbehalt übernehmen (siehe Ausführungen auf Seite 55 ff.).
- In der Unfallversicherung nach UVG hingegen muss der Verunfallte bei den Heilungskosten praktisch keine Selbstbehalte zahlen, und darüber hinaus erhält er noch Taggelder bei Arbeitsunfähigkeit, eine Integritätsentschädigung sowie eine Rente im Invaliditätsfall. Auch Hinterlassene erhalten Geld.

Wer UVG-versichert ist, hat bei einem Unfall also Glück im Unglück. Das gilt sowohl für die obligatorisch als auch für die freiwillig nach UVG versicherten Personen.

Die Kürzung der Leistungen

Was die Unfallversicherung zahlt

Wer an einem Unfall eine Mitschuld trägt, erhält im Prinzip weniger Geld. Das gilt insbesondere bei Grobfahrlässigkeit und vor allem dann, wenn man ein unkontrollierbares Wagnis eingegangen ist.

Häufig sind verschiedene Ursachen für die Unfallfolgen verantwortlich. Bereits bestehende oder ausgebrochene Krankheiten können beispielsweise die Unfallfolgen verschlimmern (siehe Ausführungen auf dieser Seite und den folgenden).

Um einen Sonderfall handelt es sich, wenn ein Dritter den Unfall mit verursacht hat. Hier stellt sich die Frage, wie viel dieser an den gesamten Schaden zahlen muss. Dieser Themenkomplex ist auf Seite 72 ff. abgehandelt.

Die Kürzung bei einer bereits bestehenden Krankheit

Bei den Pflegeleistungen, bei den Kostenvergütungen (zum Beispiel Prothesen), beim Taggeld sowie bei der Hilflosenentschädigung spielt es keine Rolle, ob auch andere Ursachen im Spiel sind. Die Unfallversicherung bezahlt also die Arzt- und Spitalkosten, Taggelder sowie eine allfällige Hilflosenentschädigung selbst dann, wenn der gesundheitliche Schaden nur teilweise auf den Unfall zurückzuführen ist.

Anders bei der Invalidenrente, bei der Integritätsentschädigung und bei den Hinterlassenenrenten der Unfallversicherung: Diese werden gekürzt, falls die Gesundheitsschädigung oder der Tod nur teilweise die Folgen eines Unfalls sind.

Hier geht es in erster Linie um die Berücksichtigung von bereits bestehenden Krankheiten (siehe Kasten unten).

Kürzung, falls schon vorher Arbeitsunfähigkeit bestand

In diesem Zusammenhang stellt das Gesetz unmissverständlich klar: Eine vor dem Unfall bereits bestehende Gesundheitsschädigung darf nur dann berücksichtigt werden bzw. sie darf nur dann zu einer Kürzung führen, falls sie bereits *vor* dem Unfall eine Vermin-

---

Stichwort

Bereits bestehende Krankheit

Eine bereits bestehende Krankheit ist eine körperliche Beeinträchtigung, die zum Zeitpunkt des Unfalls bereits existierte.

Hat also jemand vor dem Unfall beispielsweise eine degenerierte Halswirbelsäule, so stellt sich nach einem Unfall die Frage, bis zu welchem Mass die konkreten Folgen nur auf den Unfall zurückzuführen sind – oder ob die jetzt auftretenden Gesundheitsbeschwerden auch eine Folge der schon vorher existierenden gesundheitlichen Beeinträchtigung sind.

derung der Erwerbsfähigkeit zur Folge hatte.

Ein Beispiel (siehe auch Seite 20 ff.): Ein 58-Jähriger erleidet bei einem Auffahrunfall ein Schleudertrauma und hat in der Folge nicht mehr nachlassende Schmerzen im Nackenbereich. Wegen Rückenschmerzen war der Mann zwar zuvor einmal in ärztlicher Behandlung, aber bis zum Unfall voll erwerbstätig.

Nach diversen Behandlungsversuchen wird im ärztlichen Gutachten festgestellt, es resultiere eine bleibende 50-prozentige Erwerbsunfähigkeit.

Doch die Versicherung will nicht zahlen mit dem Argument, es handle sich um eine «vorübergehende unfallkausale Verschlimmerung eines krankhaften Vorzustandes». Ohne diese bereits bestehende Krankheit wären die Unfallfolgen nach drei Jahren ausgeheilt gewesen, so die Versicherung. Die Gesundheitsstörung sei somit nur während drei Jahren mit überwiegender Wahrscheinlichkeit auf das Unfallereignis zurückzuführen.

Das eingeholte ärztliche Gutachten bestätigt, dass die Wirbelsäule schon vor dem Unfall degeneriert war. Ohne Unfall hätte dies jedoch lediglich zu einer schmerzfreien Einschränkung der Bewegungsfreiheit des Kopfes geführt.

Der Gutachter stellt ferner fest, dass diese schmerzfreie Funktionsstörung der Halswirbelsäule im Normalfall in der vierten Lebensdekade beginnt und meist bis zum Ende der möglichen Berufstätigkeit keine Erwerbsunfähigkeit zur Folge hat.

Deshalb muss die Unfallversicherung in diesem Fall trotz bereits existierender Krankheit eine 50-prozentige Rente bezahlen.

Das heisst also: Eine Leistungskürzung ist grundsätzlich nur

Die Kürzung bei Verweigerung einer Operation

Die obligatorische Unfallversicherung kann Taggelder und Renten kürzen, falls die versicherte Person trotz Aufforderung Nein sagt zu einer zumutbaren Behandlung oder einer Eingliederungsmassnahme zur Verbesserung der Erwerbsfähigkeit.

Was aber ist zumutbar? Operationen sind nur zumutbar, wenn sie unbedenkliche, nicht mit Lebensgefahr verbundene Eingriffe darstellen, die mit Sicherheit oder hoher Wahrscheinlichkeit die vollständige Heilung oder wenigstens eine erhebliche Besserung bewirken. Voraussetzung ist auch, dass die Operation eine wesentliche Verbesserung der Erwerbsfähigkeit erwarten lässt. Sie darf zudem nicht zu einer sichtbaren Entstellung führen und nicht mit übermässigen Schmerzen verbunden sein.

Deshalb musste sich eine Versicherte, die ihren Fall bis vors Bundesgericht brachte, die Kürzung der Rente nicht gefallen lassen. Die Richter kamen zum Schluss, dass bei der vorgeschlagenen Knieoperation eine völlige Heilung ausgeschlossen und eine Steigerung der Erwerbsfähigkeit nicht sehr wahrscheinlich war.

Was die Unfallversicherung zahlt

dann zulässig, wenn der krankhafte Vorzustand bereits *vor* dem Unfall eine bleibende oder doch längere Zeit andauernde Erwerbsunfähigkeit zur Folge gehabt hat – sonst nicht.

Gerichte sind oft inkonsequent und nicht buchstabengetreu
Beim vorherigen Beispiel eines 58-jährigen Schleudertrauma-Opfers resultierte eine *bleibende* Erwerbsunfähigkeit von 50 Prozent.

Was gilt aber, wenn bei einem Unfall eine bereits bestehende Krankheit nur eine *vorübergehende* Erwerbsunfähigkeit zur Folge hat? Darf dann die Rente ebenfalls gekürzt werden?

Der Gesetzgeber wollte in diesen Fällen lediglich bei *erheblichen* bereits bestehenden Gesundheitsschäden eine Kürzung zulassen.

Verlangt wird also, dass der Versicherte den Gesundheitsschaden subjektiv bereits wahrgenommen hat und dass dieses Leiden seine Fähigkeit zu arbeiten schon früher während einiger Zeit beeinträchtigte.

Solche Fälle sind meist umstritten – umso mehr, als vom Gesetz her die Kürzung nicht proportional, sondern lediglich angemessen erfolgen soll.

In der Praxis sind die Gerichte leider in der Anwendung dieser Bestimmung nicht sehr konsequent und buchstabengetreu: Wird beispielsweise bei einem Versicherten nach dem Unfall eine schwere Erkrankung diagnostiziert (zum Beispiel Krebs), die mit einer gewissen Wahrscheinlichkeit früher oder später zu einer Erwerbsunfähigkeit oder zum Tod führen könnte, wird trotz dem klaren Wortlaut eine Kürzung vorgenommen, auch wenn der Versicherte zum Zeitpunkt des Unfalls noch voll erwerbsfähig war.

Psychische Probleme: Schwere des Unfalls ist entscheidend
Bereits bestehende psychische Schwierigkeiten (siehe Seite 19 f.) führen ebenfalls oft zur Frage, ob eine Leistungskürzung gerechtfertigt ist, wenn sich die bereits bestehende psychische Erkrankung

Selbstmord: Bei Absicht sind nur die Bestattungskosten bezahlt
Wenn hinter dem Unfall eine Absicht steht, wenn also die versicherte Person den Gesundheitsschaden oder den Tod absichtlich herbeigeführt hat, so besteht kein Anspruch auf Versicherungsleistungen – mit Ausnahme der Bestattungskosten. Eine Witwe würde also beispielsweise keine Rente erhalten.

Verschulden setzt aber Urteilsfähigkeit voraus. Wenn die versicherte Person zum Zeitpunkt des Unfalls ohne eigene Schuld gänzlich unfähig war, vernunftgemäss zu handeln, erfolgt *keine* Kürzung der Versicherungsleistungen. Es muss also eine sehr schwere psychische Störung vorgelegen haben, welche die Urteilsfähigkeit völlig aufhebt.

Das ist etwa der Fall, wenn diese Person durch die Einnahme eines Medikaments Bewusstseinsstörungen hatte. Dasselbe gilt, wenn der Selbstmord oder die Selbstverstümmelung die eindeutige Folge eines Unfalls war (siehe Seite 17). In diesen beiden Fällen sind Kürzungen unzulässig.

durch den Unfall derart verschlechtert, dass daraus eine Erwerbsunfähigkeit resultiert.

Auch hier gilt der Grundsatz: Ist die versicherte Person trotz der psychischen Erkrankung vor dem Unfall voll erwerbsfähig gewesen, darf die Versicherung nach der gesetzlichen Bestimmung grundsätzlich nicht kürzen.

Für die Würdigung braucht es ein psychiatrisches Gutachten
So klar ist das in der Gerichtspraxis allerdings nicht. Denn es stellt sich in diesen Fällen die Frage nach der adäquaten Kausalität (siehe Seite 16f.): War das Unfallereignis generell geeignet, eine psychisch bedingte Arbeits- bzw. Erwerbsunfähigkeit zu bewirken?

Das wird aufgrund einer Würdigung der gesamten Umstände vor und nach dem Unfall beurteilt.

Dazu gehören gemäss Rechtsprechung die Schwere des Unfalls, die Eindrücklichkeit für den Betroffenen, die Begleitumstände, die Art und Schwere der erlittenen körperlichen Verletzungen, die Dauer der ärztlichen Behandlung und die damit verbundenen Schmerzen, der Grad der Einschränkung in der Arbeitsfähigkeit, die Dauer der Arbeitsfähigkeit sowie die vortraumatische Persönlichkeit des Versicherten.

Zu würdigen sind ausserdem die Art und Weise, wie der Versicherte das Unfallereignis aufgrund seiner psychischen Konstitution verarbeitet, sowie der von ihm erlebte psychische Stress. Gefordert ist also ein akutes Ereignis oder eine längere Belastungssituation, die ausserhalb der alltäglichen menschlichen Erfahrung liegt.

Die Entwicklung *nach* dem Unfall muss folglich der vortraumatischen Persönlichkeit des Versicherten, d.h. dem psychischen Zustand, der durchgemachten auch psychosomatischen Krankheit sowie der Arbeits- und Erwerbsunfähigkeit *vor* dem Unfall gegenübergestellt werden.

Das Ergebnis dieses Vergleiches gestattet es, die Frage nach der Adäquanz des Kausalzusammenhangs zu beurteilen. Damit der Richter das beurteilen kann, ist in aller Regel ein psychiatrisches Gutachten erforderlich.

Die Kürzung bei Grobfahrlässigkeit

Kürzungen wegen Grobfahrlässigkeit sind *nur bei Freizeitunfällen* erlaubt. Und es dürfen in diesem Fall nur die Taggelder gekürzt werden – aber nicht die Arzt- und Spitalkosten.

Verboten ist in diesem Fall auch eine Kürzung der übrigen Geldleistungen (Integritätsentschädigung, Invalidenrente, Hinterlassenenrente, Hilflosenentschädigung). Die Übersicht auf Seite 47 zeigt die Gerichtspraxis.

Taggelder dürfen aber bei Freizeitunfällen höchstens zwei Jahre lang gekürzt werden – und höchstens um die Hälfte, falls die versicherte Person zum Zeitpunkt des

Fortsetzung auf Seite 48

Grob fahrlässige Freizeitunfälle: Wie viel Abzug?

So haben Schweizer Gerichte in ausgewählten Fällen die Leistungen wegen Grobfahrlässigkeit gekürzt:

- Wenn man die Sicherheitsgurten nicht oder nicht richtig trägt: 10 Prozent Kürzung

- Ein Radfahrer, der in betrunkenem Zustand auf einer geraden, aber stark abfallenden Strasse zu Fall kommt (wobei sich auch die geringe Übung im Radfahren erschwerend auswirkte): 30 Prozent Kürzung

- Ein Fussgänger, der in Kenntnis der lokalen Verhältnisse abends und bei schlechter Sicht eine verkehrsreiche Strasse überquert, ohne den Fussgängerstreifen zu benutzen: 10 Prozent Kürzung

- Wer von einem Zug abspringt, der bereits mit erheblicher Geschwindigkeit fährt: 50 Prozent Kürzung

- Wer auf ein bereits fahrendes Tram aufspringt: 20 Prozent Kürzung

- Wer bei Regen mit dem Fahrrad schnell eine Strasse hinunterfährt und beim Abbiegen zu Fall kommt: 10 Prozent Kürzung

- Wer das Rotlicht nicht beachtet (der Fahrer hat die örtlichen Verhältnisse gekannt): 20 Prozent Kürzung

- Wer an einer übersichtlichen Kreuzung die Haltelinie überfährt: 10 Prozent Kürzung

- Ein Fussballspieler, der einen anderen Spieler auf verletzende Weise beschimpft und das Ganze mit obszönen Gesten begleitet (bzw. so provokativ handelt, dass er mit einem Gegenangriff mit Faustschlägen und Verletzungen rechnen muss): 20 Prozent Kürzung

- Wer in alkoholisiertem Zustand durch eine Balkontüre auf das geländerlose, schneebedeckte Flachdach tritt und am Ende des Flachdaches vier Meter hinunterstürzt: 30 Prozent Kürzung

Nicht als grob fahrlässig wurden folgende Fälle beurteilt (also keine Kürzung):
- Wer als Fussgänger mit 1,15 bis 1,31 Promille im Blut durch eine momentane Unaufmerksamkeit einen Unfall verursacht (der Fussgänger achtete zwar auf das von links kommende Fahrzeug, nicht aber auf das von rechts kommende Auto und wurde in der Strassenmitte vom Auto erfasst).
- Wer so stark alkoholsüchtig ist, dass ihm deswegen die Einsicht in die Folgen und Risiken des übermässigen Alkoholgenusses fehlt.
- Wer sich in einen Ehestreit eines befreundeten Ehepaares einmischt, indem er den Ehemann beruhigen will, der seine Frau schlägt.

Was die Unfallversicherung zahlt

Fortsetzung von Seite 46

Unfalls für Angehörige zu sorgen hat, denen bei ihrem Tode Hinterlassenenrenten zustehen würden.

Was ist grob fahrlässig? Nach Rechtsprechung des Eidgenössischen Versicherungsgerichtes (EVG) lässt sich grobe Fahrlässigkeit wie folgt definieren: «Grob fahrlässig handelt, wer unter Verletzung elementarster Vorsichtsgebote das ausser Acht lässt, was jedem verständigen Menschen in gleicher Lage und unter gleichen Umständen hätte einleuchten müssen, um eine nach dem natürlichen Lauf der Dinge voraussehbare Schädigung zu vermeiden.»

Den Unterschied zwischen einfacher und grober Fahrlässigkeit hat ein Kantonsrichter in populärer, aber durchaus zutreffender Weise wie folgt zu charakterisieren versucht: Der fahrlässig Handelnde wird mit der Feststellung getadelt: «Er hätte besser aufpassen oder sich zweckmässiger verhalten sollen.» Auf eine grob fahrlässige Handlungsweise dagegen reagiert man gemeinhin mit dem Ausspruch «Wie konnte er nur...»

Wichtig: Bei grob fahrlässig verursachten Unfällen am Arbeitsplatz sind Kürzungen nicht zulässig (siehe Kasten links).

Die Kürzung bei Vergehen und Verbrechen

Wenn Versicherte einen Unfall verursachen, während sie ein Vergehen oder Verbrechen ausüben (siehe Kasten rechts), so können die Geldleistungen (Taggelder, Invalidenrente, Integritätsentschädigung, Hilflosenentschädigung sowie die Hinterlassenenrenten) gekürzt oder in besonders schweren Fällen sogar gänzlich verweigert werden.

Einschränkung auch hier: Hat die versicherte Person zum Zeitpunkt des Unfalls für Angehörige

---

Tipp

Keine Kürzungen am Arbeitsplatz!

Bei grob fahrlässig verursachten Berufsunfällen darf die Unfallversicherung bei den Geldleistungen nicht kürzen. Das betrifft also Taggelder, Integritätsentschädigung, Invalidenrenten, Hilflosenentschädigungen und Hinterlassenenrenten.

Ebenfalls unzulässig sind in solchen Fällen Kürzungen der Pflegeleistungen und Kostenvergütungen (Kosten für Heilbehandlung, Hilfsmittel, Sachschäden, Reise-, Transport- und Rettungskosten sowie Leichentransport- und Bestattungskosten).

Wenn allerdings eine Absicht hinter dem Unfall stand, sind Kürzungen erlaubt (siehe Kasten auf Seite 45).

Die Unterscheidung zwischen Berufs- und Nicht-Berufsunfall ist dadurch für Unfälle auf dem Arbeitsweg sehr wichtig geworden. Denn Unfälle auf dem Arbeitsweg gelten bei Angestellten als Nicht-Berufsunfälle. Folge: Bei Unfällen auf dem Arbeitsweg kann grob fahrlässiges Verhalten zu einer Kürzung führen (siehe Seite 23).

Anderseits bedeutet dies, dass Teilzeitangestellte mit sehr geringem Pensum (die also weniger als 8 Stunden pro Woche bei *einem* Arbeitgeber arbeiten) besser gestellt sind. Weil hier Unfälle auf dem Arbeitsweg als Berufsunfall gelten, müssen sie keine Kürzungen wegen Grobfahrlässigkeit befürchten.

zu sorgen, denen bei ihrem Tode Hinterlassenenrenten zustünden, oder stirbt sie an den Unfallfolgen, so werden die Geldleistungen höchstens um die Hälfte gekürzt. Verboten sind Kürzung auch hier für Pflegeleistungen und Kostenvergütungen (wie bei Wagnissen, siehe Seite 50).

Je mehr Alkohol im Spiel ist, desto weniger Geld gibt es
Das Vergehen, das am häufigsten vorkommt, ist ohne Zweifel das Fahren in angetrunkenem Zustand (FiaZ). Trunkenheit am Steuer ist kein Gentleman-Delikt, sondern ein Vergehen, das mit Busse oder Gefängnis bestraft wird.

Wer demnach in betrunkenem Zustand einen Unfall baut, läuft Gefahr, dass ihm nicht die volle Leistung ausbezahlt wird. Die Kürzung hängt davon ab, wie gross das Verschulden ist. Je mehr Alkohol im Spiel ist, desto grösser ist die Kürzung (siehe Kasten oben rechts).

Einem Fussgänger hingegen, der mit 1,8 Promille eine Strasse überquerte, ohne auf den Verkehr zu achten, wurden nur die Taggelder um 10 Prozent gekürzt. Wenn nämlich Alkohol bei Fussgängern im Spiel ist, gilt dies nicht als Vergehen oder Verbrechen, sondern als grobe Fahrlässigkeit.

Die Kürzung bei aussergewöhnlichen Gefahren

Wer sich in aussergewöhnlich gefährliche Situationen begibt und dabei einen Nicht-Berufsunfall erleidet, muss entweder eine Kürzung der Geldleistungen (Taggelder, Invalidenrente, Integritätsent-

Alkohol am Steuer

So fallen die Kürzungen der Geldleistungen aus:
0,8 bis 1,1 Promille:	20 % Kürzung
1,2 bis 1,9 Promille:	30 % Kürzung
2,0 bis 2,7 Promille:	50 % Kürzung
2,8 und mehr Promille:	70 % Kürzung

Diese Skala wird angepasst, wenn die Promillegrenze auf 0,5 herabgesetzt wird.

Stichwort

Vergehen und Verbrechen

Delikte, bei denen eine Gefängnis- oder Zuchthausstrafe angedroht ist, gelten als Vergehen oder Verbrechen. Das häufigste Vergehen ist das Fahren in angetrunkenem Zustand (FiaZ). Wer mit mehr als 0,8 Promille im Blut Auto fährt, «wird mit Busse oder Gefängnis bestraft». (Frühestens ab 2004 gilt der Grenzwert von 0,5 Promille.)

Sitzt man also in betrunkenem Zustand am Steuer und verursacht dabei einen Unfall, bei dem man sich verletzt, kann die Unfallversicherung das Taggeld und die Rente und auch die übrigen Geldleistungen kürzen oder verweigern (nicht aber Pflegeleistungen und Kostenvergütungen).

Genau gleich verhält es sich bei einem Verbrechen. Wer auf der Flucht nach einem Raubüberfall in einen Kandelaber rast und sich dabei verletzt, muss mit einer Kürzung der Geldleistungen rechnen. Das Gleiche gilt bei Zweikampf mit Waffen.

Weniger schwere, aber immer noch grobe Übertretungen im Strassenverkehr gelten hingegen als Grobfahrlässigkeit und nicht als Vergehen und Verbrechen; deshalb fallen dort die Kürzungsmassnahmen gnädiger aus (siehe S. 46 ff.).

Was die Unfallversicherung zahlt 2

oder gar eine Verweigerung sämtlicher Versicherungsleistungen akzeptieren.

Aussergewöhnliche Gefahren, bei denen *sämtliche* Versicherungsleistungen (Heilungskosten und Geldleistungen) verweigert werden, sind:
- Militärdienst für einen fremden Staat;
- Teilnahme an kriegerischen Handlungen, Terrorakten und bandenmässigen Verbrechen.

Aussergewöhnliche Gefahren, bei denen die Geldleistungen (Taggelder, Invalidenrente, Integritätsentschädigung, Hilflosenentschädigung sowie Hinterlassenenrenten) um mindestens die Hälfte gekürzt werden (nicht aber die Pflegeleis-

- Beteiligung an Raufereien und Schlägereien, es sei denn, die versicherte Person sei als Unbeteiligter oder bei Hilfeleistung für einen Wehrlosen durch die Streitenden verletzt worden;
- Teilnahme an Unruhen;
- Gefahren, denen sich die versicherte Person dadurch aussetzt, dass sie andere stark provoziert (siehe Kasten unten).

Die Kürzung bei Wagnissen

Wer in seiner Freizeit zu wilden Abenteuern oder Mutproben neigt – im Fachjargon also Wagnisse eingeht –, muss sich bewusst sein, dass er im Falle eines Unfalls massive Kürzungen der Versicherungsleistungen in Kauf nehmen muss.

Konkret: Bei Nicht-Berufsunfällen, die auf ein Wagnis zurückgehen, werden die Geldleistungen (Taggelder, Invalidenrente, Integritätsentschädigung, Hilflosenentschädigung sowie Hinterlassenenrenten) um die Hälfte gekürzt und in besonders schweren Fällen gänzlich verweigert.

Wagemut: Die Witwe geht im schlimmsten Fall leer aus

Im Ergebnis kann das bedeuten, dass Witwen oder Waisen, deren Gatte bzw. Vater bei einem Wagnis umkommt, keine Rente erhalten.

Nicht von einer Kürzung betroffen sind aber die Pflegeleistungen und Kostenvergütungen (Kosten

---

Stichwort

Provokation

Wer sich dadurch einer Gefahr aussetzt bzw. in eine Schlägerei läuft, weil er andere provoziert, muss mit Kürzungen der Unfallversicherungsleistungen rechnen.

Im Streitfall muss das Gericht entscheiden, ob eine Provokation vorlag.

Nicht als Provokation wurden die zwei folgenden Ereignisse eingestuft: Ein Versicherter verletzte einen Mann mit Messerstichen, worauf er zwei Monate später von diesem Mann mit Schüssen schwer verletzt wurde.

Oder: Eine Serviertochter verpasste einem pöbelnden Gast eine Ohrfeige – worauf dieser sie massiv würgte. Auch dieses Verhalten der Serviertochter wurde vom Gericht nicht als Provokation gewertet.

2 Was die Unfallversicherung zahlt

für Heilbehandlung, Hilfsmittel, Sachschäden, Reise-, Transport- und Rettungskosten sowie Leichentransport- und Bestattungskosten).

Bei den Wagnissen gilt es, zwischen absoluten (generellen) und relativen Wagnissen zu unterscheiden. Diese Unterscheidung ergibt sich aus dem Gesetz; es umschreibt Wagnisse als «Handlungen, mit denen sich der Versicherte einer besonders grossen Gefahr aussetzt, ohne die Vorkehren zu treffen oder treffen zu können, die das Risiko auf ein vernünftiges Mass beschränken».

«Zu treffen oder treffen *zu können*» ist also die entscheidende Formulierung:
- Bei einem absoluten Wagnis hat der Wagemutige überhaupt

Wer geht ein Wagnis ein?

Laut Praxis verschiedener Gerichte in der Schweiz geht ein Wagnis ein:
- wer in der Wut und in angetrunkenem Zustand mit der Faust die Glasscheibe einer Zimmertüre einschlägt,
- wer mit der Hand ein Glas zerdrückt,
- wer bestimmte Risikosportarten betreibt (siehe Aufzählung auf Seite 52).
- Ein Wagnis geht auch ein, wer als durchtrainierter und gut ausgebildeter Bergsteiger einen sehr schwierigen Geländeabschnitt ohne Anseilen bewältigen will.
- Ein Wagnis geht auch ein, wer über bestehende Pistenabschrankungen steigt und in einen steilen Neuschneehang fährt, obwohl das Lawinenbulletin von grosser Lawinengefahr spricht.
- Ein Wagnis ging auch der Geliebte ein, der eine Frau aufsuchte, die vor der Scheidung stand: Dabei sprang er in der Dunkelheit über das Geländer einer Terrasse in die Tiefe. Selbst sein Argument, er habe sich aus Angst vor dem gewalttätigen und eifersüchtigen Ehemann aus dem Staub gemacht, überzeugte das Bundesgericht nicht.

Nicht als Wagnis stuften die Gerichte folgende Fälle und Situationen ein:
- Der Flug eines Deltaseglers, der über geeignetes Flugmaterial und über die Kenntnisse und Fähigkeiten zur Ausführung des Fluges verfügt, wird nicht als Wagnis eingestuft. Allerdings wurde in einem konkreten Fall Grobfahrlässigkeit angenommen: Der Knopf, an dem das Sitzgeschirr befestigt war, hatte sich gelöst. Das Gericht argumentierte, dass dieser Fehler bei der Überprüfung des Fluggerätes hätte festgestellt werden können.
- Der qualifizierte Alpinist, der mit einwandfreier Ausrüstung in einer Dreierseilschaft bei guten Wetterbedingungen einen Berg mit dem Schwierigkeitsgrad 4 nach den Regeln der alpinistischen Technik und Kunst besteigt, geht ebenfalls kein Wagnis ein – also gibts auch keine Kürzung.
- Kein Wagnis ist es auch, wenn sich jemand mit seinem Motorrad von einem Personenwagen mit einer Geschwindigkeit von höchstens 20 km pro Stunde und bei abgestelltem Motor abschleppen lässt und dabei die Lenkstange mit der rechten und das an der Lenkstange befestigte Seil mit der linken Hand festhält. Auch hier darf keine Kürzung erfolgen.

keine Möglichkeit, das Risiko irgendwie zu beeinflussen. Wer beispielsweise im Winter alle Pistenabschrankungen ignoriert und in einen gefährlichen Lawinenhang fährt, hat keinerlei Chancen, die Lawine am Abreissen zu hindern. Er kann keine «Vorkehren treffen».

■ Bei einem relativen Wagnis hingegen gibt es grundsätzlich die Möglichkeit, das Risiko durch geeignete Vorkehrungen in den Griff zu bekommen. Wer diese möglichen Sicherheitsmassnahmen («Vorkehren») trifft, ist sozusagen entschuldigt. Betroffen sind hier Sportarten, die aus Laiensicht zwar gefährlich sind, bei denen aber das Unfallrisiko reduziert ist, falls sie richtig betrieben werden.

Was ist ein Wagnis? Im Streitfall entscheidet das Gericht

Als absolute Wagnisse gelten nach der Rechtsprechung Sportarten, die wettkampfmässig betrieben werden und bei denen entscheidend auf die Geschwindigkeit ankommt. Das Bundesgericht nennt in diesem Zusammenhang Motocross-Rennen, Auto-Bergrennen und Karting-Rennen.

In die gleiche Kategorie gehören Sportarten, bei denen die Angriffe direkt auf den Körper zielen – etwa das Boxen.

Gemäss Suva gelten ausserdem auch folgende Aktivitäten als absolute Wagnisse:
■ Catch-as-catch-can,
■ Fullcontact-Wettkämpfe,
■ Karate extrem (Zertrümmern von Back- oder Ziegelsteinen oder dicken Brettern mit Handkante, Kopf oder Fuss),
■ Motorbootrennen inklusive Training,
■ Motorradrennen inklusive Training,
■ Abfahrtsrennen mit Mountain- oder City-Bikes inklusive Training auf der Rennstrecke,
■ Ski-Geschwindigkeits-Rekordfahrten,
■ Tauchen in einer Tiefe von mehr als 40 m,

Wagnisse: So werden die Geldleistungen gekürzt

Die obligatorische Unfallversicherung unterscheidet zwischen absoluten und relativen Wagnissen.

Bezüglich Kürzung der Geldleistungen ergibt sich aus dieser Unterscheidung:
■ Wer ein absolutes Wagnis eingeht, muss zwingend mit einer 50-prozentigen oder in schweren Fällen mit einer 100-prozentigen Kürzung der Geldleistungen rechnen.
■ Eine mindestens 50-prozentige Kürzung droht auch, wenn jemand bei einem überschaubaren (relativen) Wagnis es versäumt, die möglichen Sicherheitsmassnahmen zu treffen (zum Beispiel falsche Ausrüstung).
■ Wer hingegen etwas an sich Gefährliches macht, das Risiko aber durch die richtigen möglichen Massnahmen minimiert, geht juristisch betrachtet kein Wagnis ein und hat keine Kürzung zu gewärtigen.

Allenfalls droht hier aber eine (kleinere) Kürzung wegen Grobfahrlässigkeit (siehe den Fall des Deltaseglers im Kasten auf Seite 51).

Was die Unfallversicherung zahlt

- Hydrospeed oder Riverboogie (Wildwasserfahrt bäuchlings auf Schwimmbob liegend),
- Snow-Rafting (Schlauchbootfahrten auf Skipisten).

Beachten Sie aber: Die Unfallversicherung kann nicht einseitig und diktatorisch bestimmen, was als absolutes Wagnis gilt. Im Streitfall müssten also die Gerichte entscheiden.

Mit anderen Worten: Ob ein Gericht eine Kürzung absegnen würde, entscheidet sich von Fall zu Fall.

Das Bundesgericht musste die Suva zurückpfeifen

Exemplarisch ist dafür das Canyoning (Durchklettern und Durchschwimmen von Schluchten): Das Eidgenössische Versicherungsgericht hat 1999 festgehalten, dass Canyoning – ähnlich wie Bergsteigen – nicht generell eine gefährliche Sportart ist. Es müsse im Einzelfall anhand des Schwierigkeitsgrades der Tour abgeklärt werden, ob sich eine Leistungskürzung rechtfertige.

Bei einer «mässig schwierigen» Tour liege kein Wagnis vor, also sei eine Kürzung nicht zulässig.

Gleich entschied das Bundesgericht im Fall des Lehrlings, der mit einem Rollbrett die Gotthardstrasse hinunterfuhr: Der Lehrling habe sich gut vorbereitet und sei den Umständen entsprechend vorsichtig gefahren.

In beiden Fällen wurde die Suva zurückgepfiffen, weil sie das Vorgehen als absolutes Wagnis eingestuft und Kürzungen ausgesprochen hatte.

Auch Fliegen mit Hängegleiter gilt nicht zum Vornherein als Wagnis. Wer jedoch bei sehr ungünstigen Wetterverhältnissen (starke Böen oder Föhnsturm) abhebt, geht ein Wagnis ein – und riskiert die gleichen Kürzungen wie bei den absoluten Wagnissen.

Das gilt auch für Bungee-Jumping, Kanu- bzw. Kajakfahrten oder Schlitteln mit aufgeblasenen Auto- oder Lastwagenschläuchen. Diese Sportarten sind zwar gefährlich, aber man kann das Risiko minimieren. ■

3 Wann braucht es Zusatzversicherungen?
Diese Bausteine kommen in Frage

Zusatzversicherungen für den Unfall brauchen nur Personen, die nicht dem UVG-Obligatorium unterstehen – und Versicherte, die im Spital halbprivat oder privat liegen möchten.

Für die grosse Mehrheit der UVG-Versicherten ist eine ergänzende Zusatzversicherung zur Abdeckung des Unfallrisikos weitgehend überflüssig.

Das ergibt sich aus den Ausführungen der ersten zwei Kapitel in diesem Buch: Angestellte sind mit der obligatorischen Unfallversicherung normalerweise ausreichend versichert; das gilt sowohl für Heilbehandlungen, also für Arzt- und Spitalkosten, als auch für die Geldleistungen wie beispielsweise das Taggeld als Lohnersatz.

Im Grossen und Ganzen sind zusätzliche Bausteine deshalb nur für zwei Kategorien von Personen empfehlenswert:
- Erstens für Versicherte, die für die Behandlung nach einem Unfall im Spital halbprivat oder privat liegen möchten.
- Zweitens für Nichtangestellte (Hausfrauen, Erwerbslose und Selbständigerwerbende), Personen also, die gar nicht bei der obligatorischen Unfallversicherung versichert sind.
- Für Gutverdienende mit Löhnen weit über dem UVG-Versicherungsmaximum von 106 800 Franken (Stand 2003) gibt es noch die Möglichkeit, den diesen Betrag

Zusatzversicherung für Personen mit hohem Einkommen

Selbständige können genau wie Angestellte nur einen Höchstlohn von 106 800 Franken (Stand 2003) bei der Suva (oder einem anderen UVG-Versicherer) versichern lassen. Was also tun, wenn man eine Unfalltaggeld-Versicherung für ein höheres Einkommen abschliessen will?

Hier bleibt nur die Möglichkeit, neben der UVG-Versicherung noch eine zusätzliche VVG-Taggeldversicherung (Summenversicherung, siehe Seite 58) bei einer privaten Versicherungsgesellschaft abzuschliessen.

So bezahlt ein 35-jähriger, selbständiger Unternehmensberater für ein zusätzliches Taggeld von 20 000 Franken pro Jahr eine Prämie von weniger als 200 Franken; dies bei einer Wartefrist von 30 Tagen. Die Höhe der Prämie ist wie bei der UVG-Versicherung von der Branche abhängig; in risikoreichen Berufen zahlen Versicherte mehr als in Büroberufen.

Nebst dem Taggeld müssen aber Gutverdienende daran denken, dass auch die UVG-Rente (bei bleibender Invalidität) auf der Basis von maximal 106 800 Franken fliessen wird. Folge: Sie müssen auch eine zusätzliche Erwerbsunfähigkeits-Versicherung abschliessen.

Familienväter mit Versorgerpflichten und Hausbesitzer mit Hypotheken können überdies eine Todesfallrisiko-Versicherung abschliessen und so dafür sorgen, dass die Familie nach ihrem Tod den gewohnten Lebensstandard einigermassen beibehalten kann.

übersteigenden Lohnanteil zusätzlich zu versichern (siehe Kasten auf der linken Seite).

Auch bei Unfall: Als Privatpatient im Einerzimmer

Wer nach einem Unfall im Spital in einem Einer- oder Zweierzimmer bzw. privat oder halbprivat liegen möchte, muss folgende Punkte beachten:

- Leute, die im Spital Wert auf Komfort legen und auch ihren Arzt frei wählen möchten, haben in der Regel bei ihrer Krankenkasse eine entsprechende Zusatzversicherung. Das bedeutet nach einem Unfall: Die «normale» Unfallversicherung zahlt bei Spitalbehandlungen zwar nur die allgemeine Abteilung (siehe Seite 27), den Aufpreis für die Halbprivat- oder Privatbehandlung übernimmt aber bei solchen Patienten die Krankenkasse.

Privileg für Kaderleute: Privatversicherung für den Unfall

- Versicherte mit Halbprivat- oder Privatspitaldeckung bei der Krankenkasse müssen folglich darauf achten, dass sie bei dieser Zusatzversicherung der Krankenkasse den Unfall mitversichert bzw. nicht ausgeschlossen haben.
- Bei der Zusatzversicherung der Krankenkasse den Unfall auszuschliessen ist eine Prämiensparvariante für Leute, die über die Unfallversicherung am Arbeitsplatz bereits privat versichert sind. Erkundigen Sie sich bei Ihrem Ar-

In diesem Kapitel

Seite 54	Die Zusatzversicherung für Personen mit hohem Einkommen
Seite 55	Privatspitalversicherung auch für den Unfall
Seite 55	Wer nicht dem UVG untersteht, ist bei der Krankenkasse versichert
Seite 56	Prämienbeispiel für ein Taggeld für eine Hausfrau
Seite 58	Summenversicherung und Schadenversicherung
Seite 59	Die Unfallversicherung für Selbständige
Seite 59	Zwei wichtige Kürzel: VVG und KVG
Seite 62	Prämienbeispiel für eine Erwerbsunfähigkeits-Rente

3 Unfall: Die Zusatzversicherungen

beitgeber. Es gibt Firmen (etwa Versicherungsgesellschaften), die alle Angestellten oder zumindest die Kaderleute bei der Unfallversicherung des Betriebes privat versichern.

- Wer bei Krankheit mit der allgemeinen Abteilung zufrieden ist, hingegen nur für den Fall eines Unfalls ein Einerzimmer will, kann diese Zusatzdeckung privat einkaufen; das ist die so genannte Einzel-Unfallversicherung. Sie ist beispielsweise für Sportler interessant – auch deswegen, weil die Privatversicherung die freie Wahl des Spitals (und des Arztes) umfasst.

Hausfrauen sind bei der Krankenkasse versichert

Hausfrauen (und Hausmänner) sind nicht einer obligatorischen

Prämienvergleich

Taggeldversicherung für eine 31-jährige Hausfrau

Versichert ist ein Taggeld von 50 Franken (bei Krankheit und Unfall)

Krankenkasse	Monatsprämie mit Wartefrist 7 Tage	Wartefrist 30 Tage	Leistungsdauer	Leistungen ab wie viel % Arbeitsunfähigkeit?
Concordia	42.50	17.50	365 Tage	50 %
CSS [6]	40.– bis 52.–	35.50 bis 46.–	365 Tage innert 5 Jahren	50 %
Groupe Mutuel [5]	[1]	[1]	720 Tage innert 900 Tagen	50 %
Helsana [6]	40.– bis 52.–	35.50 bis 46.–	365 Tage	50 %
KPT	75.–	40.–	365 Tage innert 5 Jahren	50 %
ÖKK [6]	55.10 bis 107.20	34.30 bis 67.20	365 Tage	25 %
Sanitas	[4]	46.50	720 Tage innert 900 Tagen	50 %
Swica	[1]	[1]	720 Tage innert 900 Tagen	25 %
Visana [5]	[1]	[1]	720 Tage innert 900 Tagen	50 %
Wincare	65.–	40.–	365 Tage innert 900 Tagen	50 %

Quelle: VZ Vermögenszentrum, Stand Mai 2003. Angaben in Franken
[1] Keine Prämienangabe, da lediglich tiefere Taggelder versichert werden können (siehe Spalte «Maximal versicherbares Taggeld»)
[2] Keine Prämienangabe, da ein Taggeld erst ab einer Wartefrist von mindestens 30 Tagen angeboten wird
[3] Der Nachweis der effektiven Auslagen wird erst ab einem Taggeld von 50 Franken verlangt

Unfallversicherung angeschlossen. Das heisst aber nicht, dass sie deswegen bei Unfall alles selber zahlen müssen; sie haben das Unfallrisiko bei der obligatorischen Grundversicherung ihrer Krankenkasse versichert.

Genauer: Der Unfallschutz ist bei der Grundversicherung im Prinzip immer dabei, Hausfrauen dürfen ihn gar nicht ausschliessen.

Das Gleiche gilt für Erwerbslose, also für Personen, die weder eine Lohnarbeit haben noch stempeln, und es gilt auch für Selbständigerwerbende. (Wer Arbeitslosengelder bezieht, ist automatisch unfallversichert, siehe S. 12.)

3
Unfall: Die Zusatzversicherungen

Maximal versicherbares Taggeld	Versicherungsart
50.–/Tag	Summenversicherung
100.–/Tag	Schadenversicherung [3]
20.–/Tag	Summenversicherung
100.–/Tag	Schadenversicherung [3]
100.–/Tag	Summenversicherung
69.–/Tag	Summenversicherung
30.– bis 100.–/Tag [7]	Summenversicherung
40.–/Tag	Summenversicherung
80.–/Tag	Summenversicherung
100.–/Tag	Schadenversicherung [3]

[4] Keine Prämienangabe, da für Wartefristen unter 30 Tagen maximal 30.–/Tag möglich. Zusätzlich können ab 30. Tag weitere 70.–/Tag versichert werden
[5] Nach KVG
[6] Prämien nach Kanton abgestuft
[7] Je nach Wartefrist

Über die Krankenkasse sind also Hausfrauen, Erwerbslose und Selbständigerwerbende für die Kosten der medizinischen Versorgung nach einem Unfall abgesichert – allerdings mit einem Nachteil: Bei der Krankenkasse müssen sich die Versicherten mit Franchise und Selbstbehalt an den Kosten mitbeteiligen; bei der Unfallversicherung ist das nicht der Fall (siehe Seite 27).

Noch gewichtiger ist ein anderer Unterschied: Im Gegensatz zur Unfallversicherung (Suva oder privater Anbieter) zahlt die obligatorische Grundversicherung der Krankenkassen nach einem Unfall keine Taggelder und sonstigen Geldleistungen. Es fehlt also ein Lohnersatz.

(Alle Details über den Leistungsumfang der obligatorischen Grundversicherung der Krankenkassen sowie das Wichtigste über die Zusatzversicherungen steht im K-Tipp-Ratgeber «Krankenkasse: Das Beste daraus machen». Sie können ihn über die Telefonnummer 01 253 90 70 oder über www.ktipp.ch bestellen.)

Ein Taggeld versichern: Das sind die wichtigsten Tipps

Insbesondere Hausfrauen sollten also überlegen, ob sie nach einem Unfall (und natürlich auch bei einer längeren Krankheit) ein Taggeld brauchen. Das hängt stark von den persönlichen Umständen ab – etwa davon, ob man nach einem Unfall bzw. bei Krankheit für den Haushalt und die Kinderbetreuung auf fremde Hilfe angewiesen ist.

Die Tabelle links zeigt ein Taggeld-Prämienbeispiel für eine 31-jährige Hausfrau in der Höhe von 50 Franken. Weil Taggelder auch für Samstag und Sonntag ausbezahlt werden, ergibt das einen versicherten Lohnersatz von 1500 Franken pro Monat.

Stichwort

Summenversicherung und Schadenversicherung

Bei der so genannten Summenversicherung versichert man nicht das tatsächliche Einkommen, sondern irgendeine gewünschte Summe; nach einem Unfall wird diese Summe automatisch ausbezahlt. Bei der Summenversicherung muss man also keinen Lohnausfall nachweisen (was insbesondere bei Selbständigerwerbenden Probleme bereiten kann).

Erwerbslose, Hausfrauen und Selbständigerwerbende sollten nur eine Summenversicherung abschliessen, da sie keine Arbeitnehmer sind und keinen Erwerbs- oder Monatslohn erhalten.

Bei der so genannten Schadenversicherung versichert man den Lohnausfall, den man tatsächlich in Kauf nehmen müsste. Die Schadenversicherung eignet sich höchstens für Arbeitnehmerinnen und Arbeitnehmer, denn hier muss man den Lohnausfall nachweisen, bevor die Versicherung Taggelder ausbezahlt. Kommt noch dazu:

■ Bei der Schadenversicherung kann die Gesellschaft das versicherte Taggeld kürzen, falls die versicherte Person mit dem Taggeld mehr erhielte, als sie vorher verdiente, also überentschädigt wäre.

■ Bei der Summenversicherung gibt es diese Kürzungsmöglichkeit nicht. Für den Bezug genügt es, dass ein Arzt die versicherte Person als arbeitsunfähig erklärt.

Das sind die wichtigsten Erläuterungen zur Tabelle auf Seite 56 und zum Thema Taggeld:

■ Versichert ist im dargestellten Prämienbeispiel sowohl das Krankheits- als auch das Unfallrisiko. Ein Taggeld *nur* für das Unfallrisiko wäre bedeutend billiger, für eine Hausfrau aber nicht ausreichend (Krankheiten führen viel häufiger zu Erwerbsunfähigkeit als Unfälle).

Die Arbeitsunfähigkeit muss vom Arzt bestätigt werden

■ Für höhere oder tiefere Taggelder verändern sich die Prämien linear (es gilt ein Prämiensatz pro Franken).

■ Voraussetzung für die Auszahlung eines Taggeldes ist ein Arztzeugnis, welches die Arbeitsunfähigkeit bescheinigt.

■ Wählen Sie die Variante mit Summenversicherung (siehe Kasten auf dieser Seite).

■ Je länger die Wartefrist ist, desto tiefer ist die Prämie. Wartefrist heisst: Das Taggeld wird erst ausbezahlt, wenn die vereinbarte Frist seit Eintritt der Arbeitsunfähigkeit vorbei ist.

■ Je nach Anbieter wird das Taggeld auch bei Geburt ausgerichtet – jedoch meist nur für 20 oder 30 Tage. Allerdings reduziert sich die Anzahl Taggelder in der Regel um die Wartefrist. Wer also 30 Tage Wartefrist vereinbart hat, erhält keine Taggelder für eine Geburt.

■ Die Tabelle auf Seite 56 zeigt auch, dass das maximal versicherbare Taggeld bei vielen Anbietern bei 100 Franken liegt.

Hausfrauen und Erwerbslose haben übrigens keine Möglichkeit, sich – wie Selbständigerwerbende – freiwillig bei einer UVG-Versicherung (z.B. Suva) gegen Unfall versichern zu lassen.

Die Unfallversicherung für Selbständigerwerbende

Für Selbständigerwerbende gibt es die attraktive Möglichkeit, sich bei einer UVG-Unfallversicherung (also bei der Suva oder bei einem anderen Unfallversicherer nach UVG) versichern zu lassen.

Diese Variante steht auch ihren Angehörigen offen, die ohne Barlohn im eigenen Betrieb arbeiten (Bauern, Kleingewerbler usw.).

Sie alle können sich bei der Suva oder einer privaten Versicherungsgesellschaft (je nach ausgeübter Tätigkeit) freiwillig versichern lassen und erhalten dann die gleichen Leistungen wie die obligatorisch Versicherten.

Dies heisst, dass ihnen einerseits Arzt- und Spitalkosten nach einem Unfall (ohne Kostenbeteiligung) vergütet werden und dass sie anderseits Anspruch haben auf ein Unfalltaggeld von 80 Prozent des versicherten Lohnes und später auf eine lebenslängliche Invalidenrente (siehe Seite 29 ff.).

Die Prämien sind von der Branche abhängig

Die Prämien für Selbständigerwerbende sind allerdings höher als die Prämien für Angestellte (bzw. für obligatorisch versicherte Personen). Im Vergleich zu den Angestellten zahlen Selbständigerwerbende um 30 bis 40 Prozent mehr. Dabei sind die Tarife – genau wie bei den Angestellten – nach der Risikokategorie der jeweiligen Branche abgestuft.

Ein Architekt beispielsweise, der zu der niedrigsten Risikogruppe gehört, bezahlt inklusive Nicht-Betriebsunfall eine Prämie von rund 2,5 Prozent des versicherten Lohnes, und dies bei einer Karenzfrist von drei Tagen.

Die UVG-Lösung: Teurer, aber punkto Leistungen besser

Ein Beispiel: Eine selbständige 35-jährige Architektin versichert den maximal möglichen Lohn von 106 800 Franken pro Jahr. Das kostet sie eine Jahresprämie von rund 2690 Franken (Stand 2003). Dafür erhält sie nach einem Unfall

Stichwort

VVG und KVG

Wenn vom VVG die Rede ist, ist damit das «Bundesgesetz über den Versicherungsvertrag» aus dem Jahre 1908 gemeint. Hier herrscht fast völlige Vertragsfreiheit.

Das bedeutet: Bei den Details zum Versicherungsumfang und zu den Prämien haben die Gesellschaften freie Hand; sie können ihre Bedingungen praktisch nach Belieben diktieren.

Dies im Unterschied zu der Grundversicherung der Krankenkassen nach Krankenversicherungsgesetz (KVG) oder zur Unfallversicherung gemäss UVG, wo die Leistungen im Gesetz bis ins letzte Detail festgelegt sind.

Dem VVG unterstehen sämtliche Zusatzversicherungen der Krankenkassen, die meisten Taggelder sowie die Erwerbsunfähigkeits-Versicherung.

ein Taggeld von 85 440 Franken pro Jahr (80 Prozent von 106 800 Franken), und zwar bis zum Zeitpunkt der Genesung.

Sollte sie für immer arbeitsunfähig bleiben, erhält sie eine lebenslängliche Invalidenrente in der gleichen Höhe.

Ein Dachdecker hingegen, der zur höchsten Risikogruppe gehört, zahlt für die gleiche Leistung (80 Prozent des versicherten Verdienstes) eine Prämie von rund 12,8 Prozent des versicherten Lohnes.

UVG-Gesamtpaket oder drei Einzelbausteine?

Im Vergleich zu den Unfalltaggeldern der Krankenkassen und Versicherungsgesellschaften nach dem privatrechtlichen VVG (siehe Kasten auf Seite 59), die in der Regel nur für zwei Jahre Leistungen auszahlen, ist diese freiwillige UVG-Versicherung der Suva (oder einer anderen UVG-Gesellschaft) ausserordentlich vorteilhaft.

Der entscheidende Vorteil der freiwilligen UVG-Lösung soll wiederum am Beispiel der erwähnten Architektin gezeigt werden (siehe die Übersicht im Schema unten).

Sie entschliesst sich, ihren Lohnersatz bei Unfall nicht über die freiwillige UVG-Versicherung, sondern konventionell über eine VVG-Versicherung abzusichern.

So zahlt sie zunächst für ein Unfalltaggeld von 85 440 Franken (80 Prozent von 106 800 Franken) eine Jahresprämie von rund 1500 Franken (das Krankheitsrisiko ist hier nicht inbegriffen). Dieses Taggeld wird ihr nach einer Wartefrist von 2 Tagen (UVG: 3 Tage) maximal zwei Jahre lang ausbezahlt.

Will sie eine Unfalldeckung, die mit den Leistungen der Suva (UVG-Versicherung) vergleichbar ist, muss sie zur Deckung der Arzt- und Spitalkosten zusätzlich das Unfallrisiko bei der Krankenkasse absichern bzw. wieder einschliessen; dafür zahlt sie rund 250 Franken pro Jahr (je nach Kasse).

Vergleich für Selbständige: Freiwillige UVG-Gesamtlösung oder Einzelbausteine?

Angaben für eine 35-jährige Architektin (Jahresprämien in Franken)

UVG-Lösung	Lösung mit Einzelbausteinen	
Freiwillige UVG-Unterstellung (z. B. bei Suva), UVG zahlt Heilungskosten, Taggeld und lebenslängliche Rente	Unfalltaggeld	ca. 1500.–
	Einschluss Unfallrisiko für Heilungskosten bei der Krankenkasse	ca. 250.–
	Invalidenrente (nur bis Pensionierung, nur Unfall)	ca. 300.–
Kosten total 2690 Franken	**Kosten total**	ca. 2050 Franken

Im Vergleich zur «kompletten» UVG-Versicherung fehlt ihr jetzt aber noch eine lebenslängliche Invalidenrente in der Höhe von 80 Prozent des versicherten Lohnes.

Lebenslange Invalidenrenten gibt es nur im UVG-Bereich
Die meisten Versicherungsgesellschaften bieten jedoch eine lebenslängliche Erwerbsausfall-Rente (Invalidenrente) gar nicht an. In der Regel schliesst man eine Police ab, die für eine bestimmte Vertragsdauer, z. B. bis zur Pensionierung, einen Erwerbsersatz verspricht. Dabei wird wegen der bereits bestehenden Taggeldversicherung, die ja während zweier Jahre den Lohnausfall vergütet, eine Wartefrist von zwei Jahren festgelegt.

Will sich also die Architektin für das Unfallrisiko eine Erwerbsausfall-Rente für 30 Jahre (bis zur Pensionierung) sichern, muss sie mit einer jährlichen Prämie von rund 300 Franken rechnen.

Ein klarer Vorteil macht die höheren Kosten wett
Für das Unfalltaggeld, die Krankenkassen-Pflegeleistungen bei Unfall und die Invalidenrente bei Unfall während 30 Jahren zahlt die Architektin somit im Rahmen einer VVG-Lösung insgesamt rund 2050 Franken pro Jahr (siehe das Schema links). Die genauen Kosten variieren je nach Versicherungsgesellschaft und Produkt.

Übrigens: Falls sie die Wartefrist beim Taggeld auf 30 Tage setzt, spart sie nochmals Geld.

Fazit: Der Abschluss einer freiwilligen UVG-Unfallversicherung kostet die Architektin zwar mehr als eine VVG-Versicherung, nämlich rund 2690 Franken. Aber: Die UVG-Lösung hat den grossen Vorteil, dass sie eine lebenslängliche Invalidenrente bietet (und nicht nur bis zur Pensionierung).

Kommt dazu, dass im UVG-Bereich in der Regel auch gesundheitlich Angeschlagene Unterschlupf finden, während bei Versicherungen nach VVG stets eine Gesundheitsprüfung verlangt wird.

Selbständige: Das Risiko Krankheit nicht vergessen!

Bis hierher war immer nur vom Unfallrisiko die Rede. Gerade Selbständigerwerbende müssen aber daran denken, dass sie auch infolge Krankheit erwerbsunfähig werden können.

Selbständige brauchen daher als Lohnersatz unbedingt ein Taggeld, das sowohl bei Krankheit als auch bei Unfall zahlt. Für Selbständigerwerbende gibt es dafür spezielle Firmenversicherungen, auch für Ein-Personen-Firmen und Landwirte.

Mehr noch: Für den Fall von Invalidität sollten Selbständige auch eine private Invalidenrente abschliessen, die ebenfalls sowohl Krankheit als auch Unfall abdeckt. Sie wird oft auch Erwerbsausfall- oder Erwerbsunfähigkeits-Versicherung genannt.

Hier drängt sich aber eine Gesamtberatung auf. Diese muss al-

**3
Unfall:
Die
Zusatzversicherungen**

Prämienvergleich
Erwerbsunfähigkeits-Rente für 35-jährigen Mann

Prämien für Nichtraucher, konstante Rente 24 000 Franken pro Jahr (inkl. Unfall bis Alter 65, Wartefrist 24 Monate, Prämienbefreiung nach 3 Monaten, Überschüsse werden zur Prämienreduktion verwendet. Angaben in Franken

Gesellschaft	Bruttoprämie pro Jahr	Nettoprämie im 1. Jahr	Nettoprämie ab 2. Jahr	Bruttoprämien Barwert [1]	Nettoprämien Barwert [1]
Providentia [2]	1381.–	1093.–	1093.–	24 836.–	19 656.–
National [2]	1463.–	1159.–	1159.–	25 353.–	20 085.–
Rentenanstalt/ Swiss Life	1404.–	1404.–	1194.–	24 336.–	20 902.–
Vaudoise	1553.–	1553.–	1261.–	26 911.–	22 145.–
Basler	1504.–	1282.–	1282.–	26 064.–	22 217.–
Generali	1426.–	1283.–	1283.–	24 712.–	22 234.–
Allianz	1481.–	1275.–	1275.–	26 634.–	22 929.–
Helvetia-Patria [3]	1497.–	1497.–	1270.–	26 922.–	23 066.–
Winterthur [4]	1573.–	1573.–	1419.–	26 714.–	23 492.–
Pax	1761.–	1401.–	1401.–	31 669.–	25 195.–
Zürich	1560.–	1466.–	1466.–	28 055.–	26 365.–
Zenith [3]	2055.–	2055.–	2055.–	36 955.–	36 955.–

Quelle: VZ Vermögenszentrum, Stand März 2003. Aktuelle Vergleiche finden Sie im Internet unter www.vzonline.ch
[1] Heutiger Gegenwert des Prämientotals über die ganze Laufzeit (abdiskontiert mit 4% Zins)

le Risiken einbeziehen, die man als Selbständigerwerbender versichern will. Nur so kann die günstigste massgeschneiderte Lösung erarbeitet werden.

Alle Versicherungsgesellschaften bieten solche Beratungen an. Am besten lässt man sich von einer unabhängigen und anerkannten Brokerorganisation Vorschläge unterbreiten. Etwa vom VZ Vermögenszentrum (Adresse S. 151). Solche spezialisierte Firmen verlangen zwar für die Beratung in der Regel ein Honorar, können aber den Interessierten ausführliche Prämien- und Leistungsvergleiche vorlegen und die preisgünstigste Variante errechnen.

Achten Sie aber darauf, dass bei den Offerten auch eine Variante mit UVG-Versicherung (etwa der Suva) vorgelegt wird, da sie gewichtige Vorteile bietet. Diese Möglichkeit ist noch wenig bekannt. Bei der Suva jedenfalls haben sich von den vielen Selbständigerwerbenden in der Schweiz le-

Prämien-zahl-dauer	Prämien-garantie	Zuschlag für Raucher
28 Jahre	Ja	Nein
28 Jahre	Nein	Ja
28 Jahre	Nein	Nein
28 Jahre	Nein	Nein
28 Jahre	Nur erste 5 Jahre	Nein
28 Jahre	Ja	Nein
30 Jahre	Nein	Nein
30 Jahre	Nein	Nein
27 Jahre	Ja	Nein
30 Jahre	Ja	Nein
30 Jahre	Ja	Nein
30 Jahre	Ja	Nein

[2] Prämie je nach Berufsgattung höher
[3] Prämienbefreiung erst nach 24 Monaten
[4] Nettoprämie im letzten Jahr: Fr. 1431.–

diglich etwa 11 000 Personen auf diese Weise versichert.

Die Überschüsse sind nicht garantiert

Die Tabelle oben zeigt, was es einen heute 35-jährigen Mann kostet, für den Fall von bleibender Invalidität eine Rente von 2000 Franken pro Monat zu versichern.

Die wichtigsten Erläuterungen zur Tabelle:

- Die Bruttoprämien enthalten – nebst dem Nettobetrag – auch die so genannten Überschüsse, ein typisches Element der Lebensversicherung. Überschüsse sind aber nicht garantiert, sondern freiwillig und abhängig vom Geschäftsverlauf (Kostenentwicklung und Schadenverlauf).
- Die Gesellschaften sind nach dem Nettoprämien-Barwert rangiert; das ist die Zahl, die Sie voraussichtlich zahlen müssen, falls die Gesellschaft die prognostizierten Überschüsse auch tatsächlich einhalten kann.
- Die Prämien für diese Versicherung sind linear; Sie können also selber abschätzen, was eine höhere oder tiefere Rente ungefähr kosten würde.
- Je älter man beim Abschluss ist, desto teurer wird die Rente.
- Frauen zahlen im Schnitt 15 bis 20 Prozent weniger.
- Die Höhe der ausbezahlten Rente ist abhängig vom Grad der Invalidität. In der Regel zahlen die Gesellschaften bis zu einem Invaliditätsgrad von 25 Prozent überhaupt keine Rente, während ab einer Invalidität von 66 $^2/_3$ Prozent die volle versicherte Leistung zum Tragen kommt.
- Wählen Sie eine Gesellschaft, die Prämiengarantie gibt.
- Achten Sie auf das Verhältnis von Brutto- zu Nettoprämie: Je grösser diese Spanne ist, desto höher ist die Wahrscheinlichkeit, dass eine attraktive Nettoprämie nur ein Lockvogelangebot ist.
- Mehr Informationen zum Thema finden Sie im K-Tipp-Ratgeber «So sind Sie richtig versichert». ■

**3
Unfall:
Die
Zusatzver-
sicherungen**

4 Das zahlen die Pensionskasse und die IV
Wer nur IV-Geld erhält, ist arm dran

Nicht nur die Unfallversicherung zahlt bei Erwerbsunfähigkeit eine Rente. Auch von der Pensionskasse und von der Invalidenversicherung haben Invalide eine Rente zugut. Daraus darf aber keine Überentschädigung resultieren.

Die Ausführungen in den vorangegangenen drei Kapiteln haben ausführlich dargelegt: Arbeitnehmerinnen und Arbeitnehmer, die obligatorisch gegen Unfall versichert sind, haben nach einem Unfall unter anderem eine Invaliditätsrente der Suva oder von einem andern UVG-Versicherer zugut – und zwar entsprechend dem Grad ihrer Invalidität:

- Die Vollrente beträgt 80 Prozent des versicherten Lohnes (siehe Details auf Seite 33).
- Wer einen tieferen Invaliditätsgrad aufweist, erhält eine entsprechend gekürzte Unfallversicherungsrente. Bei einer Invalidität von zehn Prozent zum Beispiel gibts eine Rente von zehn Prozent.

Das sind die Zahlungen der Pensionskasse

Was viele nicht wissen: Auch die Pensionskassen kennen eine Invalidenrente. Denn diese Vorsorgeeinrichtungen schütten nicht nur eine Altersrente nach der Pensionierung aus, sondern zahlen allenfalls schon *vor* der Pensionierung BVG-Leistungen – und zwar in Form von Invaliden- und Hinterlassenenrenten (siehe Kasten auf Seite 66).

Bei der Invalidenrente der Pensionskasse gilt:

- Gemäss Gesetz müssen die Pensionskassen erst ab einer Invalidität (bzw. einer Arbeitsunfähigkeit) von mindestens 50 Prozent eine Rente auszahlen – dies

Invalidität und Rentenanspruch

So unterschiedlich sind die Rentenansprüche bei BVG, UVG und IV

Grad der Invalidität	Rente gemäss BVG	Rente gemäss UVG	Rente gemäss IV
Bis 40 %	Kein Anspruch	Anspruch gemäss Invaliditätsgrad schon ab 6 %	Kein Anspruch
40 bis 50 %	Kein Anspruch *	Anspruch gemäss Invaliditätsgrad	¼-Rente
50 bis 66 ⅔ %	½-Rente	Anspruch gemäss Invaliditätsgrad	½-Rente
Mehr als 66 ⅔ %	Ganze Rente	Ganze Rente	Ganze Rente

* Einführung anlässlich der BVG-Revision geplant

im Gegensatz zur Unfallversicherung (siehe Tabelle auf der linken Seite).

■ Es gibt allerdings Kassen mit überobligatorischen Leistungen, die aufgrund ihres Reglements bereits bei einem tieferen Invaliditätsgrad eine Teilrente ausrichten.

■ Eine volle Rente haben die Pensionskassen-Versicherten ab einer Invalidität von 66 2/3 Prozent zugut (wie bei Unfallversicherung und IV).

■ Sofern Kinder vorhanden sind, zahlt die Pensionskasse auch eine Invaliden-Kinderrente.

Die Witwen- und Waisenrenten der Pensionskasse bei Tod

Nach dem Tode einer versicherten Person haben Witwe und Waisen Anrecht auf eine Hinterlassenenrente der Pensionskasse.

Diese bemisst sich nach der Invalidenrente, die der Versicherte selber voraussichtlich zugut gehabt hätte.

Die Invalidenrente ihrerseits ergibt sich aus dem voraussichtlichen Alterskapital ohne Zins, umgerechnet mit dem Umwandlungssatz von 7,2 Prozent (Stand 2003).

Die Witwenrente beträgt 60 Prozent, die Waisenrente 20 Prozent der vollen Invalidenrente.

Allerdings erhält nicht jede Witwe eine BVG-Rente. Sie hat nur dann einen Anspruch auf eine Rente, falls sie zum Zeitpunkt des Todes des Gatten für den Unterhalt eines oder mehrerer Kinder aufzukommen hat.

In diesem Kapitel

Seite 64 Das zahlt die Pensionskasse bei Invalidität

Seite 64 Invalidität und Rentenanspruch: Je nach Versicherungsart sind die Ansprüche unterschiedlich

Seite 65 Das zahlt die Pensionskasse beim Tod der versicherten Person

Seite 66 Die Leistungen der staatlichen Invalidenversicherung (IV)

Seite 67 Die Hilflosenentschädigung der IV

Seite 68 Keine Unfallversicherung und keine Pensionskasse? Das müssen Sie vorkehren

Seite 69 Das Verbot der Überentschädigung und seine Folgen

Frauen *ohne* Kinder müssen das 45. Altersjahr zurückgelegt haben und während mindestens fünf Jahren verheiratet gewesen sein, um das Recht auf eine BVG-Rente zu haben. Sind diese Voraussetzungen nicht erfüllt, erhalten sie eine Abfindung.

Kein Geld für den Witwer: Dieser alte Zopf fällt bald weg

Der Witwer hingegen erhält – im Unterschied zur AHV und zur Unfallversicherung – im Prinzip keine Rente von der Pensionskasse.

Stirbt also eine berufstätige Frau, deren Mann zu Hause für die Kinder zuständig ist, erhält der Witwer von der 2. Säule in der Regel keinen roten Heller.

Dies entspricht (noch) der gesetzlichen Vorschrift nach BVG. Die Regelung ist ein alter Zopf; sie folgt einem veralteten Familienverständnis, gemäss dem die

4
Was Pensionskasse und IV zahlen

> **Stichwort**
>
> **BVG-Rente**
>
> Angestellte, die jährlich mindestens 25 320 Franken verdienen (Stand 2003), sind obligatorisch bei der Pensionskasse (2. Säule) versichert.
>
> Die gesetzlichen Grundlagen dieser Vorsorgeeinrichtungen sind im Bundesgesetz über die berufliche Alters-, Hinterlassenen- und Invalidenvorsorge (BVG) geregelt.
>
> Die wichtigste und bekannteste Leistung der Pensionskassen sind die Altersrenten, auch BVG-Renten genannt. Daneben zahlen die Pensionskassen auch Witwen- und Waisenrente aus.
>
> Und: Wird eine versicherte Person während des Arbeitslebens invalid, richten die Pensionskassen BVG-Invalidenrenten aus. Ob eine Krankheit oder ein Unfall zur Invalidität führt, spielt bei der Pensionskasse keine Rolle.
>
> Alle wichtigen Details und weiterführende Informationen enthält der Saldo-Ratgeber zum Thema AHV, Pensionskasse und 3. Säule. Sie können das Buch über Tel. 01 253 90 70 oder über www.saldo.ch bestellen.

Frau immer für die Kinder zuständig ist, während der Mann fürs Einkommen sorgt.

Allerdings gibt es heute schon einzelne Pensionskassen, die in ihren Statuten freiwillig auch die Auszahlung einer Witwerrente vorsehen. Zudem ist absehbar, dass die für das Jahr 2005 anstehende BVG-Revision die Witwerrente ins Gesetz aufnimmt.

So viel zahlt die staatliche Invalidenversicherung (IV)

Wer wegen seines Gesundheitszustandes ganz oder teilweise erwerbsunfähig ist, hat Anspruch auf eine Rente der Invalidenversicherung (IV). Dabei spielt keine Rolle, ob die Invalidität körperlicher oder geistiger Natur ist und ob sie durch Unfall, Krankheit oder Geburtsgebrechen verursacht wurde.

Die IV ist die «Schwester» der AHV und wie die AHV selber obligatorisch. Die Prämien für die IV werden von den Ausgleichskassen zusammen mit den Beiträgen für die AHV einkassiert.

Wer AHV-pflichtig ist, ist damit auch automatisch bei der IV versichert.

Die IV-Rente kommt frühestens nach einem Jahr

Die IV zahlt ihre erste Rente erst dann aus, wenn eine bleibende oder länger dauernde Erwerbsunfähigkeit erwiesen ist. In der Praxis bedeutet dies, dass Versicherte während eines Jahres arbeitsunfähig gewesen sein müssen, bevor die IV überhaupt eine Rente auszahlt.

Und: Die IV zahlt erst ab einer Invalidität von 40 Prozent (siehe Tabelle auf Seite 64). Bei diesem Minimalansatz gibts – im Gegensatz zur Unfallversicherung – lediglich eine IV-Viertelsrente.

Eine halbe IV-Rente erhält, wer mindestens zu 50 Prozent arbeitsunfähig ist; eine volle Rente zahlt die Invalidenversicherung der AHV/IV ab einer Arbeitsunfähigkeit von 66 $\frac{2}{3}$ Prozent.

Dabei wird der Invaliditätsgrad genau gleich berechnet wie bei der obligatorischen Unfallversicherung (siehe Seite 33): Das Einkommen, das man vor dem Unfall erzielt hatte, wird mit dem Verdienst nach dem Unfall verglichen.

Wer also wegen Krankheit oder Unfall nur noch 50 Prozent des früheren Lohnes verdient, ist zu 50 Prozent arbeitsunfähig, sprich 50 Prozent invalid. Invalidität im rechtlichen Sinn ist also immer gleichbedeutend mit Erwerbsunfähigkeit.

Taggelder während einer Berufs-Wiedereingliederung

Die Höhe der IV-Rente orientiert sich an der AHV-Rente und ist sehr tief: Die AHV- und IV-Maximalrente beträgt derzeit 2110 Franken (Ehepaare 3165 Franken), die Minimalrente sogar nur 1055 Franken pro Monat (Stand 2003).

Konkret berechnet sich die IV-Rente nach dem Erwerbseinkommen, für das die versicherte Person AHV- und IV-Prämien bezahlt hat.

Zusätzlich erhält ein verheirateter Invalider für seine Frau eine Zusatzrente von 30 Prozent sowie pro Kind 40 Prozent der massgebenden Invalidenrente.

Eine Kürzung der IV-Rente ist nur dann zulässig, wenn jemand seine Invalidität absichtlich oder grob fahrlässig herbeigeführt hat.

Während einer beruflichen Wiedereingliederung haben Versicherte Anspruch auf ein Taggeld.

Das IV-Taggeld ist jedoch geringer als das Taggeld der obligatorischen Unfallversicherung. Es ori-

Auszahlung der Freizügigkeit und nachträgliche Invalidität: Der Barbezug muss zurück

Wer sich selbständig macht, kann sich das angesparte Alterskapital (Freizügigkeitsleistung) von der Pensionskasse bar auszahlen lassen; das geschieht sehr oft.

Was passiert aber, wenn ein solcher Arbeitnehmer noch vor der Beendigung des Arbeitsverhältnisses erkrankt und dann zwei Jahre später als Neu-Unternehmer – als Folge dieser Erkrankung – invalid wird?

Zwar gehört er im Zeitpunkt der Feststellung der Invalidität nicht mehr der Pensionskasse an, weil er die Freizügigkeitsleistung bei der Beendigung des Arbeitsverhältnisses ausbezahlt erhielt. Weil aber das Ereignis, das in der Folge zur Invalidität führte, auf die Zeit zurückgeht, während der das Arbeitsverhältnis noch bestand, muss die Pensionskasse eine Invalidenrente bezahlen. Dazu muss aber der Versicherte die damals bar bezogene Freizügigkeitsleistung zuerst zurückerstatten.

entiert sich an der Erwerbsausfallentschädigung, die man während des Militärdienstes erhält. Die Höhe ist vom AHV-pflichtigen Lohn abhängig und deckt je nach Grösse der Familie mindestens 65 Prozent des zuvor erzielten Lohnes ab. Die Entschädigung ist aber nach oben limitiert: Mehr als 6450 Franken pro Monat werden in keinem Fall ausbezahlt.

Die Hilflosenentschädigung der Invalidenversicherung

Neben der IV-Rente kann eine invalide Person zusätzlich noch eine Hilflosenentschädigung in Anspruch nehmen, falls sie für die

> **Tipp**
>
> **Die IV-Rente möglichst schnell beantragen**
>
> Bei der IV ist es sehr wichtig, die Rente so schnell wie möglich zu beantragen. Die Versicherten können nämlich Leistungen verlieren, falls sie sich zu spät anmelden.
>
> Grund: Die Rente fliesst erst ab dem Zeitpunkt, an dem die Invalidität feststeht (frühestens nach einer einjährigen Arbeitsunfähigkeit von mindestens 40 %), höchstens aber für die letzten zwölf Monate nach der Anmeldung. Alle Ansprüche, die älter sind, erlöschen.

täglichen Verrichtungen (wie Körperpflege, Ankleiden, Essen usw.) auf dauernde Hilfe angewiesen ist.

Diese macht bei einer schweren Hilflosigkeit 80 Prozent der einfachen Mindestrente oder 844 Franken pro Monat aus. Bei einer mittleren Hilflosigkeit beträgt die Hilflosenentschädigung 50 Prozent oder 528 Franken und bei einer leichten Hilflosigkeit 20 Prozent oder 211 Franken pro Monat.

Die Hilflosenentschädigung ist (genauso wie die IV und die AHV) keine Ergänzungsleistung und wird unabhängig vom Vermögen oder vom Einkommen einer Person ausbezahlt.

Bedürftige haben zudem Anspruch auf Ergänzungsleistungen.

Alles Wichtige zum Thema Invalidenversicherung und Ergänzungsleistungen steht im Saldo-Ratgeber zum Thema AHV, Pensionskasse und 3. Säule. Sie können das Buch über Telefon 01 253 90 70 oder www.saldo.ch bestellen.

Kein UVG-Taggeld und keine Pensionskasse? Sehen Sie sich vor!

Bei Personen, die nicht obligatorisch gegen Unfall versichert sind und auch keine 2. Säule (Pensionskasse) haben, kann eine Invalidität schwer wiegende finanzielle Folgen haben. Sie erhalten nämlich lediglich eine IV-Rente von maximal 2110 Franken pro Monat (Stand 2003) – und auch das nur, falls sie keine Beitragslücken haben und ein gewisses Durchschnittseinkommen erreicht haben (derzeit 75 960 Franken, Stand 2003).

Damit kann niemand leben; betroffen sind etwa Hausfrauen, Selbständigerwerbende und Nichterwerbstätige.

Insbesondere die Selbständigerwerbenden sollten also einerseits ein Taggeld für die vorübergehende Arbeitsunfähigkeit versichern, dazu aber auch eine private Invalidenrente für die bleibende Invalidität. Beide Versicherungen müssen die Risiken Krankheit *und* Unfall abdecken.

Ein Beispiel: Ein 50-jähriger Architekt wird vollinvalid (ob durch Krankheit oder Unfall spielt keine Rolle). Er hat weder eine Unfallversicherung noch eine Pensionskasse und verdiente vor dem Unfall 12 000 Franken pro Monat.

Aufgrund seines Einkommens erhält er von der Invalidenversicherung (IV) die volle Leistung:
- Ordentliche Invalidenrente: 2110 Franken.
- Zusatzrente für die Frau: 633 Franken (30 Prozent).
- Zwei Kinderrenten à je 844 Franken: 1688 Franken.

Seine ganze IV-Rente summiert sich somit auf 4431 Franken.

Damit kann er beispielsweise sein Eigenheim, für das er monatlich 3500 Franken Hypothekarzinsen berappt, mit grosser Sicherheit nicht halten. Mehr noch: Bis zum definitiven IV-Entscheid verstreicht mindestens ein Jahr. Und in dieser Zeit erhält er gar nichts.

Der Tipp ist deshalb klar: Leute in solchen Situationen brauchen unbedingt ein Taggeld und dazu noch eine private Erwerbsausfall-Versicherung (im Fachjargon oft Erwerbsunfähigkeits-Versicherung genannt).

Hätte nämlich der Architekt rechtzeitig ein Kranken- und Unfalltaggeld in der Höhe seines Lohnes versichert, hätte er nach einer Wartefrist von 30 Tagen

Das Verbot der Überentschädigung und seine Folgen

Wer neben Zahlungen der obligatorischen Unfallversicherung noch eine IV- und/oder eine BVG-Rente erhält, darf – zusammengerechnet – auf höchstens 90 Prozent des versicherten Lohnes kommen.

Überschreiten diese drei Renten die 90-Prozent-Grenze, muss die Unfallversicherungsrente entsprechend gekürzt werden. Die Unfallversicherung bezahlt dann nur eine Komplementärrente (siehe S. 35).

Ein Beispiel: Ein angestellter Buchhalter verdiente bisher 90 000 Franken im Jahr. Durch einen Unfall wird er zu 50 Prozent arbeitsunfähig. Die Hälfte seines versicherten Lohnes beträgt somit 45 000 Franken.

Mehr als 90 Prozent dieser Summe darf er von den Sozialversicherungen insgesamt nicht erhalten; die Überentschädigungsgrenze liegt somit bei 40 500 Franken pro Jahr bzw. 3375 Franken pro Monat.

Von der IV erhält der Buchhalter die Hälfte einer vollen Rente, also 1055 Franken pro Monat. Die Pensionskasse bezahlt ihm ebenfalls eine halbe Rente: 1044 Franken pro Monat.

Der Buchhalter erhält somit nebst der IV- und der BVG-Rente noch eine Suva-Rente von nur noch 1276 Franken. Alle drei Renten zusammen machen 3375 Franken pro Monat aus.

Anders sähe es übrigens aus, wenn der erwähnte Buchhalter nicht zu 50, sondern nur zu 30 Prozent invalid würde. In diesem Fall erhielte er nur eine Rente der Unfallversicherung (UVG-Rente) in der Höhe von 1800 Franken. Dies entspricht seiner konkreten 30-prozentigen Erwerbsunfähigkeit.

Mehr erhielte der Buchhalter in diesem Fall nicht – weil die Pensionskasse nur ab einer Invalidität von 50 Prozent eine Rente bezahlt, die IV erst ab 40 Prozent (siehe Tabelle auf Seite 64).

Die UVG-Rente hingegen wird bei jedem Invaliditätsgrad ab 6 Prozent ausbezahlt, und zwar entsprechend dem Grad der Invalidität.

während zweier Jahre einen Lohnersatz erhalten.

Auf diese Weise wäre zunächst einmal das finanzielle Loch gestopft, das zwischen Unfall und IV-Entscheid entsteht. Das hätte ihn eine jährliche Prämie von rund 2500 Franken gekostet.

Für die Zeit nach der festgestellten Invalidität wäre eine Erwerbsausfall-Versicherung nützlich gewesen, die während einer Versicherungsdauer von 20 Jahren die Hälfte seines bisherigen Lohnes weiter auszahlt.

Mehr ist nicht nötig, da er ja noch eine IV-Rente erhält und so (mit IV und Erwerbsausfall-Versicherung) wieder über 10 000 Franken pro Monat zur Verfügung hat.

Eine solche Versicherung hätte ihn noch einmal rund 3500 Franken Prämie pro Jahr gekostet.

Es lohnt sich, ein massgeschneidertes Angebot von verschiedenen Versicherungsgesellschaften einzuholen. Die Versicherer bieten individuelle Gesamtberatungen an, welche den speziellen Einzelfall berücksichtigen. Eine neutrale Beratung bietet auch das VZ Vermögenszentrum an (Adressen auf Seite 151).

Viele nützliche Infos zum Thema Taggeld und Erwerbsunfähigkeits-Versicherung finden Sie im K-Tipp-Ratgeber «So sind Sie richtig versichert».

Dort steht, in welchen Fällen Angestellte ein Taggeld brauchen und wann auch Angestellte *mit* Pensionskasse an eine ergänzende private Erwerbsunfähigkeits-Versicherung denken sollten (inklusive Prämienvergleich). Sie können diesen Versicherungsratgeber über Telefon 01 253 90 70 oder über www.ktipp.ch bestellen.

Einen detaillierten Prämienvergleich für ein Taggeld für Hausfrauen sowie für eine Erwerbsausfall-Versicherung finden Sie auf den Seiten 56 und 62.

**4
Was
Pensions-
kasse und
IV zahlen**

5 Wenn ein Dritter für den Unfall haftet...
Der «Täter» muss den Schaden ersetzen

An einem Unfall ist oft eine Drittperson schuld – und dann kommt das Haftpflichtrecht ins Spiel: Der «Täter» muss für den angerichteten Schaden geradestehen. Hat er keine Haftpflichtversicherung, die für ihn einspringt, kann das seinen finanziellen Ruin bedeuten.

Gemäss der Schweizer Rechtsordnung werden alle Personen zur Kasse gebeten, die einer anderen Person aus eigenem Verschulden einen Schaden zufügen; das ist die Verschuldenshaftung (siehe Stichwort unten).

In gewissen Fällen können Verursacher eines Schadens sogar dann noch zur Verantwortung gezogen werden, wenn sie keinerlei Verschulden trifft; hier spricht man von der Kausalhaftung (siehe dazu Seite 77).

Stichwort

Verschuldenshaftung

Wer vorsätzlich oder fahrlässig jemandem einen körperlichen oder materiellen Schaden zufügt, muss für die finanziellen Folgen des Schadens aufkommen bzw. muss sie dem Geschädigten vergüten.

Bei der Verschuldenshaftung wird eine Person nur dann haftpflichtig, wenn sie ein Verschulden trifft. Das ist zum Beispiel der Fall, wenn ein Velofahrer eine Fussgängerin von hinten anfährt und verletzt.

Denkbar ist aber auch, dass beide Unfall-«Gegner» einen Teil des Schadens tragen müssen, weil sie beide Schuld am Unfall haben.

In beiden Fällen gilt: Wer keine Privathaftpflicht-Versicherung abgeschlossen hat, muss den Schaden selber bezahlen. Falls dabei eine andere Person so stark verletzt wurde, dass sie ihr Leben lang invalid bleibt, kann der Schaden in die Millionen gehen – insbesondere wegen des künftigen Lohnausfalls, den das Opfer geltend machen kann.

Die Unfallversicherung zahlt – belangt aber den Schuldigen

Zwar springt bei einem Unfall zunächst die Unfallversicherung ein: Sie übernimmt vorerst die Heilungskosten des Opfers sowie 80 Prozent des Lohnausfalls (siehe Seite 29ff.). Das Opfer wird also mit Sicherheit entschädigt – falls es gegen Unfall versichert war.

Die Unfallversicherung kann aber nachträglich auf diejenige Person zurückgreifen, die den Schaden verursacht hat.

Die Versicherung kann also dem Schädiger oder der Schädigerin sowohl die Heilungskosten als auch den Lohnausfall des Opfers aufbrummen (die Fachleute reden in diesem Zusammenhang von Regress, siehe Seite 122ff.).

«So etwas kann mir doch gar nicht passieren», denkt sich manch einer; «ich werde sicher nie jemandem einen Schaden zufügen. Ich betreibe weder einen gefährlichen Sport noch verhalte ich mich verantwortungslos.»

Das ist ein Irrglaube: Ein Missgeschick ist schnell passiert. Manchmal braucht es nur eine winzige Unaufmerksamkeit, und schon ist eine Person geschädigt. Sogar Fussgänger, die in Eile sind und eine Person so anrempeln, dass sie sich verletzt, können wegen fahrlässigen Verhaltens belangt werden – aber auch Skifahrerinnen, Inlineskater, Velofahrerinnen, Hundehalterinnen, Mieter, Hausbesitzer usw.

Selbst Eltern kann es treffen und in den Ruin treiben, falls ein Kind einmal «Mist baut» (siehe Beispiele auf Seite 84f.).

Fazit: Da die Privathaftpflicht-Versicherung relativ wenig kostet, ist der Abschluss einer solchen Police für jede erwachsene Person ein Muss (siehe Kasten auf Seite 74).

Bei Absicht oder Fahrlässigkeit ist die Schuldfrage klar

Ein Hobbygärtner fällt einen Baum; weil er ihn bei dieser Aktion ungenügend gesichert hat, fällt der Baum auf das Gartenhaus seines Nachbarn und zertrümmert es. Dabei wird der Nachbar durch einen Ziegelsplitter des Gartenhauses am Kopf schwer verletzt.

Den Hobbygärtner trifft ein Verschulden, er (oder seine Haftpflichtversicherung) muss den verursachten Schaden zahlen. Er muss also nicht nur für den gesundheitlichen Schaden aufkommen, sondern auch für den Sachschaden am Gartenhaus des Nachbarn.

In diesem Beispiel ist die Schuldfrage ziemlich klar: Der Hobbygärtner hat einen Fehler begangen und unterliegt somit der Verschuldenshaftung.

Für den verletzten Nachbarn sieht die Sache so aus: Er hat eine üble Verletzung am Kopf, sodass er zuerst zu 100 Prozent arbeitsunfähig ist und später vollinvalid wird. Falls er über eine obligatorische Unfallversicherung

In diesem Kapitel

Seite 72 Die Verschuldenshaftung
Seite 74 Ohne Privathaftpflicht-Police zu leben ist gefährlich
Seite 75 Wann zahlt die Privathaftpflicht-Versicherung für Kinderschäden?
Seite 77 Milde und scharfe Kausalhaftung
Seite 78 Für eine Haftung braucht es vier Voraussetzungen
Seite 79 Die zehn Gebote für Skifahrer und Snowboarder
Seite 80 Keine Haftung ohne Widerrechtlichkeit und Kausalzusammenhang
Seite 81 Diverse Arten des Verschuldens
Seite 82 Die Haftung von Fussgängern, Velofahrern und Inlineskatern
Seite 83 Der Nutzen der Velovignette
Seite 84 Die Haftung des Familienoberhauptes
Seite 85 Die Haftung des Hausbesitzers
Seite 86 Die Haftung des Werkeigentümers
Seite 88 Die Haftung des Tierhalters
Seite 90 Die Produktehaftpflicht
Seite 91 Die Haftung der Geschäftsleute
Seite 91 Die Haftung des Autohalters
Seite 92 Auto: Halter und Mithalter sind nicht versichert
Seite 94 Die Haftung bei Strolchenfahrten
Seite 95 Unschuldig in Autounfall verwickelt: Bin ich trotzdem haftbar?

5 Haftpflicht: Wer ist wann haftbar?

Wer ohne Privathaftpflicht-Police lebt, lebt gefährlich

Irren ist menschlich. Im Leben gibt es keine Garantie dafür, dass einem nie eine Unvorsichtigkeit passiert; durch eine solche Ungeschicklichkeit kann eine Drittperson zu Schaden kommen – und dieser Schaden kann in die Millionen gehen.

Deswegen ist der Abschluss einer Privathaftpflicht-Versicherung von grösster Bedeutung – umso mehr, als sie sehr günstig ist: Eine Einzelperson bekommt diesen wichtigen Schutz bereits für eine Jahresprämie unter 100 Franken, für Familien gibt es ihn für rund 150 Franken pro Jahr (je nach Gesellschaft).

Sinnvoll ist die Absicherung einer Schadensumme von 5 Millionen Franken (wobei allerdings in extremen Fällen auch 5 Millionen noch zu wenig sind, wie der K-Tipp in Ausgabe 19/02 gezeigt hat. Dort ist von einem Fall die Rede, in dem ein verunfalltes Mädchen eine Schadenersatz-Forderung von 10 Millionen stellt.)

Eine Haftpflichtpolice deckt die wichtigsten Risiken von Privatperson und Familienoberhäuptern. Ferner sind auch Mieter, Hauseigentümer, Tierhalter usw. versichert.

Zudem fungiert die Privathaftpflicht-Versicherung als Rechtsschutz, indem sie ungerechtfertigte Forderungen von Dritten abwehrt. Der Abschluss ist freiwillig.

Wer Besitzer einer Firma oder eines Geschäftes ist, muss dieses spezielle Haftungsrisiko zusätzlich versichern.

Obligatorisch ist eine Haftpflichtversicherung für jene, die einer Gefährdungshaftung unterstehen (siehe Kasten auf Seite 77).

Alle wichtigen Details und einen detaillierten Prämienvergleich zur Privathaftpflicht-Versicherung finden Sie im K-Tipp-Ratgeber «So sind Sie richtig versichert». Sie können ihn über Tel. 01 253 90 70 oder über www.ktipp.ch bestellen.

---

verfügt, zahlt ihm diese sowohl die Heilungs- und Spitalkosten als auch den Lohnausfall zu 80 Prozent.

Der Hobbygärtner muss aber als Schädiger damit rechnen, dass ihn die Unfallversicherung später für diese Unkosten zur Kasse bittet. Für die restlichen 20 Prozent des Lohnausfalls muss der Hobbygärtner in jedem Fall aufkommen (siehe Kasten S. 105).

Hat der Hobbygärtner eine Privathaftpflicht-Versicherung, so begleicht diese den Schaden. Ist er jedoch nicht versichert, kann es ihm blühen, dass er den Lohnausfall des Nachbarn bis an dessen Lebensende aus der eigenen Tasche zahlen muss. Hinzu kommen der Sachschaden am Gartenhaus und möglicherweise ein Schmerzensgeld für den Nachbarn (siehe Seite 126 ff.).

Ohne Haftpflichtversicherung ist der Schädiger ruiniert

Was geschieht, wenn der verletzte Nachbar keine obligatorische Unfallversicherung hat? Nehmen wir an, dass er selbständigerwerbend und deshalb bei der Krankenkasse (nicht bei der Unfallversicherung) gegen Unfall versichert ist.

Die Heilungs- und Spitalkosten werden in diesem Fall von seiner

Krankenkasse übernommen – sein Lohnausfall hingegen nicht. In diesem Fall muss der geschädigte Nachbar den gesamten Lohnausfall direkt beim «schuldigen» Hobbygärtner einfordern (plus Franchise und Selbstbehalt der Krankenkasse, siehe S. 124).

Mit einer Haftpflichtversicherung könnte der Hobbygärtner

Frage

Wann zahlt die Privathaftpflicht-Versicherung für Kinderschäden?

Wir waren mit unserem dreijährigen Sohn bei Bekannten zu Besuch. Während wir im Wohnzimmer plauderten, rannte er völlig unerwartet im gleichen Raum in eine teure Bodenvase, die zersplitterte; auch der Parkettboden wurde in Mitleidenschaft gezogen. Es entstand ein Sachschaden von 1200 Franken. Zahlt das meine Privathaftpflicht-Police?

Ja – allerdings freiwillig. Generell gilt: Die Privathaftpflicht-Versicherung der Eltern muss dann für den Schaden einstehen, wenn das Kind urteilsfähig war oder wenn die Eltern den Sprössling ungenügend beaufsichtigt haben.

Zunächst zur Urteilsfähigkeit: Hier stellt sich die Frage, ob das Kind absehen konnte, dass sein Herumrennen einen solchen Schaden anrichten würde. Bei einem Dreijährigen ist das wohl nicht der Fall, er war demnach nicht urteilsfähig.

Die Versicherung stellt also bei der Beurteilung der Urteilsfähigkeit auf das Alter der Kinder und die jeweilige Handlung ab. Je nachdem sind Kinder früher oder später urteilsfähig. Falls das Kind tatsächlich urteilsfähig war, wird es selber schadenersatzpflichtig. Haben seine Eltern eine Privathaftpflicht-Versicherung (in die Kinder im gleichen Haushalt stets eingeschlossen sind), wird sie zahlen.

War das Kind nicht urteilsfähig, muss die Privathaftpflicht-Versicherung den Schaden grundsätzlich nur dann zahlen, wenn die Eltern ihre Beaufsichtigungspflicht verletzt haben (wenn sie es beispielsweise zuliessen, dass ein Kind mit einer brennenden Kerze spielte).

In diesem Fall sind die Eltern haftbar und die Versicherung muss einspringen.

Im schlimmsten Fall bedeutet das: Verursacht ein *nicht* urteilsfähiges, aber korrekt beaufsichtigtes Kind einen Schaden, kann niemandem ein Vorwurf gemacht werden; es haftet – juristisch gesehen – niemand. Der Schaden bleibt am Geschädigten hängen.

Im konkreten Fall des Dreijährigen handelt es sich um ein *nicht* urteilsfähiges Kind, welches die Eltern korrekt (das bedeutet im Rahmen des zumutbaren Möglichen) beaufsichtigt haben; also haftet niemand.

Tipp für Eltern mit Kleinkindern: Die meisten Privathaftpflicht-Versicherungen haben für dieses spezielle Kleinkinderrisiko eine Sonderlösung: Sie verpflichten sich in der Police freiwillig, Schäden zu übernehmen, die durch Urteils*un*fähige verursacht wurden. Allerdings ist die Deckungssumme bei solchen Schäden bei etlichen Gesellschaften auf 100 000 oder 200 000 Franken beschränkt.

5 Haftpflicht: Wer ist wann haftbar?

> ### Tipp
>
> **Privathaftpflicht-Police: Aufgepasst, wenn die Kinder mündig werden!**
>
> Unmündige Kinder unter 18 Jahren sind in der Familienpolice in jedem Fall versichert.
>
> Ob und wie lange aber erwachsene Kinder über 18 Jahre in der Familienpolice gedeckt sind, hängt vom genauen Wortlaut der Versicherungsbedingungen ab. Erkundigen Sie sich.
>
> Es kann zum Beispiel sein, dass volljährige Kinder – selbst wenn sie auswärts wohnen oder als Wochenendaufenthalter regelmässig nach Hause kommen – noch eingeschlossen sind, falls sie ledig sind und nicht erwerbstätig. Das betrifft insbesondere Studenten – oft aber nur bis Alter 25.
>
> **Wichtig:** Bei den meisten Gesellschaften sind Kinder nicht mehr versichert, sobald sie erwerbstätig geworden oder ausgezogen sind.
>
> Mit anderen Worten: Wenn der Lehrling mit 20 die Lehre abschliesst und einen Job annimmt (aber immer noch zu Hause wohnt), ist er mit der Haftpflicht-Familienpolice meist nicht mehr versichert, sondern braucht selber eine Police.
>
> **Variante dazu:** Eltern können ihre Versicherungsgesellschaft bitten, erwerbstätige Kinder, die noch zu Hause wohnen, gegen Mehrprämie weiterhin in der Familienpolice mitlaufen zu lassen. Etliche Gesellschaften lassen das zu; das ist billiger als eine Einzelpolice für das erwachsene Kind.

dennoch gut schlafen. Diese müsste sich mit dem Nachbarn arrangieren und seinen Lohnausfall ersetzen. Und sie würde auch die Krankenkasse zufrieden stellen bzw. ihr die bereits bezahlten Heilungskosten für den Nachbarn rückvergüten.

Ohne Haftpflichtversicherung hingegen wäre der Hobbygärtner ruiniert, und der geschädigte Nachbar würde möglicherweise nie einen vollständigen Ersatz für seinen Lohnausfall erhalten.

Die Kausalhaftung: Keine Schuld – aber dennoch verantwortlich

In etlichen Fällen können Verursacher eines Schadens auch dann zur Verantwortung gezogen werden, wenn sie im Prinzip keinerlei Verschulden trifft.

Dies gilt für Personen, die einer besonders gefährlichen Tätigkeit nachgehen oder aufgrund ihrer Stellung eine besondere Verantwortung tragen.

Konstruieren wir ein weiteres Beispiel mit dem unglücklichen Hobbygärtner. Er ist Hausbesitzer, und als solcher unterliegt er automatisch der milden Kausalhaftung (oder milden Haftung, siehe Stichwort auf der Seite rechts).

Das heisst: Allein durch seine Funktion als Hausbesitzer hat er sein Haus und sein Grundstück so in Ordnung zu halten, dass Personen nicht zu Schaden kommen können.

Nun fällt eines Tages ein Ziegel vom Dach seines Hauses und verletzt die Briefträgerin am Kopf.

Auch wenn den Hausbesitzer kein direktes Verschulden trifft, trägt er als Hausbesitzer dennoch die Verantwortung, wenn jemand auf seinem Grundstück zu Schaden kommt. Er (bzw. seine Haftpflichtversicherung) muss also den gesamten Schaden der Briefträgerin berappen.

Die Schadensumme kann ebenso happig ausfallen wie im Fall des verletzten Nachbarn, falls die Briefträgerin einen bleibenden gesundheitlichen Schaden erleidet beziehungsweise voll- oder teilinvalid wird.

Nicht nur Hausbesitzer unterliegen dieser milden Haftung (siehe Kasten unten), sondern auch Familienväter, Geschäftsleute, Tierhalter, Werkeigentümer, Grundeigentümer oder Produzenten von Konsumgütern (siehe Seite 84 ff.).

Stichwort

Milde und scharfe Kausalhaftung (Gefährdungshaftung)

Im Unterschied zur Verschuldenshaftung (siehe Kasten auf Seite 72) kennt das Haftpflichtrecht in gewissen Fällen eine Haftung, ohne dass der Schaden absichtlich oder fahrlässig verursacht wurde.

Dies gilt für Personen, die in ihrer Funktion eine besondere Verantwortung tragen. Zum Beispiel ein Familienoberhaupt, eine Tierhalterin, ein Arzt, ein Produkteproduzent, ein Hausbesitzer, ein Geschäftsherr oder eine Geschäftsfrau. Für den Schaden, den ein Tier oder ein Kind verursacht, sind Tierhalter bzw. Familienoberhaupt grundsätzlich verantwortlich.

Von einer milden Kausalhaftung (auch «milde Haftung») spricht man deshalb, weil sich diese Personen unter Umständen von der Haftung befreien können – dann nämlich, wenn ihnen der Beweis gelingt, dass sie jede zumutbare Vorsicht bei der Beaufsichtigung (des Kindes oder des Tieres) haben walten lassen.

Sie haften also nur, wenn man ihnen irgendeinen Fehler in Form einer Sorgfaltsverletzung oder Ordnungswidrigkeit vorwerfen kann.

Beispiel: Ein Hund springt über eine stark befahrene Strasse und verursacht einen Verkehrsunfall mit Verletzten. Falls das Gericht zum Schluss kommt, der Hund sei zu wenig gut beaufsichtigt worden, muss die Tierhalterin (oder ihre Haftpflichtversicherung) für den Schaden aufkommen (siehe Kasten auf Seite 89).

Neben der milden Kausalhaftung gibt es die scharfe Kausalhaftung oder Gefährdungshaftung (auch scharfe Haftung genannt).

Betroffen sind Personen, die eine besonders gefährliche Tätigkeit ausüben, dazu Unternehmen, deren Kundschaft einer speziellen (Unfall-)Gefahr ausgesetzt ist, sowie Unternehmen, deren Betrieb für die Allgemeinheit eine Gefahr darstellen kann.

Zu den gefährlichen Tätigkeiten gehören z. B. das Autofahren oder das Fliegen, zu den unfallträchtigen Unternehmen gehören u. a. Atomkraftwerke oder Eisenbahngesellschaften. Diese Personen oder Unternehmen haften für die Betriebsgefahr, die von ihrem Gefährt oder ihrer Anlage ausgeht.

Diese Haftung ist eine Antwort auf das immense Gefährdungspotenzial, das der technische Fortschritt gebracht hat. Der Gesetzgeber wollte nämlich, dass all jene, die vom technischen Fortschritt profitieren und eine gefährliche Tätigkeit ausüben, bei Unfällen auch die Verantwortung tragen – und dass dadurch Geschädigte wenigstens finanziell entschädigt werden.

Personen mit scharfer Kausalhaftung sind meist per Gesetz verpflichtet, eine Haftpflichtversicherung abzuschliessen.

Selbst bei der milden Haftung ist allerdings die Haftpflicht nicht völlig vom Verschulden gelöst: Es muss immer ein fehlerhaftes Verhalten der haftpflichtigen Person im Spiel sein, etwa eine Ordnungswidrigkeit, eine Sorgfaltspflichtverletzung, eine Unregelmässigkeit, ein Werkmangel oder eine Eigentumsüberschreitung (Baum fällt auf Nachbargrundstück).

Kleine Fehler genügen bereits (wie beispielsweise ein defektes Dach mit einem losen Ziegel im Falle des Hausbesitzers); ein Verschulden im moralischen Sinn braucht es dabei nicht.

Bei der scharfen Haftung gibt es kein Pardon

Darüber hinaus gibt es auch die scharfe Kausalhaftung oder Gefährdungshaftung (siehe Kasten auf Seite 77).

Beispiel: Ein Autohalter lenkt ein Motorfahrzeug völlig korrekt auf einer Quartierstrasse. Plötzlich springt ein Kind auf die Fahrbahn, der Fahrer touchiert mit seinem Auto das Kind und verletzt es.

Nun gilt: Der Autofahrer (bzw. seine Fahrzeugversicherung) haftet für den Schaden, selbst wenn er keinerlei Verkehrsregeln verletzt hat. Allein der Betrieb eines gefährlichen Fahrzeuges oder einer gefährlichen Anlage genügt für die Haftung – tadelloses Verhalten hin oder her (mit gewissen Ausnahmen, siehe Erläuterungen auf den Seiten 94 und 95).

Bei der scharfen Haftung braucht es also kein Verschulden.

Einer solchen scharfen Haftung unterliegen auch die Betreiber von Seilbahnen (siehe Seite 87f.), Eisenbahnen, Kernenergieanlagen, Elektrizitätswerken oder Luftfahrtgesellschaften.

Hier verlangt das Gesetz zwingend, dass die Betreiber eine Haftpflichtversicherung abschliessen. Auch Motorfahrzeughalter müssen bekanntlich eine obligatorische Haftpflichtversicherung abschliessen.

Der Grund ist klar: Die Schadensummen können sehr schnell in Schwindel erregende Höhen gehen – und eine Person oder ein Unternehmen wäre mit hohen Schadenersatzforderungen schnell mal finanziell überfordert – was letztlich zu Lasten der Opfer ginge.

Für eine Haftung braucht es vier Voraussetzungen

Ein Snowboarder ist schnell unterwegs, kann einer Skifahrerin nicht mehr ausweichen und fährt sie um. Die Skifahrerin erleidet beim heftigen Zusammenprall einen komplizierten Beinbruch und eine schwere Hirnerschütterung. Sie ist drei Monate lang komplett arbeitsunfähig.

Will nun die Geschädigte den Verursacher belangen, muss sie ihm die vier Punkte nachweisen:
■ ein Verschulden (siehe Seite 79ff.),
■ die Widerrechtlichkeit seines Vorgehens (Kasten Seite 80),
■ den Kausalzusammenhang zwischen der schädigenden Hand-

lung und dem eingetretenen Schaden (Seite 81 f.) sowie
- den verursachten Schaden (Kasten auf Seite 82).

Regeln gelten auch ohne eigentliche Rechtskraft

Ein Skifahrer oder Snowboarder haftet, wenn er in eine andere Person hineinfährt und sie verletzt. Von einem Verschulden spricht man dann, wenn dem Verursacher eines Schadens ein Fehlverhalten vorgeworfen werden kann. Dabei geht es nicht um einen moralischen Vorwurf, sondern einzig darum, dass sich der Betreffende nach den Massstäben der Rechtsordnung falsch verhalten hat.

Kriterium ist die Verletzung einer Regel.

Beim Skifahren und Snowboarden gelten klare Regeln, die 1967 von der FIS (Fédération Internationale de Ski) aufgestellt wurden (siehe Kasten unten). Obwohl diese Regeln grundsätzlich keine Rechtskraft haben, wird bei einem Unfall die Frage des Verschuldens nach diesen Regeln beurteilt.

Obwohl sich die halbe Schweiz mehr oder weniger häufig auf

Die zehn Gebote der Skifahrerinnen und -fahrer (sie gelten auch für Snowboarder)

Die Fédération Internationale de Ski (FIS) hat folgende Verhaltensregeln erstellt:

1. Rücksicht auf andere Skifahrer. Jeder Skifahrer muss sich so verhalten, dass er keinen anderen gefährdet oder schädigt.

2. Beherrschung von Geschwindigkeit und Fahrweise. Jeder Skifahrer muss auf Sicht fahren. Er muss seine Geschwindigkeit und seine Fahrweise seinem Können und den Gelände-, Schnee- und Witterungsverhältnissen sowie der Verkehrsdichte anpassen.

3. Wahl der Fahrspur. Der von hinten kommende Skifahrer muss seine Fahrspur so wählen, dass er vor ihm fahrende Skifahrer nicht gefährdet.

4. Überholen. Überholt werden darf von oben oder von unten, von rechts oder von links, aber immer nur mit einem Abstand, der dem überholten Skifahrer für alle seine Bewegungen genügend Raum lässt.

5. Einfahren und Anfahren. Jeder Skifahrer, der in eine Skiabfahrt einfahren oder nach einem Halt wieder anfahren will, muss sich nach oben und unten vergewissern, dass er dies ohne Gefahr für sich und andere tun kann.

6. Anhalten. Jeder Skifahrer muss es vermeiden, sich ohne Not an engen oder unübersichtlichen Stellen einer Abfahrt aufzuhalten. Ein gestürzter Skifahrer muss eine solche Stelle so schnell wie möglich freimachen.

7. Aufstieg und Abstieg. Ein Skifahrer, der aufsteigt oder zu Fuss absteigt, muss den Rand der Piste oder der Abfahrtsschneise benutzen.

8. Beachten der Zeichen. Jeder Skifahrer muss Markierungen und Signalisationen beachten.

9. Hilfeleistung. Bei Unfällen ist jeder Skifahrer zur Hilfeleistung verpflichtet.

10. Ausweispflicht. Jeder Skifahrer, ob Zeuge oder Beteiligter, ob verantwortlich oder nicht, muss im Falle eines Unfalles auf Anfrage seine Personalien angeben.

dicht befahrenen Pisten tummelt, scheinen diese Regeln den Skifahrern und Skifahrerinnen und Snowboardern weitgehend unbekannt zu sein. Auf den Pisten geniessen viele eine angeblich schrankenlose Freiheit in «freier Natur»; die wenigsten realisieren dabei, dass sie finanziell gnadenlos zur Verantwortung gezogen werden, sobald sie eine Regel verletzen und dabei einen anderen Pistenbenutzer schädigen.

Auch ungeschriebene Verhaltensregeln zählen
Wann hat man eine Sorgfaltspflicht verletzt und kann deshalb wegen fahrlässiger Verursachung eines Unfalls haftbar gemacht werden? Die Antwort auf diese Frage ist davon abhängig, ob irgendwelche geltenden Regeln verletzt wurden und damit ein Verschulden vorliegt – egal, ob es sich dabei um geschriebene oder ungeschriebene Regeln handelt.

Viele Verhaltensregeln sind nirgends schriftlich festgehalten, ergeben sich aber aufgrund des gesunden Menschenverstandes.

Wer etwa feststellt, dass eine Schlägerei im Gange ist, aber dennoch aus Neugierde stehen bleibt, ist nicht ganz unschuldig, wenn er plötzlich mittendrin ist und eine Verletzung erleidet.

Oder: Wenn jemand ein Biotop in seinem Garten erstellt und den Garten nicht einzäunt, hat er seine Sorgfaltspflicht verletzt, falls später ein Nachbarskind darin ertrinkt (siehe dazu den Kasten auf Seite 86).

Die Widerrechtlichkeit: Voraussetzung für die Haftung

Die Widerrechtlichkeit ist eine weitere Voraussetzung für die Schadenersatzpflicht und bietet in der Regel keine Probleme. Der auf Seite 78 bereits erwähnte Snowboardfahrer handelte widerrechtlich, weil er die Skifahrerin körperlich verletzt hat. Neben der Körperverletzung sind natürlich auch die Tötung eines Menschen sowie die Beschädigung einer fremden Sache widerrechtlich.

Widerrechtlich handelt auch ein Arzt, der eine Operation ausführt, für die er keine Einwilligung des Patienten hat. Die Widerrechtlichkeit des Eingriffs ist in diesem Fall auch dann noch gegeben, wenn die Operation als solche völlig einwandfrei nach allen Regeln der ärztlichen Kunst verläuft.

Allerdings: Handelt ein Täter widerrechtlich und wird er dafür vom Strafrichter verurteilt (zum Beispiel wegen Körperverletzung), so heisst das im Prinzip noch nicht, dass er überhaupt (und wenn ja in welchem Umfang) für den angerichteten Schaden zivilrechtlich haftet.

Der Rechtsstreit darüber würde vor dem Zivilrichter ausgetragen, und der Zivilrichter ist nicht an das Urteil des Strafrichters gebunden.

Es kann aber sein, dass der Strafrichter bei seinem Urteil auch gleich den Zivilanspruch gutheisst, also den Täter zu Schadenersatz verpflichtet. Das ist dann der Fall, wenn die Schadenforderung für den Strafrichter ohne weiteres plausibel und abschliessend beurteilbar ist.

Für ein Verschulden braucht es Urteilsfähigkeit

Für die eigenen Handlungen kann man in der Schweizer Rechtsordnung nur dann zur Verantwortung gezogen werden, wenn man urteilsfähig ist. Diese Einschränkung ist vor allem bei Kindern wichtig (siehe S. 75).

Ob ein Kind urteilsfähig ist, hängt davon ab, ob es die Konsequenzen seines Tuns erfassen konnte. Diese Frage muss aufgrund der konkreten Situation beurteilt werden: Wenn beispielsweise zwei 9-jährige Knaben mit bengalischen Zündhölzern spielen und dabei eine Scheune in Brand setzen, wird die Urteilsfähigkeit bejaht. Man geht davon aus, dass sie die Konsequenzen ihres Tuns aufgrund ihres Alters erfassen konnten.

Anders bei einem 6-Jährigen, der über die Strasse und in einen Lastwagen sprang. Im konkreten Fall kam ein Gericht zur Ansicht, dass dieser Bub die Konsequenzen seines Tuns noch zu wenig überblicken konnte.

In den meisten Lebensbereichen wird jedoch das korrekte Verhalten durch mehr oder weniger lückenlose Regeln genau umschrieben.

Das wohl dichteste Regelwerk existiert im Strassenverkehr, weil dort besonders häufig Konflikte mit gravierenden Folgen auftreten. Wer eine dieser Regeln verletzt und dabei jemanden schädigt, ist seiner Sorgfaltspflicht nicht nachgekommen.

Fazit: Es ist nicht zwingend nötig, dass jemand bei seinem schädigenden Tun einen Gesetzesvorstoss begangen hat, der zu einer Busse führen kann.

Zweierlei Verschulden: Absicht und Fahrlässigkeit

Einen Schaden kann man sowohl absichtlich als auch fahrlässig herbeiführen – beide Verhaltensweisen gelten als schuldhaft.

Schädiger, die fahrlässig handeln, bilden im Strassenverkehr die klare Mehrheit; denn kaum jemand verursacht einen Strassenunfall mit Absicht. Aber gerade hier hat Fahrlässigkeit sehr häufig fatale Folgen.

Je nach Grad des Verschuldens spricht man von leichter oder grober Fahrlässigkeit oder gar von Absicht. Je schwerer das Verschulden, desto schärfer die Haftung.

Voraussetzung ist aber immer, dass beim «Täter» Urteilsfähigkeit vorliegt (siehe Kasten oben).

Der Kausalzusammenhang als weitere Voraussetzung

Der Kausalzusammenhang ist eine weitere Bedingung für die Haftpflicht: Das konkrete Verhalten muss zu einer Schädigung geführt haben, es muss also ein Kausalzusammenhang bestehen zwischen dem schuldhaften Verhalten einerseits und der gesundheitlichen Schädigung anderseits.

Im Haftpflichtrecht ist die Kausalität gleich geregelt wie beim Unfallrecht (siehe Seite 16 f.).

So muss die verunfallte Skifahrerin dem Snöber beweisen, dass der Zusammenstoss zu ihrem komplizierten Beinbruch und zur Hirnerschütterung geführt hat. Das wird ihr in diesem Fall nicht schwer fallen, weil der Kausalzusammenhang offensichtlich ist.

Oft ist aber der Kausalzusammenhang nicht derart eindeutig. Er wurde beispielsweise verneint, als ein 15-jähriger Knabe die Abzäunung einer Bahnanlage überstieg. Dabei nahm er eine Stange in die Hand, die neben den Geleisen lag, und berührte damit eine Hochspannungsleitung; schwere Verbrennungen waren die Folge.

Das Gericht sagte dazu: Die Tatsache, dass Arbeiter die Stange neben den Geleisen liegen liessen, sei nicht kausal gewesen für die Verletzung des Knaben. Also muss die Bahn bzw. ihre Haftpflichtversicherung für den verunfallten Knaben nichts zahlen.

Kausal hingegen war der Nervenschock eines Vaters, der vom Tod seiner beiden Söhne hörte; diese waren beim Absturz eines Militärflugzeuges gestorben. Der Vater wurde nach dem Nervenzusammenbruch zu 50 Prozent invalid. Folge: Das Militär muss für den Schaden des Vaters (etwa Lohnausfall) geradestehen.

Die Haftung von Fussgängern und Velofahrern

Im Strassenverkehr lauern viele Gefahren. Die meisten Leute sind sich zu wenig bewusst, dass im Strassenverkehr nicht nur die obligatorisch versicherten Motorfahrzeughalter für einen Schaden haften. Auch Fussgänger, Velofahrerinnen und -fahrer oder Inlineskater können bei einem Unfall zur Rechenschaft gezogen werden – allerdings nur, falls sie jemanden schuldhaft verletzen.

Bereits eine kleine Unvorsichtigkeit kann hier für den Schädiger oder die Schädigerin fatale finanzielle Folgen zeitigen. Wenn beispielsweise ein Fussgänger eine

Wo kein Schaden ist, gibt es auch keine Haftung

Damit jemand haftet und Schadenersatz zahlen muss, braucht es auch einen effektiven Schaden bzw. einen finanziellen Nachteil. Steht also beispielsweise eine angefahrene Skifahrerin nach dem Zusammenprall mit einem Snöber ohne Verletzung auf und setzt sie munter ihre Talfahrt fort, fehlt ein Schaden.

Dabei ist zwischen Personen- und Sachschaden zu unterscheiden:

- Ein Personenschaden liegt vor, wenn Menschen verletzt oder getötet wurden.

Die wirtschaftlichen Folgen sind unter Umständen gravierend, falls eine verletzte Person arbeitsunfähig wird und nichts mehr verdienen kann. Auch Dritte können davon betroffen sein: Wird ein erwerbstätiger Vater oder eine Mutter getötet, verlieren die Kinder den Versorger. Der Berechnung dieser Personenschäden ist das ganze Kapitel 6 gewidmet (Seite 98ff.).

- Sachschäden hingegen lassen sich besser schätzen, der Verlust ist also einfacher bezifferbar.

Velofahrerin zu Fall bringt und sie eine Querschnittlähmung davonträgt – und deswegen auch noch eine gut bezahlte Stelle verliert –, so wird das teuer. Denn das Opfer erleidet einen massiven Einkommensverlust, den ihr der Schädiger ersetzen muss.

Hat der betreffende Fussgänger keine Privathaftpflicht-Versicherung abgeschlossen, kann ihn ein solcher Unfall finanziell ruinieren.

Auch Velofahrerinnen und -fahrer können jemanden schädigen und sehen sich dann unter Umständen mit ruinösen Geldforderungen konfrontiert. Für sie ist es enorm wichtig, dass sie immer eine Vignette am Fahrrad kleben haben (siehe Kasten rechts).

Die Haftung der Inlineskater

Seit dem 1. August 2002 gelten für Inlineskater, Skateboarder und Trottinettfahrer neue Verkehrsregeln. Im Beamtendeutsch heissen sie «fahrzeugähnliche Geräte», abgekürzt FäG.

Darunter fallen alle Geräte, die mit Rädern oder Rollen ausgestattet sind und ausschliesslich mit der Körperkraft des Benützers angetrieben werden.

FäG-Benützer dürfen auf den für die Fussgänger bestimmten Verkehrsflächen fahren, auf Trottoirs, auf Fusswegen, auf Längsstreifen für Fussgänger, in Fussgängerzonen und auf Radwegen.

Auf der Strasse ist die FäG-Verwendung eingeschränkt:

■ Erlaubt ist der Einsatz in den Tempo-30-Zonen;
■ die Benützung von Nebenstrassen ist nur erlaubt, falls entlang der Strasse Trottoirs sowie Fuss- und Radwege fehlen und das Verkehrsaufkommen gering ist;
■ Hauptstrassen dürfen nicht befahren werden (auch nicht Radstreifen von Strassen).

Für die Benützer von fahrzeugähnlichen Geräten gelten die gleichen

Tipp

Nie ohne Velovignette!

Velofahrer sind gesetzlich verpflichtet, das Fahrrad mit einer Vignette zu versehen – auch schulpflichtige Kinder. Klebt an einem Velo eine Vignette, so ist der Fahrer versichert für Schäden, die er Dritten zufügt; es handelt sich also um eine Haftpflichtversicherung.

Fehlt die gekaufte Vignette am Velo, etwa weil sie gestohlen wurde oder weil sie im Portemonnaie steckt, gilt der Schutz nicht. Der angerichtete Schaden bleibt dann am Velofahrer hängen. Das gilt auch, wenn der Fahrer sein Velo beispielsweise nur auf einem öffentlich zugänglichen Firmengelände oder nur auf einem Campingplatz benutzt.

Die Deckungslimite der Velovignette liegt meist bei einer Million Franken. Sollte die Schadensumme höher sein, wird der Rest von der – hoffentlich vorhandenen – Privathaftpflicht-Versicherung gedeckt.

Aber Achtung! Klebte die Vignette nicht am Velo, zahlt auch eine allfällig vorhandene Privathaftpflicht-Versicherung nicht (dafür aber der Nationale Garantiefonds, der allerdings den Verursacher im Sinne eines Rückgriffs zur Kasse bittet).

Für Kinder im Vorschulalter gilt die Vignettenpflicht nicht.

**5
Haftpflicht:
Wer ist
wann
haftbar?**

Verkehrsregeln wie für die Fussgänger. Sie müssen Geschwindigkeit und Fahrweise den Umständen und den Besonderheiten des Geräts anpassen, insbesondere müssen sie auf die Fussgänger Rücksicht nehmen und ihnen den Vortritt gewähren.

Das Überqueren der Fahrbahn darf nur im Schritttempo erfolgen. Rechtsfahren ist ebenfalls Vorschrift. Nachts und wenn es die Sichtverhältnisse erfordern, müssen die Benützer von fahrzeugähnlichen Geräten auf der Fahrbahn und auf Radwegen mit einem nach vorne und einem nach hinten rot leuchtenden, gut erkennbaren Licht zu sehen sein.

Wer diese Regeln nicht einhält, verletzt die Verkehrsregeln und wird nach einem Unfall haftpflichtig. Deshalb brauchen die Benützer solcher Geräte zu ihrem eigenen Schutz nicht nur eine gute Ausrüstung, sondern auch eine Privathaftpflicht-Versicherung; eine Vignettenpflicht gibt es für diese Verkehrsteilnehmer nicht.

Die Haftung des Familienoberhauptes

Das so genannte Familienoberhaupt, das heisst Vater oder Mutter, haftet für Schäden, die seine Kinder verursachen. Das Familienoberhaupt kann sich von seiner Haftung nur befreien, wenn es beweist, dass es die nötige Sorgfalt bei der Aufsicht eingehalten hat (siehe dazu auch den Kasten auf Seite 75).

Dieser Nachweis kann im Einzelfall sehr schwierig sein. Verlangt wird zwar keine Rund-um-die-

Haftet das Familienoberhaupt? So haben Richter entschieden

In diesen Fällen wurde die Haftung des Familienoberhauptes bejaht:
- Zwei Kinder im Alter von 7 Jahren spielten mit Pfeil und Bogen. Die Mutter sah das Spiel, warnte die Kinder aber nicht und gab auch keine Anweisungen. Der eine Knabe schoss dem anderen ein Auge aus.
- Ein 15-Jähriger nahm aus einer unverschlossenen Schublade einen geladenen Revolver heraus und tötete beim Manipulieren mit der Waffe einen Kameraden.
- Ein 13-Jähriger spielte auf der Strasse mit einer Schreckschusspistole und verletzte aus naher Distanz eine Person im Gesicht. Der Vater liess seinen Sohn auf der Strasse spielen, er hatte ihn nicht darauf aufmerksam gemacht, wie gefährlich es ist, wenn aus kurzer Distanz auf eine Person geschossen wird.

In diesen Fällen wurde die Haftung des Familienoberhauptes verneint:
- Ein 10-Jähriger spielte auf der Strasse, rannte in ein Auto und verletzte sich.
- Ein 10-jähriges Mädchen fand in einem Holzschopf ein Beil, spaltete damit Holz und verletzte dabei ein Kleinkind, welches ihm das Holzstück zum Spalten hingehalten hatte.
- Zwei Knaben im Alter von 8 und 13 Jahren wurden auf einem Ausflug während 20 Minuten in einer ungefährlichen Umgebung alleine gelassen. Im Streit schlug der eine dem anderen mit einem Ast ein Auge aus.

Uhr-Überwachung eines Kindes. Vater oder Mutter muss sich aber in grossen Zügen darum kümmern, was die Kinder treiben. Sie dürfen sie zum Beispiel nicht frei herumstreunen lassen.

Der Grad der nötigen Beaufsichtigung hängt stark vom Alter des Kindes ab. Wenn ein 15-Jähriger mit seinem Fahrrad in die Schule fährt und dabei einen Unfall verursacht, kann den Eltern sicher keine mangelnde Sorgfalt und Aufsicht vorgeworfen werden. Anders verhält es sich, wenn das Gleiche einem 5-Jährigen widerfährt.

Entscheidend ist, ob das schädigende Verhalten des Kindes vorauszusehen war. Dabei spielt der Charakter des Kindes eine wesentliche Rolle. Eine überdurchschnittliche Beaufsichtigung ist nötig, wenn das Kind übermässig lebhaft ist oder eine schwierige oder gar gefährliche Veranlagung hat.

Wer eine Pistole herumliegen lässt, wird zur Kasse gebeten
Wichtig ist ferner, dass die Eltern gefährliche Gegenstände von ihrem Kind fern halten. Wer eine Motorsäge, die noch am Stromnetz angeschlossen ist, im Garten liegen lässt, hat seine Aufsichtspflicht verletzt: Falls das Kind die Maschine mit einem Knopfdruck in Bewegung setzen kann und dabei jemanden verletzt, werden die Eltern in die Pflicht genommen.

Wer eine Pistole samt Munition herumliegen lässt, muss sich ebenfalls nicht wundern, wenn ein Unfall passiert.

Im Einzelfall ist es oft schwirig abzuschätzen, welche Sorgfalt erforderlich gewesen wäre. Sobald dann ein Unfall passiert, sind aufreibende Abklärungen unvermeidlich. Wer in diesem Moment über eine Privathaftpflicht-Versicherung verfügt, hat schon gut vorgesorgt. Denn sie fungiert nun auch als Rechtsschutz-Versicherung, sie wird also mit dem Geschädigten darüber streiten, ob die Beaufsichtigung ausreichend war oder nicht.

Schweizer Gerichte müssen sich immer wieder mit solch heiklen Fragen auseinander setzen. Deshalb gibt es eine reiche Gerichtspraxis zum Thema Haftpflicht. Eine Auswahl steht im Kasten auf der linken Seite.

Die Haftung des Hausbesitzers

Wer ein Eigenheim besitzt, muss für Schäden geradestehen, die durch eine mangelhafte Bauweise oder durch mangelhafte Wartung der Liegenschaft verursacht werden. Er oder sie unterliegt der so genannten Werkeigentümerhaftung (siehe dazu auch den Kasten auf Seite 86). Diese kommt auch zum Zug, wenn eine Dachlawine einen Passanten verletzt.

Dazu einige Beispiele aus der Gerichtspraxis:
- Beim Verlassen eines Sportgeschäftes stürzte ein Mann auf einer Eisschicht, die sich auf dem Trottoir unmittelbar vor der Aus-

5 Haftpflicht: Wer ist wann haftbar?

gangstüre des Geschäftes gebildet hatte; dabei brach er sich ein Bein.

Das Bundesgericht bejahte die Haftung, auch wenn das Trottoir nicht mehr im Eigentum des Sportgeschäftes stand. Argumentation des Gerichts: Der Kunde habe nicht damit rechnen können, dass gleich beim Verlassen des Geschäftes eine Gefahr lauere.

Im Normalfall haftet aber die Gemeinde, wenn Fussgänger auf Eis ausrutschen und sich verletzen – aber auch nur dann, wenn man der Gemeinde eine Vernachlässigung ihrer Pflichten (beispielsweise zum Schneeräumen oder Salz streuen) vorwerfen kann. Es kommt also sehr auf die Umstände an.

■ Eine 80-jährige Frau stürzte im Vorraum einer Hoteltoilette über eine 12 Zentimeter hohe Stufe. Das Gericht war der Ansicht, die Konstruktion sei zwar nicht zu beanstanden gewesen; man hätte aber die Stufe auffällig markieren

Stichwort

Werkeigentümerhaftung

Der Eigentümer eines Gebäudes oder eines andern Werkes hat den Schaden zu ersetzen, der wegen schlechtem Unterhalt oder aufgrund einer fehlerhaften Bauweise entstanden ist.

Generell gilt als Werk alles, was von Menschen erbaut und mit dem Erdboden fest verbunden ist. Darunter fallen beispielsweise Häuser, Wasserableitungskanäle, Stege im Strandbad, Hydranten, Elektrizitätsmasten, Schwimmbassins, Baugerüste, Werkseilbahnen, Trottoirs, Strassen, Wege, Plätze, Treppen usw.

Ein Eigentümer haftet nicht nur, wenn er eine solche Anlage mangelhaft unterhält, sondern auch, wenn die Anlage fehlerhaft erstellt oder gekennzeichnet wurde.

Beispiel Schwimmbad: Rutscht jemand auf einer Wasserpfütze am Schwimmbadrand aus und bricht sich dabei ein Bein, so ist das noch kein Unterhaltsmangel. Jeder Benutzer muss wissen, dass es auf dem Boden Wasser haben kann – und er muss sich darauf einstellen.

Eine Haftung kann hingegen bestehen, wenn die Rutschgefahr über das Normalmass hinausgeht und die Badegäste die erhöhte Rutschgefahr nicht erkennen können – oder wenn beispielsweise das Putzpersonal Seifenresten nicht vollständig entfernt hat.

Der Werkeigentümerhaftung unterliegen auch Betreiber von Seilbahnen und Skiliften (siehe Seite 87f.).

Und sie gilt auch für Besitzer von **Gartenteichen**. Jedes Jahr ertrinken fünf bis zehn Kleinkinder in Teichen, weil Zäune um die Gefahrenzone fehlen. Eine solche Sicherung ist aber Pflicht für den Teichbesitzer; sonst haftet er, wenn ein Kind ertrinkt.

Zwar können sich grundsätzlich auch die Eltern mitschuldig machen, falls sie kleine Kinder nicht korrekt (soweit zumutbar) beaufsichtigen. Eine solche Mitschuld der Eltern würde den Teichbesitzer aber nicht aus der Verantwortung entlassen, sondern höchstens seine Haftung reduzieren.

und zudem mit einem Warnschild versehen müssen.

In diesen zwei Fällen ging das Gericht also davon aus, dass die betreffende Liegenschaft einen Mangel hatte und dass darum der Eigentümer haftete.

Wer das Treppengeländer entfernt, ist selber schuld
In folgenden Fällen verneinte das Gericht einen Werkmangel:
■ Ein Bodenbelag einer Privatwohnung hatte geringfügige Vertiefungen, weswegen ein Besucher stürzte und sich Verletzungen zuzog.
■ Ein Treppengeländer führte an einer Mauer nicht mehr weiter. Dadurch stürzte eine Frau und verletzte sich.

Anders sieht es aber aus, wenn im ganzen Treppenhaus das Geländer fehlt: Dann gilt die Anlage als mangelhaft, der Hausbesitzer haftet.

Oder: Hat eine Mieterin beim Zügeln das Geländer im Treppenhaus selber entfernt, so trifft sie ein Selbstverschulden, falls sie später selber die Treppe hinunterstürzt. Die haftpflichtige Partei muss ihr keinen Schadenersatz für die Verletzung und für die Lohneinbusse bezahlen.

Und wie sieht es aus, wenn ein Baum auf einem Grundstück umfällt und im Nachbarsgarten einen Schaden anrichtet? Wenn es ein Sturm war (mehr als 75 km/h), so haftet der Besitzer in keinem Fall – und auch dann nicht, wenn der Baum morsch war und dies von aussen nicht zu erkennen war.

Wenn hingegen der Besitzer des Baumes hätte erkennen müssen, dass der Baum morsch war, haftet er für den «Umfaller» – unabhängig von der Windstärke.

Mehr zum Thema Bauherrenhaftpflicht und Gebäudeversicherung finden Sie im K-Tipp-Ratgeber «So sind Sie richtig versichert». Sie können das Buch über Telefon 01 253 90 70 oder über www.ktipp.ch bestellen.

Die Haftung von Bergbahn- und Skiliftbetreibern
Auch Betreiber von Bergbahnen und Skiliftunternehmen sind einer erhöhten Sorgfaltspflicht unterworfen – etwa punkto Anlagen.

Allerdings müssen sich die Seilbahnbetreiber den Vorwurf gefallen lassen, dass sie auf dem Rücken von möglichen Unfallopfern sparen. Denn die meisten haben – gemäss Vorschrift des Bundes – nur eine Mindestdeckung

Die Haftung bei Wanderwegen
Im Normalfall sind Wanderer selber schuld, wenn sie auf einem Wanderweg auf Steinbrocken, Wurzeln oder in Löcher trampen.

Eine Haftung des Staates ergibt sich aber aus dem Grundsatz, dass das Gemeinwesen Wanderwege richtig anlegen, markieren und unterhalten muss. Wanderwege dürfen keine aussergewöhnlichen Gefahren bergen.

Praktisch heisst das, dass der Staat nur bei Unfällen haftet, die etwa wegen eines fehlenden Geländers auf einer hohen Brücke passieren oder wegen einer morschen Holzleiter.

**5
Haftpflicht: Wer ist wann haftbar?**

von 10 Millionen versichert. Für ein Seilbahnunglück mit mehreren Toten und Verletzen würde diese Mindestsumme bei weitem nicht ausreichen. Das Nachsehen hätten die Unfallopfer.

Bergbahnen sind auch für die Pisten verantwortlich

Bergbahnen und Skiliftunternehmen müssen nicht nur für die Sicherheit der technischen Anlagen, sondern auch der Pisten geradestehen.

Das heisst: Hindernisse an unübersichtlichen Stellen müssen entweder ausgeräumt oder hinreichend gekennzeichnet werden. Bei Lawinengefahr müssen die Betreiber gefährdete Pistenabschnitte absperren oder Lawinen auslösen.

Skiliftbetreiber müssen Masten polstern

Die Bergbahn- und Skiliftunternehmer müssen Masten polstern, die sich auf der Piste befinden. In einem Urteil aus dem Jahr 2000 kam das Bundesgericht zum Schluss, dass Skiliftmasten auch abseits der Piste dann zu sichern sind:

- wenn das Gelände im Liftbereich eine Steigung von mindestens 50 bis 60 Prozent aufweist oder
- wenn Masten weniger als zehn Meter neben einer Skipiste stehen.

Bergführer haften dafür, dass sie Touristen heil zum Tourenziel und wieder zurückbringen.

Die Haftung des Tierhalters

Tierhalterinnen und -halter haften, falls eines ihrer Tiere einem Dritten einen Schaden zufügt. Aber auch sie können die Haftung umgehen, falls ihnen der Beweis gelingt, dass sie jede erforderliche Sorgfalt haben walten lassen. Drei Beispiele dazu:

- Ein Reiter führte sein Pferd am Halfter in den nahe gelegenen Stall. Als er auf dem schneebedeckten Boden ausrutschte, erschrak das Pferd, brannte durch und rannte in ein Auto. Dem Reiter war aber nichts vorzuwerfen, er hatte seine Aufsichtspflicht korrekt erfüllt. Der Zusammenstoss mit dem Auto war auf einen Zufall zurückzuführen, dessen Folgen für den Reiter nicht vorauszusehen waren.

Nicht Besitzerin des Tieres – aber trotzdem haftbar

- Haftbar wurde hingegen ein 15-jähriges Mädchen, das eine Reitanfängerin auf ihr Pferd setzte, dann aber die Zügel losliess. Das Pferd brach aus, die Anfängerin stürzte ab, verletzte sich, konnte in der Folge nicht mehr arbeiten und erlitt so einen Verdienstausfall. Für diesen Lohnausfall muss das Mädchen haften. Mit dem Loslassen der Zügel habe es die gebotene Sorgfalt missachtet, sagte das Bundesgericht.

Bemerkenswert bei diesem Urteil ist, dass das Mädchen gar nicht Besitzerin des Tieres war. Aber es hatte das Pferd für fünf

Wochen in Obhut genommen und durfte es jederzeit reiten. Es galt demnach juristisch betrachtet als Tierhalterin.

■ Ebenfalls nicht entlasten konnte sich jene Halterin eines Dalmatiners, die ihren Hund in der Küche zurückgelassen hatte; das Tier gelangte auf irgendeine Weise auf die Strasse und verursachte einen schweren Verkehrsunfall. Das Gericht vertrat hier die Auf-

Frage

Muss ich für meinen Hund eine separate Haftpflichtversicherung abschliessen?

In der Zeitung liest man immer wieder von Hunden, die Menschen anfallen oder sonstige Schäden anrichten. Weil ich selber auch einen grossen Hund habe, macht mir das Sorgen. Ich frage mich deshalb, wie ich meinen Hund richtig versichern soll. Kann ich für ihn eine Haftpflichtversicherung abschliessen?

Nein. Eine separate Haftpflichtversicherung für Hunde gibt es nicht. Sie sollten aber unbedingt eine Privathaftpflicht-Versicherung für sich selber abschliessen. Dann sind Sie – nebst vielem anderen – in der Regel auch als Hundehalter versichert.

Wer ein Haustier hält, haftet nämlich grundsätzlich für Schäden, die das Tier verursacht. Die Kosten, die daraus entstehen, übernimmt die Privathaftpflicht-Versicherung des Halters. Das gilt sowohl für Personen- als auch für Sachschäden.

Zwar ist denkbar, dass Sie für einen Tierschaden nicht haften – dann nämlich, wenn Sie gemäss Gesetz nachweisen, dass Sie «alle nach den Umständen gebotene Sorgfalt in der Verwahrung und Beaufsichtigung angewendet» haben. In der Praxis sind solche Fälle aber eher selten.

Viel wahrscheinlicher ist, dass Ihnen eine kleine Nachlässigkeit passiert und Sie dann haftpflichtig werden. Das kann zum Beispiel der Fall sein, wenn Sie Ihren Hund aus Versehen frei in der Gegend herumlaufen lassen. Dann ist eine Privathaftpflicht-Police sehr nützlich.

Allerdings: Sollte Ihnen die Versicherung nachweisen können, dass Sie Ihre Aufsichtspflicht grob fahrlässig verletzt haben, könnte es für Sie kritisch werden. Das ist etwa dann der Fall, wenn Sie einen Rottweiler frei herumlaufen lassen, von dem Sie genau wissen, dass er sehr aggressiv ist.

In einem solchen Fall wird die Versicherungsgesellschaft – besonders bei sehr hohen Schadensummen – den Schaden nicht vollständig zahlen, sondern eine Kürzung vornehmen. Die geschädigte Person erhält also von der Versicherung nur einen Teil der Kosten ersetzt, für den Rest muss sich das Opfer direkt an den Tierhalter wenden.

Ein weiterer Spezialfall: Betritt jemand einen Garten, vor dem gut sichtbar das Schild «Warnung vor dem Hunde» hängt, und macht er nähere Bekanntschaft mit den Hundezähnen, so trifft diese Person zumindest ein Mitverschulden – und sie muss einen Teil des entstandenen Schadens selber berappen. Den Rest übernimmt die Privathaftpflicht-Versicherung des Hundehalters.

fassung, ein Entlastungsbeweis müsse sehr strengen Anforderungen genügen. Es hegte nämlich Zweifel, ob die Frau alles Nötige unternommen hatte, damit das Tier nicht aus der Küche entweichen konnte.

Was viele nicht wissen: Verursacht eine Katze einen Schaden (z. B. Zerkratzen des Stoffes eines Cabrio-Autoverdecks), kann man den Besitzer der Katze nicht haftbar machen. Denn Katzen dürfen frei herumstreunen; niemand kann verlangen, dass Katzenhalter ihr Tier permanent einsperren.

Produktehaftpflicht: Die Haftung der Hersteller von Waren

Das Produktehaftpflicht-Gesetz besagt: Verursacht ein fehlerhaftes Produkt einen Schaden, haben Konsumentinnen und Konsumenten Anspruch auf Schadenersatz.

Schadenersatz umfasst Körper- und Sachschäden. Zahlen muss der Hersteller.

Seit dem 1. Januar 1994 gilt eine etwas schärfere Produktehaftpflicht. Sie ist aber nur als milde Kausalhaftung ausgestaltet (siehe Kasten auf Seite 77). Voraussetzung für die Haftung ist ein fehlerhaftes Produkt. Dies ist dann der Fall, wenn das Produkt nicht die Sicherheit bietet, die man unter Berücksichtigung aller Umstände erwarten darf.

Was heisst dies aber genau? Wichtig bei der Beurteilung der Fehlerhaftigkeit ist die Art und Weise, wie das Produkt angepriesen wurde. Der Hersteller hat dabei aber eine Reihe von Entlastungsmöglichkeiten.

Deshalb ist in der Schweiz im Vergleich zu den USA die Haftung viel weniger scharf.

Zu seiner Entlastung kann der Hersteller bei uns beispielsweise behaupten, der Fehler habe nach dem damaligen Stand von Wissenschaft und Technik (zum dem Zeitpunkt, als das Produkt ent-

Tipp

Produkteschaden: So gehen Sie vor

Das müssen Sie bei einem Produktehaftpflicht-Fall tun:
- Fotografieren Sie aus Beweisgründen das fehlerhafte Produkt und den Schaden. Bewahren Sie das fehlerhafte Produkt auf.
- Fragen Sie den Verkäufer, wer der Hersteller ist. Sowohl der Verkäufer als auch der Lieferant sind verpflichtet, den Namen des Herstellers oder des Importeurs bekannt zu geben. Sonst gilt der Verkäufer als Hersteller und dann haftet er auch.
- Schicken Sie dem Hersteller möglichst bald einen eingeschriebenen Brief. Beschreiben Sie darin den Schaden genau. Teilen Sie ihm darin mit, wie viel Geld Sie als Schadenersatz verlangen. Falls Sie die voraussichtliche Schadensumme noch nicht genau beziffern können, behalten Sie sich im Schreiben vor, später noch mehr zu verlangen.
- Sie können den Schaden innerhalb von drei Jahren seit Kenntnis geltend machen – aber längstens bis zehn Jahre, nachdem das Produkt auf den Markt kam.
- Bewahren Sie aus Beweisgründen alle Belege auf (Kaufbelege, Arztrechnungen und -zeugnisse, Reparaturquittungen).

Die Haftung der Geschäftsleute

Die gleichen Regeln wie beispielsweise für Tierhalter gelten für den Geschäftsherrn oder die Geschäftsfrau: Sie haften, wenn ihr Geschäft einem Dritten einen Schaden zufügt. Sie tragen also die Verantwortung für den Schaden, den ihre Arbeitnehmer oder andere Hilfspersonen in Ausübung ihrer dienstlichen oder geschäftlichen Pflichten verursachen.

Wie das Familienoberhaupt oder der Tierhalter können sie aber ins Feld führen, sie hätten jede erforderliche Sorgfalt angewendet, um den Schaden zu vermeiden.

Entscheidend ist aber: Unter dem Titel Geschäftsherrenhaftung können Unternehmen nur dann belangt werden, wenn Angestellte, die für die betreffende Geschäftstätigkeit angestellt sind, einen Schaden anrichten.

Geschäftsinhaber oder Direktoren selber gelten nicht als Geschäftsherren oder Geschäftsfrauen. Verursachen sie einen Schaden, so haften sie selber deshalb nicht persönlich, sondern es haften die Firmen, bei denen sie angestellt sind.

wickelt wurde) nicht erkannt werden können.

Bei Sachschäden gilt ein Selbstbehalt von 900 Franken
Das sind die wichtigsten Details der Entschädigung gemäss Produktehaftpflicht:
- Bei Sachschäden müssen Betroffene einen Selbstbehalt von 900 Franken tragen.
- Bei Personenschäden sieht das Gesetz keinen Selbstbehalt vor. Anfallende Arztkosten durch ein defektes Produkt sind also vollumfänglich bezahlt.
  Tipp: Lassen Sie sich allfällige Arztkosten von der Krankenkasse zahlen (etwa wenn Sie Hausfrau sind) oder von der Unfallversicherung (gilt für Angestellte). Falls Sie bei der Krankenkasse einen Selbstbehalt zahlen müssen, können Sie diesen dem Hersteller in Rechnung stellen.
- Das Produktehaftpflicht-Gesetz gilt nur für Produkte, die ab 1994 in Verkehr gebracht wurden. Zudem kommt es nur dann zur Anwendung, wenn das fehlerhafte Produkt für den privaten Gebrauch bestimmt war, also nicht für geschäftliche Zwecke verwendet wurde.

Die Haftung des Autohalters

Wird ein Mensch durch ein Motorfahrzeug getötet oder verletzt, so haften Fahrzeughalterinnen oder -halter für den zugefügten Schaden. Das gilt auch für den Sachschaden, der von einem Motorfahrzeug verursacht wird. So will es das Gesetz – das Verschulden ist dabei keine Voraussetzung.

Weil das Auto eine erhebliche Gefährdung der übrigen Strassenbenützer mit sich bringt, hat der Gesetzgeber hier die scharfe Haftung eingeführt. Die Juristen sprechen von Gefährdungshaftung (siehe Kasten auf Seite 77).

**5
Haftpflicht:
Wer ist
wann
haftbar?**

Der Halter haftet: Diese Regel klingt einfach. Bloss: Wer ist Halter oder Halterin? Ist es nur die Person, auf die das Auto eingetragen ist und die die Haftpflichtversicherung abgeschlossen hat und zahlt? Wie steht es mit dem Geschäftsauto, das dem Servicemonteur zur beruflichen und auch persönlichen Nutzung übergeben wurde? Ist die Ehefrau, die gelegentlich das Auto ihres Mannes lenkt, auch Halterin? Wie steht es mit dem Mietauto? Die Antworten auf diese Fragen haben in der Praxis gravierende Konsequenzen, denn der Halter selber ist nicht versichert (siehe Kasten unten).

Mithalter(in) oder nicht?
Es kommt auf die Umstände an
Eine Hausfrau verunfallte mit dem Personenwagen ihres Mannes auf einer Strasse, die durch gefrorenes Schmelzwasser stark vereist war. Sie erlitt schwere Schädel- und Hirnverletzungen und wurde zu 80 Prozent invalid.

Die Autohaftpflicht-Versicherung des Ehemannes lehnte jegliche Leistungen für den künftigen Erwerbsausfall ab mit dem Argument, die Ehefrau sei Mithalterin des Personenwagens gewesen.

Das Bundesgericht pfiff die Versicherung aber zurück und verpflichtete sie, der Frau für den Invaliditätsschaden eine Kapitalabfindung zu bezahlen.

Das Beispiel illustriert: Ob Ehepartnerinnen oder -partner Mithalter eines Autos sind, entscheidet sich aufgrund der konkreten Verhältnisse:

■ Wenn beispielsweise die Frau jederzeit über das Auto verfügen

Der Halter selber ist nicht versichert

Die obligatorische Motorfahrzeug-Haftpflichtversicherung zahlt Personen- und Sachschäden, die der Halter oder ein anderer berechtigter Lenker Dritten zufügt – zum Beispiel Mitfahrern (auch Ehepartner), Velofahrern, Fussgängern oder anderen Autofahrern.

Aber: Eine Person, die ihr eigenes Fahrzeug selber lenkt und sich bei einem Unfall selber verletzt, muss den Gesundheitsschaden, den sie sich selber zugefügt hat, aus der eigenen Tasche zahlen (bzw. der Krankenkasse übergeben).

Das gilt ebenso für den Schaden am eigenen Auto und auch für alle übrigen Sachschäden. Wenn also der Autohalter sein eigenes Garagentor demoliert, so ist das über die obligatorische Autohaftpflicht-Versicherung nicht versichert.

Aber: Wenn ein Halter das Auto jemandem zur Verfügung stellt, der nicht Mithalter ist, und diese Person baut einen Unfall, muss die Autohaftpflicht-Versicherung des Autohalters für den Personenschaden des Lenkers aufkommen – obwohl der Entleiher selber am Steuer sass.

In solchen Fällen kann die Versicherung allerdings einen Gefälligkeitsabzug machen (siehe Seite 121f.). Damit berücksichtigt sie, dass der Autohalter einem Bekannten oder Verwandten einen Gefallen tat – und bei Gefälligkeiten (ohne Eigeninteresse) sieht das Obligationenrecht eine Haftungsreduktion vor.

Geschäftsauto auch in der Freizeit: Der Fahrer wird Halter

Benützt ein Angestellter das Firmenauto nur während der Geschäftszeit, so gilt er nicht als Halter.

Kann er jedoch den Wagen mit nach Hause nehmen und ihn auch privat fahren, wird der Angestellte zum Halter – dies selbst dann, wenn die Firma Eigentümerin des Fahrzeuges bleibt, die Versicherungsprämien bezahlt und die Firma im Fahrzeugausweis als Halterin eingetragen ist. In einem neueren Fall aus dem Jahr 2002 umschreibt das Bundesgericht den Sachverhalt so: «Steht das Fahrzeug dem Arbeitnehmer nicht bloss zu geschäftlichen Zwecken zur Verfügung und kann er damit nicht bloss gelegentlich private Fahrten ausführen, sondern im Wesentlichen frei über die Verwendung entscheiden, so wird er zum Halter, selbst wenn er das Auto vorwiegend mit Rücksicht auf die geschäftlichen Bedürfnisse seines Arbeitgebers einsetzt.»

---

kann, ist sie höchstwahrscheinlich Mithalterin.

■ Nicht Mithalterin ist sie aber, wenn der Mann das Auto täglich für den Weg zur Arbeit braucht und auch in der Freizeit einer Beschäftigung nachgeht, bei der er auf das Auto angewiesen ist; hier kann die Ehefrau das Auto nur gelegentlich benützen.

Im oben erwähnten Fall der Hausfrau gaben diese Umstände den Ausschlag, dass das Bundesgericht sie nicht als Fahrzeughalterin betrachtete.

Wer nur ab und zu ein Mietauto fährt, wird nicht Halter

Die Frage nach der Mithalterschaft bzw. Halterschaft stellt sich auch beim Geschäftsauto (siehe Kasten oben) – und auch beim Mietauto: Hat die Mieterin den PW für längere Zeit gemietet, so wird sie zur Halterin.

Dabei gibt es keine genau festgelegte Frist. Klar ist aber, dass man *nicht* Halter wird, wenn man das Auto nur für eine einmalige Zügelaktion mietet.

Wer hingegen ein Auto least und eine monatliche Leasinggebühr bezahlt, gilt mit Sicherheit als Halter – und muss unter Umständen mit unliebsamen versicherungstechnischen Konsequenzen leben (siehe Kasten auf der Seite links).

Schäden bei Hilfeleistungen: Unbeteiligte haften nicht

Es kommt immer wieder vor, dass Autofahrer nach einem Unfall Hilfe leisten und dabei den Schaden noch vergrössern – sei es, dass sie durch unsachgemässen Transport von Verwundeten die Körperverletzung verschlimmern oder zusätzlichen Sachschaden beim Sichern der Unfallstelle verursachen.

Verursacht ein Unbeteiligter bei einer Hilfeleistung einen Schaden, ist dafür ebenfalls die Autohaftpflicht-Versicherung des Halters des unfallverursachenden Fahrzeuges zuständig.

**5
Haftpflicht:
Wer ist
wann
haftbar?**

Auch ein Garagist haftet, falls er mit dem Fahrzeug, das ihm zur Reparatur übergeben wurde, einen Schaden anrichtet. So lange sich das Fahrzeug in der Obhut des Garagisten befindet, ist der Halter des Autos aus der Haftpflicht entlassen.

Wenn Dritte schuld sind, haftet der Autohalter nicht
Fahrzeughalter oder -halterinnen sind von der Haftpflicht befreit, falls sie beweisen können, dass der Unfall durch höhere Gewalt, grobes Selbstverschulden des Geschädigten oder durch einen Dritten verursacht wurde.

Um ein grobes Selbstverschulden des Geschädigten handelt es sich beispielsweise, wenn ein Fussgänger sträflich unvorsichtig auf die Fahrbahn tritt oder eine Radfahrerin ohne jegliche Bremsbereitschaft aus einer Seitenstrasse in ein korrekt fahrendes Auto prallt.

Der Fussgänger, der unerwartet die Fahrbahn überquert, ohne auf den Verkehr zu achten, handelt grob fahrlässig. Falls den Halter des Fahrzeuges keinerlei eige-

Die Strolchenfahrt: Es drohen sehr harte Konsequenzen

Was gilt, wenn jemand ein Auto entwendet und es für eine Strolchenfahrt benützt? In einem solchen Fall haftet der Strolch, wie wenn er selber der Halter wäre.

Der Halter des Autos bleibt aber ebenfalls haftpflichtig gegenüber den verletzten Drittpersonen – nicht aber gegenüber denjenigen, die das Fahrzeug entwendet haben.

Nehmen wir das Beispiel eines 18-jährigen Lehrlings. Er klaut seinem Vater den Autoschlüssel und unternimmt mit seinem Freund eine Spritzfahrt. Der Freund lenkt das Fahrzeug, weil er den Führerschein besitzt.

Das Strolchenduo verursacht einen schweren Verkehrsunfall, bei welchem der entgegenkommende Fahrzeuglenker getötet wird und beide Jugendlichen eine Querschnittlähmung erleiden.

Für den Schaden, welcher der Familie des getöteten Fahrzeuglenkers entsteht, haften der Lehrling und sein Freund in vollem Umfang – aber auch die Autohaftpflicht-Versicherung des Vaters des Lehrlings (für den Fall, dass die Strolche den Schaden selber nicht voll entschädigen können). Die Autohaftpflicht-Versicherung des Vaters kann aber auf die beiden Jugendlichen zurückgreifen (Regress nehmen).

Ein solches Ereignis kann also einen jungen Menschen nicht nur gesundheitlich, sondern auch finanziell bis ans Lebensende ruinieren. Zumal die Autohaftpflicht-Versicherung des Vaters für den Gesundheitsschaden, den die beiden querschnittgelähmten Freunde erleiden, keinen Rappen zahlt.

Zwar vergütet die Unfallversicherung die Heilungskosten der beiden Jungen, sie kann aber das Taggeld der beiden wegen grober Fahrlässigkeit kürzen. Weil sie Lehrlinge sind, ist das Taggeld ohnehin sehr tief; bei bleibender Invalidität fällt in diesem Fall eine Rente ebenfalls gering aus, weil die beiden einerseits vor dem Unfall noch nicht viel verdienten und weil andererseits die Rente gekürzt wird.

nes Verschulden trifft und das Fehlverhalten des Fussgängers als alleinige Unfallursache zu betrachten ist, kann der Fahrzeughalter von der scharfen Haftung befreit werden.

Einen völligen Ausschluss der Haftung gibt es jedoch nur in sehr wenigen Fällen. Dem Geschädigten muss ein krasses Fehlverhalten vorgeworfen werden können, das durch nichts zu entschuldigen ist.

Bei Kindern darf nur sehr zurückhaltend grobe Fahrlässigkeit angenommen werden. So wurde beispielsweise das Walliser Kantonsgericht vom Bundesgericht zurückgepfiffen: Das Walliser Gericht hatte sich geweigert, ei-

Frage

Unschuldig in einen Unfall verwickelt: Warum bin ich trotzdem haftbar?

In der Innenstadt ist mir ein ungeübter Inline-Skater seitlich in den Wagen gefahren. Die Reparatur meines Autos kostete über 500 Franken, der Skater war verletzt. Jetzt erfahre ich, dass die Privathaftpflicht-Versicherung des Inline-Skaters den Schaden an meinem Auto nicht vollständig ersetzen will. Mehr noch: Meine eigene Autohaftpflicht-Versicherung muss sogar noch einen Teil der Arztkosten des Inline-Skaters übernehmen, obwohl ich doch völlig unschuldig bin. Warum ist das so?

Autos stellen eine grosse Gefahr für schwächere Verkehrsteilnehmer dar. Weil dieses Gefährdungspotenzial des Autos massiv ist, müssen alle Autofahrer nach Gesetz im Prinzip einen Teil der Haftung quasi automatisch übernehmen, sobald sie sich mit dem Auto auf die Strasse begeben und so eine Gefahrenquelle in die Welt setzen. Oder anders ausgedrückt: Autos sind schon an sich eine Gefahr. Die Juristen sprechen in diesem Zusammenhang von Betriebsgefahr und Gefährdungshaftung (siehe Kasten auf Seite 77).

Fazit: Bei allen Zusammenstössen zwischen Autos und schwächeren Verkehrsteilnehmern bleibt in den allermeisten Fällen ein Teil des Schadens am Automobilisten beziehungsweise an seiner Autoversicherung hängen – selbst wenn er am Unfall an sich unschuldig ist.

Wenn ein Hund ins Auto rennt, gilt gemäss Gerichtspraxis Folgendes: Kann bei einer Kollision dem Motorfahrzeuglenker kein Verschulden vorgeworfen werden und liegt auch beim Tierhalter über die mangelnde Beaufsichtigung hinaus kein zusätzliches Verschulden vor, werden die Haftungsquoten in der Gerichtspraxis häufig im Verhältnis von einem Drittel zu zwei Dritteln zulasten des Automobilisten festgelegt.

Ein zusätzliches Verschulden des Tierhalters würde die Haftungsquote des Fahrzeuglenkers verringern.

Vollständig könnte die Gefährdungshaftung des Autohalters nur dann aufgehoben sein, falls der «Unfallgegner» einen krassen Fehler gemacht und damit den Unfall grob fahrlässig verursacht hat.

nen 9-jährigen Knaben zu entschädigen, nachdem dieser von einem mit über 130 km pro Stunde daherbrausenden Sportwagen überfahren worden war.

Die Verweigerung erfolgte gemäss Bundesgericht aber zu Unrecht, die Autohaftpflicht-Versicherung des Rasers musste den Schaden übernehmen.

Das Bundesgericht reduzierte aber die Haftung des Automobilisten um 20 Prozent, weil der Knabe mit seinem Fahrrad vorschriftswidrig eine Strasse mit viel Verkehr hatte überqueren wollen.

Keine Sicherheitsgurten getragen: Weniger Geld

Auch als Insasse kann man sich grob fahrlässig verhalten, beispielsweise wenn man keine Sicherheitsgurten trägt. Hier wird in der Regel ein Abzug von 10 Prozent vorgenommen.

Dieser Abzug kam auch bei einer Frau ins Spiel, die als Lenkerin unterwegs war mit einem Auto, das ihr nicht gehörte (sie war also nicht Halterin und deswegen versichert).

Als die Fahrerin auf einer schneebedeckten Strasse ins Schleudern geriet, dabei schwer verunfallte und teilinvalid wurde, nahm das Bundesgericht einen Abzug von 20 Prozent vor. Der Abzug erfolgte, weil sie keine Sicherheitsgurten getragen hatte (10 Prozent) und wegen unangepasster Fahrweise (10 Prozent).

Keine Reduktion der Haftung des Autohalters akzeptierte das Gericht, als ein Fussgänger, der sich bereits auf dem Fussgängerstreifen befand, zögerte, nachdem er das herannahende Fahrzeug bemerkt hatte. Für das Gericht war das «unglückliche Verhalten» des Fussgängers noch kein Verschulden.

Unfälle mit verschiedenen Fahrzeuglenkern

Wenn verschiedene Fahrzeuglenker einen Unfall verursachen, haften sie entsprechend ihrem Verschulden. Natürlich kommt es ab und zu vor, dass der eine Motorfahrzeuglenker den Unfall grob fahrlässig verursacht, während der andere völlig korrekt gefahren ist. In diesen Fällen ist allein der grob fahrlässige Halter haftpflichtig.

Häufiger jedoch begeht ein Fahrer oder eine Fahrerin eine leichte Unvorsichtigkeit, während der andere Lenker massiv gegen die Verkehrsregeln verstösst. Hier wird die Haftung entsprechend dem Verschulden abgestuft.

Dazu zwei Beispiele aus der Gerichtspraxis:

■ Zwei Lastwagen kollidierten seitlich beim Befahren einer engen Bergstrasse. Der bergwärts fahrende Lastwagen fuhr in einer Rechtskurve leicht über die Mittellinie hinaus, während der talwärts fahrende Truck sich hart der Leitlinie entlang bewegte. Der bergwärts fahrende Laster musste zwei Drittel, der talwärts fahrende einen Drittel des Schadens übernehmen. Die Haftpflichtversicherungen der beiden Fahrzeuge mussten die Kosten entsprechend den Verschuldensanteilen ihrer Versicherten übernehmen.

■ Ein Personenwagen kollidierte mit einem Roller, dessen Fahrer die Kurve schnitt. Der Personenwagenlenker musste sich übersetzte Geschwindigkeit und unangebrachtes Überholen auf nasser Strasse vorwerfen lassen. Der Autofahrer musste zwei Drittel, der Lenker des Rollers einen Drittel des Schadens tragen. ■

**5
Haftpflicht:
Wer ist
wann
haftbar?**

6 So wird der Unfall-Schaden berechnet
Die Kosten für Lohnausfall und Betreuung

Wenn eine Drittperson am Unfall schuld ist, muss sie dem Opfer den vollen Schaden ersetzen. Betroffene sollten deshalb in der Lage sein, ihre finanzielle Einbusse genau zu beziffern. Tragen Unfallopfer allerdings am Unfall eine Mitschuld, erhalten sie weniger Geld, weil dann die Haftung des «Täters» reduziert ist.

Wer einer anderen Person einen Schaden zufügt, hat dafür grundsätzlich geradezustehen. Besitzt der Schädiger eine Haftpflichtversicherung, so muss er den Schaden nicht selber zahlen, sondern kann ihn der Versicherung übertragen.

Nach einem Unfall muss aber zunächst die Unfallversicherung alle Kosten des Unfallopfers übernehmen. Später kann dann die Unfallversicherung den Schädiger oder die Schädigerin (bzw. dessen Haftpflichtversicherung) zur Kasse bitten, die dann die Kosten der Unfallversicherung ganz oder teilweise zurückzahlen müssen.

Das Gleiche gilt, wenn die Krankenkasse für die Heilungskosten aufgekommen ist (siehe Seite 122 ff.).

Das sind die verschiedenen Elemente des Schadens

Der Schaden, von dem in diesem Buch die Rede ist, wird definiert als der Unterschied zwischen dem Vermögen vor und nach dem Unfall. Diese Vermögensdifferenz kann entstehen, wenn Verunfallte keinen Lohn mehr beziehen, weil sie invalid geworden sind, oder wenn sie ein beschädigtes Auto ersetzen müssen oder wenn sie Arztkosten haben oder wenn sie für fremde Pflege und Betreuung zahlen müssen.

Dabei gilt es, zwischen Personen-, Sach- und Vermögensschäden zu unterscheiden:

■ Zu den **Personenschäden** (Körperschäden) gehören Arzt- und Spitalkosten (siehe S. 100f.). Diese Kosten werden in einem ersten Schritt von der Unfallversicherung übernommen – egal, ob man obligatorisch oder freiwillig gegen Unfall versichert ist. Allerdings wird die Unfallversicherung später auf den Verursacher des Schadens zurückgreifen und damit von ihrem Regressrecht Gebrauch machen (siehe «Stichwort Regress» auf Seite 122).

Schäden an Tieren werden teurer

Seit dem 1. April 2003 ist die rechtliche Stellung von Haustieren gegenüber früher deutlich verbessert; betroffen sind also insbesondere Hunde und Katzen. Wer ein Tier verletzt, muss deshalb mehr zahlen:

■ Wurde bisher beispielsweise ein Hund im Wert von 200 Franken angefahren, hatte sein Besitzer früher vom Täter nur diesen Betrag zugut, auch wenn die Tierarztkosten viel höher ausfielen. Neu muss der Schädiger bzw. seine Haftpflichtversicherung die ganzen Heilungskosten übernehmen.

■ Neu ist auch der so genannte Affektionswert zu ersetzen; der Tierbesitzer erhält also eine Art Schmerzensgeld für seinen getöteten oder verletzten Liebling.

Auch die Bestattungskosten (siehe Seite 101 f.) zählen zu den Personenschäden, ebenso
■■ Versorgerschaden (siehe Seite 102 ff.),
■■ Lohnausfall (Erwerbsausfall, siehe Seite 105 ff.),
■■ Haushaltschaden (siehe Seite 110 ff.) sowie
■■ Pflege- und Betreuungsschaden (siehe Seite 116 f.).

■ Zu den **Sachschäden** gehören alle defekten persönlichen Utensilien und sonstigen Besitztümer des Geschädigten. Der Schädiger bzw. seine Haftpflichtversicherung muss jedoch dem Opfer nur den aktuellen Zeitwert der beschädigten Gegenstände ersetzen und nicht den Neuwert, der beim Kauf gezahlt wurde.

Es gibt allerdings namhafte Juristen, die die Ansicht vertreten, bei Gegenständen des täglichen Lebens (wie zum Beispiel Kleider) müsse die Haftpflichtversicherung den Neupreis ersetzen.

Macht eine geschädigte Person Schadenersatz geltend, muss sie den Schaden auch beweisen können. Sie sollte also sämtliche Belege, Rechnungen, Expertisen, Arztzeugnisse usw. aufbewahren, damit sie die einzelnen Positionen belegen kann.

■ Zu den **Vermögensschäden** gehören Schädigungen, die weder einen Personen- noch einen Sachschaden darstellen. Dabei wird das Vermögen vor und nach dem schädigenden Ereignis verglichen.

Ein Beispiel: Wenn sich eine fettleibige Patientin für 20 000 Franken operieren lässt, weil ihr der Arzt in Aussicht stellte, die Krankenkasse werde diese Kosten übernehmen, erleidet sie einen Vermögensschaden, falls die Kasse dann nicht bezahlt.

Einen Vermögensschaden erleidet auch, wer sich unterbinden lässt und dann ein behindertes

In diesem Kapitel

Seite 98	Das sind die wichtigsten Schadenposten im Überblick
Seite 100	Die Heilungskosten
Seite 101	Die Bestattungskosten
Seite 102	Die Berechnung des Versorgerschadens
Seite 103	So wird das künftige Einkommen geschätzt
Seite 104	Was passiert, wenn eine Witwe wieder heiratet?
Seite 105	Die Berechnung des Lohnausfalls
Seite 106	Die Kapitalisierung des künftigen Schadens
Seite 107	Beispiele für die Berechnung des Lohnausfalls
Seite 110	Die Berechnung des Haushaltschadens
Seite 112	Tabelle: Der Zeitaufwand für Hausarbeit und Kinderbetreuung
Seite 114	Der Haushaltschaden von Teilzeitlerinnen und voll Berufstätigen
Seite 116	Die Berechnung des Pflege- und Betreuungsschadens
Seite 118	In diesen Fällen ist die Haftung des «Täters» reduziert
Seite 122	Die wichtigsten Details zum Regress
Seite 125	Das Haftungsprivileg der Verwandten

**6
Haftpflicht:
So wird der
Schaden
beziffert**

Verhinderte Ferien: Der Schädiger muss Ersatz zahlen

Kann ein Opfer die gebuchten und vorausbezahlten Ferien nicht antreten, muss ihm der «Täter» die Kosten für das Nachholen der Ferien ersetzen. Die zu entschädigenden Nachhol-Ferien dürfen aber nicht viel teurer sein als der ausgefallene Urlaub.

Die geschädigte Person ihrerseits muss aber alles tun, um den Schaden gering zu halten – also beispielsweise sofort die Reise absagen, falls klar ist, dass sie nicht reisefähig sein wird. Hat der verhinderte Tourist eine Annullierungskosten-Versicherung, die den Schaden übernimmt, muss der Schädiger nichts zahlen.

Keinen Ersatz haben aber Geschädigte zugut, falls sie «nur» gewisse Annehmlichkeiten nicht mehr geniessen können. Dass man nach einem Unfall das private Schwimmbad, das Luxusauto oder die teure Polstergruppe nicht mehr benutzen kann, gibt keinen Anspruch auf Entschädigung.

Kind auf die Welt bringt. Nach Schweizer Rechtsprechung stellt ein unerwünschtes Kind (im Unterschied etwa zu Deutschland) grundsätzlich keinen Schaden dar. Der Mehraufwand für ein behindertes Kind muss aber nach Ansicht von namhaften Haftpflichtrechtlern auch bei uns vom Haftpflichtigen bezahlt werden.

Die Mehrkosten für das Nachholen der unfallbedingt ausgefallenen Ferien stellen ebenfalls einen Vermögensschaden dar, der zu ersetzen ist (siehe Kasten oben).

Ein Vermögensschaden ist im Grundsatz immer dort zu ersetzen, wo das Gesetz von «Schaden» spricht. Das ist bei den meisten Haftpflichtbestimmungen von Obligationenrecht und Zivilgesetzbuch der Fall (betrifft also beispielsweise Hauseigentümer, Werkeigentümer, Familienoberhäupter usw.).

Ersetzen muss der Schädiger aber nicht nur den gesundheitlichen und materiellen, sondern auch den seelischen Schaden; das ist die Genugtuung (auch Schmerzensgeld genannt, siehe dazu das Kapitel auf S. 126 ff.).

Die Heilungskosten

Ist jemand für die Körperverletzung einer Person verantwortlich, so bleiben diese Kosten im Prinzip weder an der Kranken- noch an der Unfallversicherung hängen. Vielmehr muss sie der Haftpflichtige oder – falls vorhanden – seine Haftpflichtversicherung übernehmen.

Allerdings gilt auch hier: Zu ersetzen sind nur die effektiv entstandenen Kosten (siehe Kasten auf der Seite rechts).

Damit aber Geschädigte nicht mit leeren Händen und unbezahlten Arzt- und Spitalkosten dastehen, bis die haftpflichtige Person den Schaden vergütet, ist die Unfallversicherung verpflichtet, die Unfallkosten zunächst einmal selber zu zahlen; allenfalls fällt diese so genannte Vorleistungspflicht auf die Krankenkasse, falls das Opfer keine UVG-Unfallversicherung hatte (siehe Seite 55 ff.).

Erst anschliessend greifen Unfallversicherung bzw. Krankenkasse auf den Haftpflichtigen zurück (siehe Details auf Seite 122 ff.).

Die Bestattungskosten

Der Tod eines Menschen bringt nicht nur Trauer und Leid, sondern meist auch unabsehbare finanzielle Folgen. Wer den Tod eines Menschen verursacht hat, muss für die Folgekosten aufkommen.

Das Gesetz formuliert es so: «Im Falle einer Tötung» muss der Verursacher «die entstandenen Kosten, insbesondere diejenigen der Bestattung» ersetzen. «Ist der Tod nicht sofort eingetreten, so muss namentlich auch für die Kosten der versuchten Heilung und für die Nachteile der Arbeitsunfähigkeit Ersatz geleistet werden.»

Und: «Haben andere Personen durch die Tötung ihren Versorger

Frage

Muss mir der Schuldige die Privatabteilung zahlen?

**Ich wurde unschuldig in einen Autounfall verwickelt und landete im Spital. Da klar war, dass der andere Autofahrer schuld war und seine Haftpflichtversicherung alles zahlen muss, habe ich mir die Privatabteilung geleistet – obwohl ich sonst nur allgemein versichert bin.
Jetzt weigert sich die Haftpflichtversicherung des Schuldigen, mir die Kosten für die private Abteilung zu zahlen; sie will nur die allgemeine Abteilung zahlen. Kann ich mich dagegen wehren?**

Nein. Wenn ein Haftpflichtiger jemandem einen Körperschaden zufügt, so gilt im Grundsatz: Die geschädigte Person hat Anspruch auf jene Behandlung, die sie auch im Normalfall in Anspruch genommen hätte.

Wer also allgemein versichert ist, kann auch nur auf den Kosten für die allgemeine Behandlung beharren. Und Halbprivat-Versicherte können sich nicht auf Kosten der Haftpflichtversicherung des Schuldigen die Privatabteilung leisten, sondern müssen eben halbprivat liegen oder die Differenz selber zahlen.

Das gilt bei allen Unfällen, nicht nur im Strassenverkehr, und es ergibt sich aus der Schadenminderungspflicht des Geschädigten (siehe Seite 120).

Allerdings muss diese Schadenminderung zumutbar sein. Falls die benötigte Arztbehandlung nur im Rahmen etwa einer Halbprivatabteilung möglich ist, muss die Haftpflichtversicherung des Schuldigen diese Kosten auch bei sonst Allgemeinversicherten zahlen.

Betroffene sollten sich aber in einem solchen Fall von einem Arzt bestätigen lassen, dass die höherklassige Behandlung medizinisch auch nötig ist – sonst müssen sie den Aufpreis selber zahlen. Es kommt nämlich immer wieder vor, dass Spitäler aus purem Eigennutz den Allgemeinversicherten eine höhere Abteilung empfehlen, weil die Behandlungen dort für die Spitäler selber lukrativer sind.

**6
Haftpflicht:
So wird der
Schaden
beziffert**

verloren, so ist auch für diesen Schaden Ersatz zu leisten.»

Deshalb hat die Familie eines verstorbenen Familienvaters nicht nur seinen vollen Lohnausfall zugut – berechnet für die künftige Zeitdauer, während der der Verstorbene noch erwerbstätig gewesen wäre; Schädiger und Schädigerin müssen auch die Unkosten fürs Begräbnis und für allfällige Spital- und Heilungskosten ersetzen. Diese Heilungskosten müssen Schädiger der Unfallversicherung zurückzahlen, falls diese zuvor für die Heilungskosten des Geschädigten aufgekommen ist.

Zu den Bestattungskosten gehören die Anschaffung der Trauerkleidung, die Kosten für Todesanzeigen, die Beerdigungsfeier, das Traueressen, Sarg sowie Grabstein samt erster Bepflanzung des Grabes. Im Weiteren muss der Schädiger bzw. seine Haftpflichtversicherung auch das Präparieren und die Überführung des Leichnams zahlen.

Stichwort

Versorger

Beim Tod des Familienernährers verlieren Gattin oder Gatte und die Kinder ihren Versorger. Doch auch die Freundin kann ihren Versorger verlieren, wenn sie beispielsweise in Ausbildung steht und dabei vom verstorbenen Freund finanziell unterstützt wurde.

Die Unterstützung muss regelmässig gewährt worden sein, wenn man einen Versorgerschaden geltend machen will. Gelegentliche Geschenke, Zuschüsse aller Art, zum Beispiel Erbvorbezüge und dergleichen, fallen nicht darunter.

Als Versorger gilt aber auch, wer mit grosser Wahrscheinlichkeit jemanden in Zukunft unterstützt hätte. Relativ eindeutig ist dies beim Bräutigam, der seine Verlobte nach der Heirat sogar aufgrund einer gesetzlichen Vorschrift hätte unterstützen müssen. Also: Wird ein Bräutigam knapp vor der Hochzeit getötet, kann die Verlobte einen Versorgerschaden geltend machen.

Ebenso verhält es sich im Prinzip bei noch nicht erwerbstätigen Kindern, die ihren Eltern gemäss der Verwandtenunterstützungspflicht möglicherweise dereinst finanziell unter die Arme greifen müssen. Eltern können also grundsätzlich einen Versorgerschaden erleiden, falls ein minderjähriges Kind getötet wird. Wie wahrscheinlich es ist, dass eine solche Unterstützung tatsächlich erfolgt wäre – dies beurteilt sich nach den konkreten Umständen.

Beispiel: Eltern, die in prekären finanziellen Verhältnissen leben und vom Sozialamt unterstützt werden müssen, dürfen damit rechnen, dass ihr hoch begabtes Kind dereinst ein ausreichendes Einkommen hätte erzielen können, um sie finanziell zu unterstützen.

Der Versorgerschaden

Wenn ein berufstätiges Familienoberhaupt getötet wird, verlieren seine nicht berufstätige Frau (oder der nicht berufstätige Hausmann) sowie die Kinder ihren Versorger. Die Person, die diesen Tod zu verantworten hat, muss den hinterbliebenen Familienmitgliedern den materiellen Schaden ersetzen, den sie durch den Todesfall erleiden.

Als Versorger oder Versorgerin gelten aber nicht nur diejenigen, die aufgrund einer gesetzlichen Verpflichtung Unterhalt bezahlen, sondern auch all jene, die eine Person freiwillig unterstützen (sie-

Schwierige Schätzung: Wäre das Einkommen gestiegen?

Die Schätzung des künftigen Einkommens ist im Einzelfall nicht einfach und gibt immer wieder Anlass zu Auseinandersetzungen mit der Versicherung des Haftpflichtigen.

Ein Beispiel: Ein heute invalider Buchhalter verdiente zum Zeitpunkt seines Unfalls 7000 Franken monatlich und stand damals mitten in der Ausbildung zum Controller; er hätte die Ausbildung demnächst abgeschlossen. Ein Freund von ihm arbeitete in der gleichen Firma und verdiente 1000 Franken mehr pro Monat; der Buchhalter hatte selber bereits ein entsprechendes Angebot von seiner Firma in der Tasche.

In diesem Fall dürfte es einfach sein, der Versicherung klarzumachen, dass sich sein künftiges Einkommen erhöht hätte.

Schwieriger wäre es für den Buchhalter, wenn er kein solches Angebot und auch keinen Freund hätte, der seine guten Zukunftsaussichten bezeugen könnte. Die Versicherung könnte dann unter anderem behaupten, die zusätzliche Qualifikation auf dem Arbeitsmarkt sei nutzlos, weil keine Nachfrage nach Controllern bestehe.

Der invalide Buchhalter muss dann seinerseits beweisen, dass auf die ganze Erwerbszeit hinaus betrachtet seine Aufstiegschancen mit Sicherheit verbessert worden wären und er mit dieser Qualifikation – wenn nicht mit einem Controller-Posten, so doch auf jeden Fall mit einer leitenden Position – hätte rechnen können.

Wenn sich Versicherung und Anspruchsberechtigter nicht einigen, muss am Ende das Gericht entscheiden.

---

he «Stichwort Versorger» auf der Seite links).

Wichtiger Unterschied: Bei den Sozialversicherungen erhalten nur die überlebenden Ehegatten und die Kinder eine Hinterlassenenrente (siehe Seite 39 ff.). Von einem Versorger *freiwillig* unterstützte Personen hingegen haben bei der Unfallversicherung kein Anrecht auf eine weitere Unterstützung – wohl aber von einem Haftpflichtigen.

Die Witwe erhält nicht den ganzen Versorger-Lohnausfall

Fällt der Versorger weg, so ist die Berechnung der Entschädigung dann einfach, wenn der Versorger monatlich einen bestimmten Betrag überwiesen hatte.

Schwieriger wird diese Berechnung, wenn Versorger und Versorgte im selben Haushalt lebten und das Einkommen dem gemeinsamen Unterhalt diente. Hier muss der Anteil, der den Versorgten (Hinterbliebenen) zusteht, festgelegt werden; dabei sollte auch ein Nebenerwerb in die Berechnung einbezogen werden.

Und: Wäre das Einkommen des Verstorbenen mit der Zeit gestiegen – was die Regel ist –, verbessert sich auch der Anteil für die versorgten Personen. Die Einschätzung des künftigen Einkommens kann aber im Einzelfall schwierig sein (siehe Kasten oben).

Das heisst aber nicht, dass eine Witwe den ganzen theoretisch noch erzielbaren künftigen Lohnausfall als Entschädigung erhält.

Einer Witwe *ohne* Kinder steht im Normalfall ein Anteil zwischen 40 und 60 Prozent des vorher erzielten ehelichen Einkommens zu.

Kommt ein Kind hinzu, erhöht sich dieser Anteil um rund 15 Prozentpunkte, bei zwei Kindern um etwa 25 Prozentpunkte.

Eine Erbschaft schmälert den Anspruch an den Schädiger

Eine Kürzung erfolgt auch, wenn eine Erbschaft ins Spiel kommt. Wer nach dem (Unfall-)Tod des Versorgers erbt, muss einen Abzug hinnehmen: Der errechnete Schadenersatz verringert sich deshalb um den Vermögensertrag, also beispielsweise um die Zinsen, die das ererbte Vermögen einbringt, oder um den Mietertrag, den eine geerbte Immobilie abwirft.

Beispiel: Wer 500 000 Franken erbt und damit jährlich einen Zinsertrag von 25 000 Franken erwirtschaftet, muss sich diesen Vorteil anrechnen lassen. Sein effektiver Schaden bzw. sein tatsächlicher Anspruch an den Haftpflichtigen wird um diesen Betrag kleiner.

Und was passiert, wenn Hinterlassene Zahlungen von einer Sozialversicherung erhalten, etwa in Form von IV-Rente, Unfallversicherungs-Taggeld oder BVG-Rente? Auch solche Einkünfte schmälern

Junge Witwen erhalten bis 30 Prozent weniger Geld

Was passiert bei einer Wiederverheiratung? Wenn beispielsweise eine verwitwete Frau nach dem Tod ihres ersten Versorgers wieder heiratet, erhält sie ja einen neuen Versorger und ist damit nicht mehr geschädigt. Dann gilt:

- **Bei Rente:** Wird der Schaden, der durch den Tod des Versorgers entstand, in Form einer laufenden Rente ausbezahlt (was eher selten ist), hört die Rentenzahlung unmittelbar mit dem Tag der Wiederverheiratung auf.
- **Bei Kapitalabfindung:** Sehr oft werden Entschädigungen in Form einer einmaligen Kapitalabfindung bar ausbezahlt (siehe «Stichwort Kapitalisierung» auf Seite 106). Bei der Festlegung dieser Barsumme wird (unter anderem) auch die Wiederverheiratungschance der betreffenden Person ein Stück weit berücksichtigt. Dazu gibt es statistische Werte über die Wiederverheiratungschancen von Frauen unterschiedlichen Alters.

Diese Zahlen sind allerdings mit grosser Vorsicht zu geniessen, denn entscheidend ist stets der konkrete Fall. Die Gerichte sind sehr zurückhaltend bei der Anwendung von Durchschnittswerten.

Den Ausschlag geben am Schluss nicht die statistischen Werte, sondern die konkreten Umstände im Einzelfall, die eine Wiederverheiratung mehr oder weniger wahrscheinlich erscheinen lassen.

In der Regel liegen die Abzüge bei maximal 30 Prozent. Das Bundesgericht hat beispielsweise einer 25-jährigen Witwe aus diesem Grunde eine Kürzung von 30 Prozent ihrer Abfindung zugemutet; bei ihr hat man also eine grosse Wiederverheiratungschance angenommen. Eine 42-jährige Frau musste sich demgegenüber eine Kürzung von nur 7 Prozent gefallen lassen.

den Anspruch auf Schadenersatz; sie müssen folglich abgezogen werden. Das ist ohne weiteres nachvollziehbar, weil diese Renten ja just den Zweck haben, verloren gegangene Unterhaltszahlungen zu kompensieren. Das Haftpflichtrecht will vermeiden, dass Geschädigte nach dem Unfall besser dastehen als vorher.

Mit der gleichen Begründung wird auch dann gekürzt, wenn eine Frau, die ihren Versorger verloren hatte, wieder heiratet (siehe Kasten auf der Seite links).

Die Berechnung des Lohnausfalls

Die Unfallversicherung vergütet den durch Unfall entstandenen Erwerbsausfall (Lohnausfall) mit Taggeldern (siehe S. 29ff.). Wer nämlich einen Körperschaden erleidet, ist in der Regel mehr oder weniger lang arbeitsunfähig und verdient weniger als früher oder gar nichts mehr.

Die Unfallversicherung kann aber später auf den Haftpflichtigen zurückgreifen (siehe Details auf S. 122ff.). Denn auch hier gilt: Ist jemand für den Lohnausfall verantwortlich, weil er die betreffende Person verletzt hat, muss er (bzw. seine Haftpflichtversicherung) dafür geradestehen.

Das entgangene Einkommen muss nachgewiesen werden

Häufig ist es sehr schwierig, den Erwerbsausfall genau zu berechnen. Während Arbeitnehmer über ein geregeltes Einkommen verfügen, haben Selbständigerwerbende oft sehr grosse Schwankungen bei ihren Einnahmen zu verzeichnen. Es ist Sache des Verunfallten, die Höhe seines entgangenen Einkommens nachzuweisen. Unter gewissen Umständen muss der Richter die Summe schätzen.

Die Aufstiegschancen als Zankapfel

Ist jemand vollinvalid und wird er voraussichtlich Zeit seines Lebens arbeitsunfähig bleiben, so wird der Schaden für die mutmassliche Zeit der theoretisch verbleibenden Erwerbstätigkeit errechnet. Dabei ist zu schätzen, wie sich der Lohn aufgrund der wirtschaftlichen Gegebenheiten und der konkreten Aufstiegschancen entwickelt hätte, falls der Unfall nicht passiert wäre.

Gerade die Aufstiegschancen geben oft Anlass zu Debatten. Einfach ist die Schätzung dann, wenn jemand zum Unfallzeitpunkt eine berufsbegleitende Ausbildung absolvierte, die er voraus-

> **Tipp**
>
> **Der «Täter» muss den Lohnausfall voll vergüten!**
>
> Im Unterschied zur Regelung in der Unfallversicherung, wonach Verunfallte nur 80 Prozent des Erwerbsausfalls erhalten, muss die haftpflichtige Person bzw. ihre Haftpflichtversicherung den Erwerbsausfall des Opfers voll – das heisst zu 100 Prozent – vergüten.

sichtlich auch abgeschlossen hätte. Hier ist der Lohn massgebend, den er nach Abschluss dieser Ausbildung hätte erzielen können. Ähnliche Überlegungen stellt man bei Kindern an sowie bei Erwachsenen, die sich noch in Erstausbildung befinden.

Entscheidend bei der Bestimmung des Invaliditätsgrades und

Stichwort

Kapitalisierung

Hat ein Unfallopfer Anspruch auf Ersatz seines künftigen Lohnausfalls, so kann es im Prinzip darauf bestehen, dass ihm diese Kosten jährlich überwiesen werden. Das Gleiche gilt für Pflege- und Betreuungskosten sowie den Haushaltschaden.

In der Regel einigen sich aber Opfer und Versicherung des «Täters» auf eine einmalige Kapitalabfindung. Dann stellt sich die Frage: Wie rechnet man die künftigen jährlichen Zahlungen in eine einmalige Summe um?

Diesen Vorgang nennen die Fachleute Kapitalisierung oder Berechnung des Barwerts.

Das wichtigste Hilfsmittel dazu sind die in einem 1200-seitigen Buchwälzer erhältlichen Barwerttafeln der Autoren Schaetzle und Stauffer. Sie liefern die Umrechnungsfaktoren, auf die es entscheidend ankommt – und zwar für jede denkbare Variante, insbesondere Höhe des Lohnausfalls, Dauer der Entschädigung, Reallohnentwicklung, Zinsfuss usw.

Ein wichtiger Punkt ist dabei der Kapitalisierungszinsfuss. Die Überlegung: Wer eine einmalige Kapitalabfindung erhält, kann dieses Geld anlegen und so einen Zins erzielen, während er vom Geld zehrt. Dies gilt es bei der Festlegung der einmaligen Kapitalabfindung zu berücksichtigen.

Nach den Vorgaben des Bundesgerichts ist derzeit (Stand Juli 2003) ein Kapitalisierungszinsfuss von 3,5 Prozent anzuwenden. Das heisst: Das Bundesgericht und mit ihm die Versicherungen gehen davon aus, dass Geschädigte – in der Regel Einzelpersonen ohne professionelle Kenntnisse – ihr Geld als Laien so anlegen können, dass nach Abzug der Inflation und der Vermögensverwaltungskosten 3,5 Prozent Zins resultieren.

Das ist höchst problematisch, wenn man bedenkt, dass die gleichen Versicherungen behaupten, sie selber könnten mit Pensionskassengeldern derzeit höchstens 2,5 Prozent oder noch weniger erwirtschaften.

Diese offensichtliche Ungerechtigkeit wollen die spezialisierten Anwälte von Geschädigten vor Gericht bekämpfen. Sie haben im Jahr 2002 begonnen, bei den Schadenberechnungen einen Kapitalisierungszinsfuss von 2 Prozent zu Grunde zu legen. Das hätte zur Folge, dass die Entschädigungen für Opfer massiv höher würden.

Mit anderen Worten: Die auf Haftpflichtfälle spezialisierten Anwälte sind der Ansicht, einem Laien sei ein Realertrag (unter Berücksichtigung der Teuerung) von höchstens 2 Prozent zuzumuten.

Bereits laufen erste Prozesse vor Kantonsgerichten; demnächst wird sich wohl das Bundesgericht damit befassen müssen. Eines ist klar: Freiwillig werden die Versicherungen den Zinsfuss nicht senken, denn das ist für sie mit Mehrkosten verbunden.

der Arbeitsunfähigkeit sind in aller Regel auch die ärztlichen Gutachten. Diese sind aber nicht immer gleich aussagekräftig; von zentraler Bedeutung ist es, ob dem Gutachter die richtigen Fragen gestellt wurden.

Für die Schadenberechnung braucht es einen Anwalt

Deshalb ist es ausserordentlich wichtig, dass sich die Geschädigten zu diesem Zeitpunkt juristisch beraten lassen. Denn möglicherweise müssen für das ärztliche Gutachten noch Zusatzfragen gestellt werden, weil gewisse Aspekte unklar sind. Es lohnt sich, dafür einen Geschädigtenanwalt zuzuziehen, der auf solche Fragestellungen spezialisiert ist (Adressen auf Seite 153).

Sobald alle Informationen vorliegen, kann der Schaden berechnet werden. Meistens bezahlen die Versicherungen eine Kapitalabfindung. Die Berechnung ist im Einzelfall sehr kompliziert und sollte in der Regel nicht ohne versierten Anwalt abgewickelt werden.

Beispiele für die Berechnung des Lohnausfalls

Die folgenden Beispiele zeigen, nach welchen Kriterien der künftige Lohnausfall einer verunfallten Person für die Kapitalabfindung berechnet (kapitalisiert) wird (siehe «Stichwort Kapitalisierung») auf der Seite links). Die Beispiele zeigen, dass es immer sehr stark auf die Umstände im Einzelfall ankommt.

1. Der Lohnausfall eines 55-jährigen Mannes

Ein 55-jähriger Mann mit einem Jahreseinkommen von 60 000 Franken wird durch einen Unfall vollinvalid. Er muss sich kein Selbstverschulden vorwerfen lassen, muss also keine Reduktion hinnehmen (siehe Seite 118 ff.).

In diesem Fall wird die Annahme getroffen, dass der Mann bis zum Erreichen des AHV-Alters weiterhin mit einem durchschnittlichen Einkommen von 60 000 Franken im Jahr hätte rechnen können.

Bei einer Person in diesem Alter ist es gerechtfertigt, keine allfälligen Lohnerhöhungen mehr zu berücksichtigen. Die AHV-Einkommensstatistiken zeigen nämlich, dass die Einkommensentwicklung ab dem 50. Altersjahr stagniert bzw. gegen die Pensionierung hin sogar rückläufig ist.

Zur Beruhigung: Die Tatsache, dass der Lohn in diesem Lebensabschnitt sogar abnehmen könnte, wird in der Regel bei der Berechnung der Kapitalabfindung nicht berücksichtigt.

Die Kapitalisierung des jährlichen Erwerbsausfalls wird auf der Grundlage von Tabellen, die eigens zu diesen Zwecken erstellt worden sind, errechnet (siehe Stichwort auf der Seite links).

Und so sieht die detaillierte Berechnung des Lohnausfalls im konkreten Fall eines 55-Jährigen aus:

Alter des Verletzten am Berechnungstag	55 Jahre
Künftiger jährlicher Erwerbsausfall im Durchschnitt	60 000.–
Kapitalisierung: Erwerbsausfall bis Alter 65 ergibt aufgrund der Barwerttafel den	Faktor 7,83
Barwert des Erwerbsschadens (60 000.– x 7,83)	**Fr. 469 800.–**

Erhält der Geschädigte aufgrund der konkreten Situation eine IV- oder UVG-Rente, so muss dieser Betrag vom errechneten Barwert abgezogen werden, weil der Geschädigte nicht mehr erhalten darf, als er ohne Unfall verdient hätte.

Der haftpflichtige «Täter» muss dann der IV oder der Unfallversicherung die von dieser überwiesenen Zahlungen an das Opfer ersetzen (Regress).

Aus Sicht des Geschädigten heisst das: Er erhält die ihm zustehenden Gelder der Sozialversicherungen, dazu muss ihm der Haftpflichtige die Differenz zu seinem effektiv erzielten Lohn direkt ersetzen, weil die Sozialversicherungen maximal 80 Prozent des Lohnes vergüten (siehe Seite 105).

Die Berechnung des Lohnausfalls für ein kleines Kind

Wird ein Kind in jungen Jahren derart schwer verletzt, dass es mutmasslich zeit seines Lebens vollständig erwerbsunfähig bleibt, muss der Erwerbsschaden auf der Basis von statistischen Durchschnittswerten berechnet werden.

Die wichtigste Frage hier: Was hätte das Kind als Erwachsener während seiner mutmasslichen Erwerbszeit verdient, wenn es nicht verletzt worden wäre?

Für die Beantwortung dieser entscheidenden Frage gibt es praktisch keine Anhaltspunkte; niemand kann wissen, was das Kind dereinst gelernt hätte. Deshalb greift man hier für die Berechnung auf statistische Durchschnittswerte zurück.

Bei Durchschnittswerten fällt aber ausser Betracht, dass das Kind vielleicht aufgrund seiner aussergewöhnlichen Intelligenz auch eine aussergewöhnliche Karriere gemacht und viel verdient hätte. Umgekehrt finden allerdings auch allfällige berufliche Abstürze, die auch bei einem überdurchschnittlich begabten Kind nicht auszuschliessen sind, keine Beachtung.

Immerhin ist klar: Bei der Berechnung des mutmasslich entgangenen Verdienstes muss auch die künftige individuelle und generelle Einkommensentwicklung mitberücksichtigt werden; das ergibt ein entsprechendes Durchschnittseinkommen.

In der Regel wird diese Berechnung erst zu dem Zeitpunkt vorgenommen, an dem das invalide Kind ins Erwerbsleben eingetreten wäre, also ungefähr mit dem 20. Altersjahr.

In diesen Fällen stellt sich auch die Frage, ob solche Dauerschäden zur Sicherung der künftigen Lebenskosten statt mit einer Kapitalabfindung in Rentenform entschädigt werden sollen. Eine solche Rente kann dann auch indexiert werden, um die Teuerung aufzufangen.

2. Der Lohnausfall eines 30-jährigen Programmierers mit genereller Reallohnentwicklung

Ein 30-jähriger Programmierer verdient in seinem ersten Job im Jahr 60 000 Franken und wird durch einen Unfall querschnittgelähmt. Er trägt kein Verschulden.

Würde in diesem Fall gleich wie bei der älteren Person der aktuelle Lohn zum Zeitpunkt des Unfalls als Grundlage für die Berechnung des künftigen Erwerbsschadens genommen, ergäbe sich folgende Rechnung:

Alter des Verletzten am Berechnungstag	30 Jahre
Künftiger jährlicher Erwerbsausfall	60 000.–
Kapitalisierung: Erwerbsausfall bis zum Alter 65 ergibt aufgrund der Barwerttafel den	Faktor 19,08
Barwert des Erwerbsschadens (60 000.– x 19,08)	**Fr. 1 144 800.–**

Bei dieser Kapitalabfindung von 1 144 800 Franken ist die mutmassliche Einkommensentwicklung *nicht* berücksichtigt. Bei einem jungen Menschen ist das unzulässig.

Die bereits erwähnte AHV-Einkommensstatistik sagt nämlich, dass die Löhne zwischen dem 20. und dem 50. Altersjahr im Durchschnitt ansteigen. Der Anstieg ist von Dekade zu Dekade unterschiedlich und hängt auch davon ab, in welchem Bereich der Lohnskala sich diese Person befindet.

Wird nun im Beispiel des 30-jährigen Programmierers die generelle Reallohnentwicklung mitberücksichtigt, ergibt sich folgende Rechnung:

Jährlicher Erwerbsausfall im Alter 30	60 000.–
Annahme Reallohnerhöhung im Durchschnitt	1 % pro Jahr
Anzuwendender Kapitalisierungsfaktor gemäss Barwerttafel	Faktor 21,83
Barwert des Erwerbsschadens	**Fr. 1 309 800.–**

3. Der Lohnausfall eines 30-jährigen Programmiers mit reeller Reallohnentwicklung

Das obige Beispiel 2 berücksichtigt lediglich die statistisch nachweisbare *generelle* Reallohnentwicklung. Dieser Wert des längerfristigen Produktivitäts- bzw. Reallohnwachstums beträgt gemäss Prognosen 1 bis 2 Prozent. In der Regel wird den Berechnungen der untere Wert (1 %) zugrunde gelegt.

Oft kommt es aber vor, dass bei einem qualifizierten Angestellten die individuelle Reallohnentwicklung anders verläuft als die generelle. Der Geschädigte kann also ins Feld führen, er hätte in Zukunft mit Beförderungen rechnen können, die eine über dem Durchschnitt liegende Lohnentwicklung zur Folge gehabt hätten.

Das muss aber bewiesen werden. Hilfreich ist wiederum die AHV-Einkommensstatistik: Sie zeigt, dass die Arbeitnehmer im

**6
Haftpflicht:
So wird der
Schaden
beziffert**

oberen Lohnsegment überdurchschnittliche Lohnerhöhungen erwarten dürfen.

Aufgrund statistischer Erfahrungen erhöht sich ein Einkommen in der oberen Einkommensklasse bis zum Alter 50 um den Faktor 1,35. Für die Zeit danach gehen die Berechnungen davon aus, dass das Einkommen konstant bleibt.

Damit ergäbe sich folgende Rechnung:

Alter des Verletzten am Berechnungstag	30 Jahre
Einkommen mit Alter 30	60 000.–
Einkommen mit Alter 50 (60 000.– x 1,35)	81 000.–
Durchschnittseinkommen zwischen Alter 30 und Alter 50 (60 000.– + 81 000.– : 2)	70 500.–
Erwerbsausfall zwischen 30 und 50	70 500.–
Anzuwendender Kapitalisierungsfaktor gemäss Barwerttafel	Faktor 14,05
Gesamtschaden zwischen Alter 30 und 50 (70 500.– x 14,05)	**Fr. 990 525.–**
Konstantes Einkommen zwischen Alter 50 und 65	81 000.–
Anzuwendender Kapitalisierungsfaktor gemäss Barwerttafel	Faktor 5,06
Erwerbsausfall zwischen Alter 50 und 65 (81 000.– x 5,06)	**Fr. 409 860.–**

Gesamter Erwerbsschaden Schaden zwischen 30 und 50	990 525.–
Schaden zwischen 50 und 65	409 860.–
Erwerbsschaden total zwischen 30 und 65	**Fr. 1 400 385.–**

In diesem Beispiel 3 ist nur die individuelle Reallohnentwicklung des Geschädigten berücksichtigt. In der Regel profitiert er aber auch noch von der generellen Reallohnerhöhung gemäss Berechnungsbeispiel 2.

Würde dieser Faktor noch zusätzlich berücksichtigt, würde sich der Erwerbsschaden um weitere rund 200 000 Franken erhöhen.

Die Beispiele zeigen, dass sich je nach Annahme der künftigen Lohnentwicklung die Endsumme des Erwerbsschadens markant erhöht.

Die Berechnung des Haushaltschadens

Wer keiner Erwerbstätigkeit nachgeht, sondern eine Haushalttätigkeit ausübt, erleidet einen Haushaltschaden. Das gilt natürlich insbesondere für «hauptberufliche» Hausfrauen bzw. Hausmänner; unter Umständen trifft das aber auch auf Haushaltführende mit Fulltime-Job zu (siehe Seite 115). Der Umfang des Haushaltschadens ergibt sich aus zwei Elementen:

■ Falls diejenige Person verunfallt, die den Haushalt führt, müssen unter Umständen Hilfspersonen beigezogen werden, die verschiedene Hausarbeiten erledigen – und zwar je nach Beeinträchtigung vorübergehend oder für immer. Das kostet.

■ Ein Haushaltschaden wird aber auch angenommen, wenn für die Haushaltführung gar keine fremden (bezahlten) Hilfspersonen eingesetzt werden. Das Bundesgericht geht davon aus, dass ein Schädiger nicht bloss die konkreten Aufwendungen für beauftragte Haushalthilfen ersetzen muss; vielmehr hat er auch den wirtschaftlichen Wertverlust zu tragen, der durch die Beeinträchtigung der Arbeitsunfähigkeit des Opfers im Haushalt entsteht.

Dieser wirtschaftliche Wertverlust ist also immer gegeben – unabhängig davon:
■ ob das Opfer wegen seiner Invalidität eine Ersatzkraft anstellt oder
■ ob der Teilinvalide einen vermehrten Aufwand hat oder
■ ob die Angehörigen zusätzlich beansprucht werden oder
■ ob das Opfer wegen seiner Behinderung den Haushalt nicht mehr auf gleichem Niveau wie vorher besorgen kann und damit einen Qualitätsverlust in der Haushaltführung hinnimmt.

Das heisst: Der Haftpflichtige hat für den eingetretenen Schaden einzustehen, auch wenn die verunfallte Person gar keine zusätzlichen Aufwendungen bei der Haushaltführung hat. Ein solcher wirtschaftlicher Wertverlust ist übrigens auch bei allein stehenden Personen gegeben.

Entscheidend sind Stundenzahl und -tarif

Die Entschädigung wird mit Hilfe von Erfahrungswerten und aufgrund der konkreten Gegebenhei-

Berufstätige Frauen besorgen den Haushalt schneller – und deshalb erhalten sie eine kleinere Entschädigung

Eine wichtige Komponente bei der Entschädigung des Haushaltschadens ist die zu ersetzende Stundenzahl.

Bei einer teilzeitbeschäftigten Frau geht diese Schätzung in der Regel davon aus, dass Teilzeitlerinnen für den Haushalt weniger Zeit aufwenden als «Vollzeit»-Hausfrauen.

Grund: Entweder wird der Ehemann zusätzlich eingespannt, wozu er aufgrund des neuen Eherechts auch verpflichtet ist, oder es helfen die übrigen Familienangehörigen mit. Denkbar ist auch, dass Teilzeitlerinnen den Haushalt nicht mehr mit der gleichen Intensität besorgen wie die «Vollzeit»-Hausfrauen.

Vereinfacht ausgedrückt: Erwerbstätige Frauen besorgen den Haushalt schneller oder weniger intensiv, also werden entsprechend weniger Stunden entschädigt.

In einem Urteil aus dem Jahre 2003 hat das Bundesgericht einen Abzug von 20 Prozent bei einer Hausfrau mit 50-Prozent-Job als gerechtfertigt betrachtet.

ten ermittelt. Dabei kann natürlich die konkrete Aufwendung für eine Haushalthilfe einen Anhaltspunkt liefern. Entscheidend sind zwei Komponenten:

- Wie viele Stunden müssen entschädigt werden?
- Wie viel Geld gibt es pro Stunde, welcher Stundenansatz ist also anzuwenden?

Der Zeitaufwand für Hausarbeit und Kinderbetreuung

Die Tabelle zeigt, wie viele Stunden im Monat eine nicht erwerbstätige Hausfrau für die einzelnen Tätigkeiten im Haushalt im Schnitt aufwenden muss – je nach Typ des Haushalts. Die Daten stammen aus der Schweizerischen Arbeitskräfteerhebung (Sake). Solche Aufwandsstunden-Tabellen gibt es auch für erwerbstätige Frauen sowie für Männer. Wer den jeweiligen Aufwand pro Tätigkeit pro Woche wissen will, kann die Zahl in der Tabelle durch 4,3 teilen.

Berücksichtigt sind hier Haushaltgrösse, Erwerbsstatus, Geschlecht und Alter der Kinder. Im Einzelfall können noch Grösse der Wohnung, Wohnregion oder Beruf eine Rolle spielen. Die Stundenzahlen bilden eine entscheidende Basis zur Ermittlung des Haushaltschadens (siehe Seite 110 ff.).

Art der Tätigkeit	Haushalttyp *								
	Typ 1	Typ 2	Typ 3	Typ 4	Typ 5	Typ 6	Typ 7	Typ 8	Typ 9
Mahlzeiten-Zubereitung	28	40	49	53	46	47	43	45	47
Tisch decken/abwaschen	11	14	21	18	17	18	19	17	17
Einkaufen/Post/chem. Reinigung	13	15	18	20	18	15	17	19	13
Putzen/aufräumen	19	26	47	48	40	35	40	42	34
Waschen/bügeln	7	12	13	18	16	18	17	22	18
Handwerkliche Tätigkeiten	9	9	16	10	7	6	8	8	5
Haustiere/Pflanzenpflege/Garten	13	16	6	16	14	15	15	20	14
Administrative Arbeiten	4	4	5	8	5	3	6	5	3
Total Hausarbeiten	**104**	**136**	**175**	**191**	**163**	**157**	**165**	**178**	**151**
Kind füttern/waschen	–	–	35	22	40	27	59	10	23
Mit Kind spielen/spazieren gehen	–	–	68	65	51	41	35	27	52
Kind an einen Ort begleiten	–	–	5	2	6	6	4	5	6
Total Kinderbetreuung	**–**	**–**	**108**	**89**	**97**	**74**	**98**	**42**	**81**
Totalaufwand	**104**	**136**	**283**	**280**	**260**	**231**	**263**	**220**	**232**

* Die Haushalttypen: 1 = Einpersonenhaushalt; 2 = Zwei erwachsene Personen; 3 = Eine erwachsene Person, ein Kind bis 5 Jahre; 4 = Eine erwachsene Person, ein Kind ab 6 Jahre; 5 = Zwei erwachsene Personen, ein Kind bis 5 Jahre; 6 = Zwei erwachsene Personen, ein Kind ab 6 Jahre; 7 = Zwei erwachsene Personen, zwei Kinder bis 5 Jahre; 8 = Zwei erwachsene Personen, zwei Kinder ab 6 Jahre; 9 = Zwei erwachsene Personen, ein Kind bis 5 Jahre, ein Kind ab 6 Jahre

Bei der Berechnung des Haushaltschadens wird zuerst abgeklärt, welchem Typ der Haushalt angehört. Je nach Grösse (Personenzahl) ist der Aufwand unterschiedlich. Eine Frau, die ein Einfamilienhaus samt Garten und zwei Kindern betreut, hat selbstverständlich einen anderen Aufwand als der Single in seiner Einzimmerwohnung.

Auf dieser Basis werden dann die Stunden geschätzt, die man aufgrund des körperlichen Schadens nicht mehr leisten kann.

Entschädigung variiert je nach Haushaltkategorie

In der Regel stellen die Gerichte bei der Bestimmung der Stundenzahl neuerdings auf die so genannten Sake-Tabellen ab (siehe Einzelheiten auf der Seite links), die die Haushalte in neun Kategorien aufteilen.

Bei diesen Haushaltkategorien ist für die einzelnen Verrichtungen ein bestimmter Stundenaufwand nötig. Sind besondere Umstände vorhanden (zum Beispiel grosses Haus oder aufwändiger Haushalt), so können die Sake-Zahlen entsprechend angepasst werden.

Der Streit um den Stundenansatz

Zu Diskussionen Anlass gibt immer wieder der Tarif, zu dem die ausgefallenen Haushaltstunden zu vergüten sind.

Während das Bundesgericht in einem Entscheid aus dem Jahre 1991 noch von einem Stundenansatz von Fr. 22.70 ausgegangen ist, erachtete es 1998 einen Stundenansatz von 30 Franken als nicht überhöht.

Würde man auf dieser Basis Reallohnerhöhung und Teuerung berücksichtigen, müsste der Stundenlohn heute (Stand 2003) bei rund 34 Franken angesetzt werden.

Die Gerichtspraxis ist allerdings nicht einheitlich. Kürzlich billigte das Bundesgericht einem Hausmann lediglich 25 Franken zu mit der Begründung, er lebe auf dem Land.

Auch der Haushaltschaden wird kapitalisiert

Die Kapitalisierung des Haushaltschadens erfolgt nach den gleichen Kriterien wie beim Lohnausfall (siehe S. 107 ff.), wie das folgende Berechnungsbeispiel zeigt:

Alter der vollinvaliden Frau am Berechnungstag	38 Jahre
Invaliditätsgrad	100 %
Jährlicher Wert der Arbeit als Hausfrau	54 600.–
Anzuwendender Kapitalisierungsfaktor gemäss Barwerttafel	Faktor 22,30
Barwert des Haushaltschadens (54 600.– x 22,3)	**Fr. 1 217 580.–**

Da diese Frau vermutlich eine IV-Rente erhält, muss der kapitalisierte Wert dieser Invalidenrente vom errechneten Haushaltschaden abgezogen werden. Konkret: Geht man von einer minimalen

IV-Rente von rund 1000 Franken im Monat aus, ergäbe dieser Abzug kapitalisiert eine Summe von rund 200 000 Franken (gerechnet bis zum Eintritt in das Pensionsalter).

Die Frau bekäme somit von der Haftpflichtversicherung eine Summe von rund 1 Million Franken direkt ausbezahlt. Den Rest erhielte sie in Form einer monatlichen IV-Rente.

Der Haushaltschaden von Teilzeitlerinnen

Viele Frauen besorgen nicht nur den Haushalt, sondern haben auch noch einen Teilzeitjob. Und viele dieser Mütter haben die Absicht, wieder voll erwerbstätig zu werden, nachdem die heranwachsenden Kinder selbständig geworden sind.

Diese heute durchaus übliche Praxis ist bei der Berechnung des Schadens bei Hausfrauen und Müttern zu berücksichtigen.

Konkret: Weil für die Schadenberechnung stets der künftige Schaden ausschlaggebend ist, muss man sich fragen, wie sich das Einkommen der Frau nach den heute üblichen durchschnittlichen Gepflogenheiten bis zu ihrem Pensionsalter oder allenfalls darüber hinaus entwickelt hätte.

Wiedereinstieg ins Berufsleben: Wie viel Lohn?

Diese Berechnungen sind im Einzelfall komplex, weil sie auf verschiedenen Annahmen und unterschiedlichen Prognosen basieren. Es gilt, den durchschnittlichen Gesamtwert der verschiedenen Tätigkeiten zu schätzen.

Eine der wichtigsten Fragen: Wie viel kann eine Hausfrau nach ihrer Erziehungsarbeit bei einem Wiedereinstieg ins Erwerbsleben verdienen?

■ Bei einer Mutter mit Kindern geht man in der Regel davon aus, dass ihr möglicher Lohn beim Wiedereinstieg grundsätzlich etwa gleich hoch ist wie der Wert der Hausfrauenarbeit – also 30 bis 34 Franken pro Stunde (siehe Ausführungen zum Stundenansatz auf Seite 113).

■ Diese Annahme trifft aber nicht zu, wenn eine hoch qualifizierte Frau (zum Beispiel eine Ärztin) beschliesst, sich während einer bestimmten Zeit dem Haushalt und ihren Kindern zu widmen – aber mit der Absicht, im Anschluss daran ihre Tätigkeit wieder aufzunehmen.

Eine solche Frau dürfte nach der Babypause mit Sicherheit mehr verdienen als denjenigen Frankenbetrag, mit dem man ihre Haushaltführung bewerten und entschädigen würde.

Gericht orientiert sich an der gelebten Praxis

Die nicht gradlinige Biographie einer Frau berücksichtigte das Zürcher Obergericht kürzlich folgendermassen: Die Frau war mit 34 Jahren verunfallt. Die Richter nahmen an, dass sie ihre Erwerbstätigkeit mit der Geburt des ersten Kindes aufgeben würde, dass sie aber ab dem 8. Altersjahr des Kindes wieder halbtags und ab dessen 16. Altersjahr wieder voll ins Erwerbsleben eingestiegen wäre.

Mit dieser Annahme berücksichtigte das Gericht die überwiegend gelebte Praxis. Erwerbsausfall und Haushaltschaden wurden auf dieser Basis getrennt berechnet.

Der Haushaltschaden von voll Berufstätigen mit Nebenerwerb

Unter Umständen können auch Erwerbstätige mit einem Fulltime-Job zusätzlich einen Haushaltschaden geltend machen, falls sie nachweisen können, dass sie neben der vollen Erwerbstätigkeit auch noch einen Haushalt besorgt haben.

Das gilt demnach für voll erwerbstätige Frauen bzw. für voll erwerbstätige Männer, die einen Haushalt haben.

Wird eine voll erwerbstätige Frau (oder ein Mann mit Fulltime-Job) teil- oder vollinvalid, stellt sich neben dem Erwerbsausfall stets auch die Frage, ob zusätzlich ein Haushaltschaden zu entschädigen ist.

Das ist dann der Fall, wenn klar ist, dass die voll erwerbstätige Person einen Teil der Hausarbeit mitgetragen hat.

Ein Haushaltschaden ist auch im AHV-Alter möglich

Übrigens: Ein Haushaltschaden kann auch bei Nicht-Erwerbstätigen gegeben sein, zum Beispiel bei Personen im AHV-Alter.

In diesen Fällen ist davon auszugehen, dass sich das betagte Paar in der Haushaltführung aufteilt, und es müssen folglich die jeweiligen Anteile aufgrund der konkreten Verhältnisse festgelegt werden.

Jede Tätigkeit stellt einen separaten Schadenposten dar

Denkbar ist auch, dass eine Person gleich drei Schadenposten geltend machen kann: zuerst einen Lohnausfall im eigentlichen Hauptjob, dann den Lohnausfall im Nebenjob und anschliessend noch einen Haushaltschaden.

Ein konkretes Beispiel dazu: Ein 50-jähriger Informatiker arbeitet zusätzlich freiberuflich als Journalist und schreibt regelmässig Artikel für Fachzeitschriften. Darüber hinaus hat er sich zu Hause auch an der Hausarbeit beteiligt.

Für die Schadenberechnung muss nun bei den einzelnen Teileinkommen geklärt werden, wie lange sie erzielt worden wären:
■ Das Haupteinkommen wäre mutmasslich bis zur Pensionierung verdient worden.
■ Zusätzlich kann der Informatiker aber geltend machen, dass er seine freiberufliche Tätigkeit über das Pensionsalter hinaus so lange wie möglich weitergeführt hätte. Diese Annahme gilt auch für den Haushaltschaden.

Das ergibt dann das folgende Berechnungsbeispiel:

Alter des Mannes am Berechnungstag	50 Jahre
Invaliditätsgrad	100%
Mutmassliches Erwerbseinkommen im Hauptberuf pro Jahr	80 000.–
Anzuwendender Faktor gemäss Barwerttafel	Faktor 10,84
Kapitalisiert bis zum Pensionsalter mit dem Faktor 10,84	**Fr. 867 200.–**
Mutmassliches Erwerbseinkommen im Nebenberuf pro Jahr	10 000.–
Anzuwendender Faktor gemäss Barwerttafel	Faktor 15,26
Dauer bis Ende Aktivität, kapitalisiert mit dem Faktor 15,26	**Fr. 152 600.–**
Haushaltschaden pro Jahr	10 000.–
Dauer bis Ende Aktivität, kapitalisiert mit dem Faktor 15,26	**Fr. 152 600.–**
Gesamtschaden	**Fr. 1 172 400.–**

Der Pflege- und Betreuungsschaden

Wer teil- oder vollinvalid wird, ist unter Umständen dauerhaft auf (professionelle) Dritthilfe angewiesen. Denkbar ist auch, dass permanente Heilungskosten dazukommen, etwa wenn jemand regelmässig und auf unabsehbare Zeit Medikamente einnehmen muss.

Diese Kosten sind im Einzelfall zu schätzen und können ebenfalls nach herkömmlicher Methode kapitalisiert werden (siehe Stichwort auf Seite 106).

Ein Beispiel: Ein 28-jähriger Mann wird querschnittgelähmt und ist auf tägliche Pflege angewiesen, die 100 Franken pro Tag kostet. Darüber hinaus muss er alle 5 Jahre seinen Rollstuhl ersetzen, was jeweils 3000 Franken kostet.

Und so wird dieser Pflege- und Betreuungsschaden berechnet:

Alter des Opfers am Berechnungstag	28 Jahre
Pflegekosten pro Jahr (100.– x 365 Tage)	36 500.–
Kapitalisierungsfaktor (lebenslänglich, Zinsfuss 3,5 %)	Faktor 23,6
Barwert des Betreuungsschadens (36 500.– x 23,6)	**Fr. 861 400.–**
Rollstuhlkosten, Dauer lebenslänglich, erstmals nach 5 Jahren aufgrund der Barwerttafel	Faktor 4,23
Kapitalisierter Barwert der Rollstuhlkosten (3000.– x 4,23)	**Fr. 12 690.–**

Auf diese Weise können sämtliche regelmässig anfallenden Kosten für Hilfsmittel, Prothesen und Medikamente errechnet werden.

Fallen Heilbehandlungskosten an, muss ferner die überdurchschnittliche Teuerung im Gesundheitswesen berücksichtigt werden. Das geschieht dadurch, dass man bei der Festlegung des Kapitalisierungsfaktors nicht wie üblich von 3,5 Prozent ausgeht, sondern einen tieferen Zinsfuss zugrunde legt (z. B. 2 Prozent).

Auch wenn Invalide für die Pflege nicht professionelle Hilfe beanspruchen, sondern sich von Angehörigen pflegen lassen, ist dieser Aufwand zu bewerten und zu entschädigen. Diese Pflege ist voll nach den ortsüblichen Ansätzen zu vergüten, die eine Betreuung durch professionelle Pflegekräfte kosten würde, sagt das Bundesgericht – und zwar inklusive Sozialabgaben, Ferien und 13. Monatslohn.

Gibt ein Familienmitglied den Job auf, um einen invaliden Angehörigen zu pflegen, so hat es Anspruch auf Ersatz des effektiven Lohnausfalls – es sei denn, fremde Hilfe sei wesentlich günstiger.

6
Haftpflicht:
So wird der
Schaden
beziffert

Die Reduktion der Haftung

Es kann durchaus vorkommen, dass der Verursacher eines Schadens dem Opfer nicht den ganzen Schaden ersetzen muss – obwohl der «Täter» grundsätzlich voll haftbar wäre. Verschiedene Gründe können zu einer solchen Reduktion führen: Selbstverschulden (S. 118), Selbstgefährdung (S. 119), strafbares Verhalten (S. 119), Verletzung der Schadenminderungspflicht (S. 120) oder Veranlagung des Opfers (S. 120).

Reduziert ist die Haftung auch beim Sport (S. 118), bei höherer Gewalt (S. 119) sowie bei Gefälligkeitshandlungen (S. 121).

■ **Selbstverschulden.** Eine Reduktion der Haftung erfolgt, wenn der Geschädigte durch sein fehlerhaftes Verhalten den Unfall mit verursacht hat, wenn ihn also ein Selbstverschulden trifft.

Eine Fussgängerin zum Beispiel handelt grob fahrlässig, wenn sie eine dicht befahrene Strasse überquert, ohne nach rechts und nach links zu schauen, und dabei von einem Auto angefahren wird, das mit übersetzter Geschwindigkeit fährt. Sie muss deshalb eine deutliche Reduktion des Schadenersatzes in Kauf nehmen.

Ist der Lenker des Autos gar völlig schuldlos, weil er sich in jedem Punkt an die Vorschriften gehalten hat, muss der Halter des Autos (bzw. dessen Haftpflichtversicherung) der verletzten Fussgängerin, die grob fahrlässig handelte, gar nichts zahlen (siehe auch Seite 95).

Strafe für Autofahrer – seine Haftung ist trotzdem reduziert

Die verletzte Fussgängerin kann dann ihren Schaden nur über ihre Unfallversicherung regeln. Falls sie eine hat, erhält sie wenigstens 80 Prozent des Lohnes ersetzt. Hat sie die Unfalldeckung bei der Krankenkasse (siehe Seite 55 ff.), erhält sie nur die Arzt- und Spitalkosten vergütet, aber nicht den Lohnausfall.

Für eine Reduktion sprach sich das Bundesgericht auch im fol-

Sport: Bei harmlosen Fouls gibt es keine Haftung

Beim Sport gilt eine mildere Haftung. Wenn beispielsweise ein Fussballspieler einem anderen in der Hitze des Gefechts die Brille kaputtschlägt, haftet er nicht für diesen Schaden.

Solche Zusammenstösse oder harmlose Fouls sind beim Fussball – und auch in anderen Sportarten – kaum zu vermeiden und auch niemandem anzulasten. Eine Haftung des Spielgegners ergibt sich erst dann, wenn dieser eine Spielregel absichtlich oder grob missachtet.

Selbst ein Badmintonspieler kam vor Gericht ungeschoren davon, obwohl er seiner Doppel-Spielpartnerin mit dem Schläger ein Auge ausgeschlagen hatte.

Höhere Gewalt gilt nur selten als Entschuldigung

Auch Naturereignisse können grundsätzlich zu einer Reduktion der Haftung führen. Das passiert allerdings nicht so oft, weil die Gerichte diesen Reduktionsgrund selten anerkennen.

Zum Beispiel bei Lawinen: Verschüttet ein Schneerutsch ein Auto auf einer Strasse, so haftet im Prinzip die Gemeinde oder ein beauftragtes Organ, das für die Lawinenbeobachtung zuständig ist.

Die Zuständigen sind nur dann von ihrer Haftung (teilweise) befreit, wenn in der betreffenden Gegend mit Lawinen absolut nicht gerechnet werden konnte, weil dort seit Menschengedenken noch nie eine Lawine herunterkam.

Auch bei sonstigen Unwetterschäden muss es sich um ein unvorhergesehenes und unvermeidliches Ereignis gehandelt haben, damit die Haftung des Gemeinwesens ausser Betracht fällt; ein «gewöhnlicher» Sturmwind oder schwere Regenfälle erfüllen diese Anforderung noch nicht. Es muss sich schon um ein Jahrhundertereignis handeln, mit dem man schlechterdings nicht rechnen konnte.

Deshalb hat das Bundesgericht 1985 nach einem starken Unwetter, das zusammen mit Werkmängeln zu einem Erdrutsch führte, die Haftung nur um einen Fünftel reduziert.

Ebenfalls nicht als höhere Gewalt betrachtete das höchste Gericht einen Windstoss, der ein sehr schweres, an eine Wand gelehntes Tor umwarf und eine Passantin verletzte; es haftete also derjenige, der das Tor aufgestellt und schlecht gesichert hatte.

---

genden Fall aus: Ein Autofahrer überfuhr einen Jugendlichen auf dem Fussgängerstreifen und verletzte ihn schwer. Dafür bekam er zehn Tage Gefängnis bedingt, weil er den 13-Jährigen zwar sah, aber nicht abbremste und auch kein Hupzeichen gab, obwohl der Junge am Strassenrand stand und erkennbar die Strasse überqueren wollte.

Der Autofahrer muss aber für den entstandenen Schaden trotzdem nur zu 80 Prozent geradestehen, weil das Bundesgericht dem Jugendlichen ein gewisses Selbstverschulden zuschrieb.

Denn er hatte zwei Regeln verletzt, die für Fussgänger gelten: 1. Du sollst nicht die Strasse überqueren, wenn das Auto nicht mehr rechtzeitig anhalten kann. 2. Du darfst den Streifen nicht überraschend betreten, sondern musst «behutsam auf die Fahrbahn treten».

■ **Selbstgefährdung.** Wer sich selber in Gefahr begibt, handelt ebenfalls selbst verschuldet. So muss beispielsweise eine Person, die sich zu einem Betrunkenen ins Auto setzt, ebenfalls mit einer Reduktion rechnen.

■ **Vorschriften missachtet.** Wer keine Sicherheitsgurten trägt, sonst aber völlig schuldlos in einen Verkehrsunfall verwickelt wird und einen körperlichen Schaden erleidet, bekommt den Schaden ebenfalls nicht vollständig ersetzt, weil die Unfallfolgen aller Wahrscheinlichkeit nach geringer aus-

> ## Stichwort
>
> **Schadenminderungspflicht**
>
> Wer einen Schaden erleidet (sei es durch einen Unfall oder eine Straftat), ist verpflichtet, alles zu tun, um den Schaden möglichst gering zu halten. Andernfalls muss er mit einer Reduktion des Schadenersatzes rechnen.
>
> Das gilt sowohl für Körper- als auch für Sachschäden.
>
> Beispiel: Verschlechtert sich der Gesundheitszustand eines Opfers massiv, weil es nach einem Unfall keinen Arzt aufsucht, so kann der Verunfallte diesen zusätzlichen Schaden nicht dem Haftpflichtigen aufbürden.
>
> Die Schadenminderungspflicht spielt auch, wenn Verletzte eine zumutbare Operation verweigern (siehe Seite 44).

gefallen wären, wenn der Fahrer oder Beifahrer ordnungsgemäss die Sicherheitsgurten getragen hätte. Hier wird üblicherweise eine Reduktion von 10 Prozent vorgenommen. Das gilt sowohl für Lenker als auch für Insassen.

■ **Schadenminderungspflicht.** Auch die Verletzung der Schadenminderungspflicht kann zur Folge haben, dass die Haftung des Schädigers reduziert wird und das betroffene Opfer weniger Geld erhält (siehe Kasten oben).

■ **Veranlagung.** Falls eine Person eine Veranlagung zu einem bestimmten Leiden hat (das Leiden «schlummert» im Körper, ist aber noch nicht ausgebrochen) und falls dieses Leiden durch eine Verletzung akut wird, stellt sich die Frage, ob der Schädiger für den gesamten gesundheitlichen Schaden aufkommen muss. Das kann zum Beispiel der Fall sein, wenn nach einem Unfall plötzlich Epilepsieanfälle auftreten.

Vor Gericht kommt aber dieser mögliche Haftungsreduktionsgrund nur selten durch. Denn Haftpflichtige haben Geschädigte so zu nehmen, wie sie sind, *mit* ihren ungünstigen Anlagen und vorbestehenden Leiden.

Wer einen gesundheitlich geschwächten Menschen verletzt, muss ihn im Prinzip so entschädigen, wie wenn er gesund gewesen wäre.

Beispiel: Ein 35-jähriger Mann erlitt bei einem Unfall zwar nur äussere Verletzungen, fiel aber anschliessend wegen seiner ungewöhnlichen psychischen Empfindlichkeit in eine Neurose und wurde permanent arbeitsunfähig.

Das Gericht war in diesem Fall nicht bereit, die Haftung zu reduzieren. Entscheidend war hier, dass vor dem Unfall keine eigentliche Krankheit bestanden hatte, sondern lediglich eine psychische Veranlagung, die weder vom Patienten selber noch von seinem Hausarzt als eigentliche Krankheit wahrgenommen worden war.

Für Schwerkranke gibt es weniger Schadenersatz

Allerdings: Die Haftung reduziert sich dann, wenn ein gesundheitlicher Vorzustand mit Sicherheit oder doch mit hoher Wahrscheinlichkeit auch ohne das schädigende Ereignis zu Tage getreten wäre. Und sie ist auch dann reduziert, wenn der Vorzustand die körperliche Integrität zum Zeitpunkt des

Unfalls bereits beeinträchtigte oder die Lebensdauer verkürzt hätte.

Wird beispielsweise ein schwer krebskranker Mann, der nach ärztlichem Befund nur noch wenige Monate zu leben hat, tödlich verletzt, können die Hinterbliebenen nicht den gleichen Schadenersatz geltend machen, wie wenn der Verstorbene eine normale Lebenserwartung gehabt hätte.

- **Gefälligkeit:** Wer jemanden aus Gefälligkeit mit seinem Fahrzeug mitnimmt und ihn dabei schädigt, kann in der Regel ebenfalls eine Reduktion seiner Haftung geltend machen.

Allerdings ist es heute umstritten, ob dieser Reduktionsgrund überhaupt noch zulässig ist. Dennoch wird in der Praxis in solchen Fällen der Anspruch des Geschädigten reduziert.

Der Abzug ist vom Ausmass der Gefälligkeit und des Verschuldens abhängig. Beispiel: Ein Fuhrmann lud einen Wanderer gefällig-

---

Frage

Entschädigung für Zügelschaden: Ist Kürzung erlaubt?

Als ich einem Kollegen beim Zügeln half, liess ich aus Versehen seine Geige fallen. Die Reparatur kostet rund 1800 Franken. Meine Privathaftpflicht-Versicherung teilt mir nun mit, sie könne nur 1300 Franken übernehmen, weil ich dem Kollegen einen Gratisdienst erwiesen habe. Ist eine solche Kürzung zulässig?

Ja. Die Privathaftpflicht-Versicherungen müssen Schäden nur insoweit übernehmen, als der Versicherte haftpflichtig ist. Zum Umfang der Haftung sagt das Obligationenrecht aber, dass sie «milder beurteilt wird, wenn das Geschäft für den Haftpflichtigen keinerlei Vorteil bezweckt».

Im Klartext: Da Sie Ihrem Kollegen unentgeltlich geholfen haben, müssen Sie nicht für den ganzen Schaden aufkommen – und damit auch Ihre Versicherung nicht.

Der Gesetzgeber wollte damit erreichen, dass jemand, der bei einer Gefälligkeitshandlung einen Schaden verursacht, weniger hart angefasst wird als jemand, der gegen Entgelt handelt.

Das ist für Sie aber ein schwacher Trost, denn Sie müssen sich nun entscheiden, ob Sie die Differenz aus dem eigenen Sack zahlen wollen – oder ob Sie den Kollegen verärgern und ihm nur das geben, was Ihnen die Versicherung auszahlt.

Diesem Dilemma tragen einzelne Versicherungsgesellschaften dadurch Rechnung, dass sie bei Schäden unter 1000 Franken freiwillig auf den Gefälligkeitsabzug verzichten. Andere Versicherer kürzen zwischen 20 und 33 Prozent.

Tipp: Reden Sie noch einmal mit Ihrer Versicherung. Bei solchen Kürzungen gibt es immer einen Verhandlungsspielraum.

Falls Sie ein guter Kunde sind, der noch nie einen Schaden angemeldet hat, oder wenn Sie bei der gleichen Gesellschaft noch andere Policen haben, stehen Ihre Chancen gut. Bitten Sie die Gesellschaft, den Ermessensspielraum zu Ihren Gunsten auszulegen.

Stichwort

Regress

Regress meint den Rückgriff auf einen haftpflichtigen Dritten.

Wer einen Unfall erleidet, hat unter Umständen Forderungen an die Kranken- oder Unfallversicherung sowie an einen haftpflichtigen Dritten. Geschädigte können frei wählen, an wen sie sich zuerst wenden wollen. In der Regel werden sie sich Arzt- und Spitalkosten zuerst von der obligatorischen Unfallversicherung zahlen lassen, weil sie so am einfachsten zu ihrem Geld kommen; zudem deckt die Unfallversicherung 80 Prozent des versicherten Lohnes.

Nachdem die Unfallversicherung (oder allenfalls die Krankenkasse) die Forderungen des Geschädigten erfüllt hat, steht ihr das Rückgriffsrecht (Regressrecht) auf den haftpflichtigen Dritten zu.

Das heisst konkret, dass die Unfallversicherung bzw. die Krankenkasse auf diejenige Person, die den Unfall verschuldet hat, zurückgreifen kann.

Diese Drittperson muss dann den geschuldeten Betrag nicht etwa dem Unfallopfer, sondern der Unfallversicherung direkt zurückerstatten.

Ist der Haftpflichtige voll und ganz für den Schaden haftbar, kann die obligatorische Unfallversicherung die ganze Summe zurückfordern, die sie bereits zuvor dem Opfer ausbezahlt hatte (inklusive Heilungs- und Spitalkosten). Eventuell kommen aber Reduktionsgründe ins Spiel (siehe Seite 118ff.).

Mit einer wichtigen Ausnahme: Gegenüber dem Ehegatten, den Eltern oder den Kindern des Verunfallten ist der Rückgriff der Unfallversicherung beschränkt: Familienmitglieder dürfen von der Unfallversicherung nur dann belangt werden, falls sie den Unfall absichtlich oder grob fahrlässig verursacht haben. Das ist das so genannte Haftungsprivileg gemäss UVG (siehe Kasten auf Seite 125).

keitshalber auf; er verursachte darauf wegen eines geringfügigen Fahrfehlers einen Unfall, der den Fahrgast tödlich verletzte. Der Fuhrmann musste nur die Hälfte des Schadens bezahlen.

Ein anderes Beispiel: Ein Autohalter überliess einem Cousin sein Auto aus Gefälligkeit. Der Cousin verursachte einen Unfall und wurde dabei verletzt. Im konkreten Fall erachtete das Bundesgericht einen Abzug von 30 Prozent als gerechtfertigt, weil sich der Autohalter als überaus grosszügig erwies: Er stellte das Auto für eine Fahrt ins Ausland zur Verfügung, die acht bis zehn Tage dauern sollte.

Auch freiwillige Zügelhelfer können mit einer Reduktion der Haftung rechnen (siehe Kasten auf Seite 121).

Der Regress: Rückgriff auf den haftpflichtigen Dritten

In der Regel verfügen verunfallte Personen über eine obligatorische Unfallversicherung (siehe Seite 12). Wird nun ein Unfall durch eine Drittperson verursacht, zahlt die Unfallversicherung des Verunfallten trotzdem; sie kann aber auf den Verursacher (bzw. auf seine Haftpflichtversicherung) zurückgreifen.

Die Fachleute sprechen in diesem Zusammenhang von Rückgriff oder Regress. Anders ausgedrückt: Die Unfallversicherung nimmt Regress auf den haftpflichtigen Dritten.

Falls der Verunfallte das Unfallrisiko bei der Krankenkasse hatte, hat die Krankenkasse das gleiche Regressrecht.

Die Unfallversicherung ist aber nicht immer erfolgreich beim Rückgriff auf den Haftpflichtigen. Hat dieser nämlich keine Haftpflichtversicherung und ist er nicht zahlungskräftig, hat die Unfallversicherung (oder die Krankenkasse) Pech und muss die Unfallkosten selber übernehmen.

Die wichtigsten Details zur Regress-Regelung

- Verunfallte erhalten von der Unfallversicherung die gesetzlichen Leistungen ohne Wenn und Aber und brauchen sich nicht darum zu kümmern, ob der haftpflichtige Dritte bereit ist, den Schaden anzuerkennen – und ob er überhaupt zahlungsfähig ist und ob er eine Versicherung hat.
- Die Unfallversicherung macht die Ansprüche der verunfallten Person selber beim haftpflichtigen Dritten geltend.
- Diese Regelung betrifft aber nur die gesetzlichen Leistungen, die die Unfallversicherung erbringen muss. Weil die Unfallversicherung nur 80 Prozent des Erwerbsausfalls bezahlt, muss der Schädiger die restlichen 20 Prozent des Lohnausfalls ersetzen. Der Geschädigte muss diese restlichen 20 Prozent also selber direkt beim Schädiger einfordern.
- Unfallopfer, die den Unfallschutz bei der Krankenkasse haben, können Franchise und Selbstbehalt ebenfalls beim Schädiger einfordern (siehe Kasten auf Seite 124).

Ein Beispiel: Ein Mann ist bei einem befreundeten Hausbesitzer zu Besuch. Beim Betreten des Hauses stürzt er, weil die frisch gereinigte Treppe wegen einer seifigen Lösung sehr glitschig ist. Er bricht sich ein Bein und ist drei Monate lang arbeitsunfähig. Der Besucher hat einen versicherten Lohn von 5000 Franken pro Monat.

Der Hauseigentümer haftet für Schäden, die einem Dritten durch eine mangelhafte Einrichtung seines Hauses entstehen.

Die Arbeitgeber-Haftung beim Unfall eines Angestellten

Die obligatorische Unfallversicherung konnte nach bisherigem Recht nur dann auf den Arbeitgeber zurückgreifen (Regress nehmen), falls der Arbeitgeber den Unfall des Angestellten absichtlich oder grob fahrlässig verursacht hat.

Seit Anfang 2003 muss aber der Betrieb auch dann mit einem Rückgriff des Unfallversicherers rechnen, wenn er den Unfall seines Mitarbeiters nur leicht fahrlässig verursacht hat.

Wer beispielsweise einen Angestellten eine Dachreparatur ausführen lässt, ohne dafür zu sorgen, dass ausreichende Sicherheitsvorkehren getroffen wurden, kann von der Unfallversicherung belangt werden, falls der Angestellte vom Dach fällt und sich schwer verletzt.

Frage

Bei der Krankenkasse gegen Unfall versichert: Erhalte ich Franchise und Selbstbehalt zurück?

Ich war mit dem Velo unterwegs, als ein Autofahrer, der am Strassenrand parkierte, die Autotüre öffnete und mich umstiess; ich landete im Spital. Ich bin Studentin und arbeite nur wenige Stunden pro Woche, also bin ich für Freizeitunfälle nicht über die Unfallversicherung eines Betriebes versichert, sondern über die Krankenkasse. Mich stört aber, dass mir die Kasse nicht die ganze Rechnung vergütet: Die Franchise sowie den 10-prozentigen Selbstbehalt hat sie mir abgezogen. Ist das korrekt, wenn ich doch vollkommen unschuldig bin?

Aus der Sicht der Kasse ja, aber Sie als Unfallopfer können Ihre Kostenbeteiligung zurückfordern – und zwar vom Autofahrer bzw. seiner Haftpflichtversicherung.

Wenn eine Krankenkasse für die Behandlung von Unfallfolgen aufkommt, müssen die Versicherten für Unfall-Behandlungskosten die gleiche Kostenbeteiligung übernehmen wie bei Krankheit.

Dennoch bleiben solche Unfallopfer nicht auf ihrer Kostenbeteiligung sitzen: Wenn der Fall klar und der Unfallverursacher zu 100 Prozent schuldig ist, muss seine Haftpflichtversicherung den gesamten Schaden ersetzen; dazu zählt auch die Kostenbeteiligung des Unfallopfers.

Auch die Krankenkasse wird übrigens Ihre Behandlungskosten nicht selber tragen, sondern dafür ebenfalls den Haftpflichtversicherer belangen.

Mit anderen Worten: Im Prinzip müssen Sie selber aktiv werden.

Es gibt freilich Krankenkassen, die ihre Versicherten dabei unterstützen; erkundigen Sie sich.

Es ist nämlich denkbar, dass Sie Ihre Ansprüche an die Krankenkasse abtreten können, die dann wiederum Ihren Teil (Ihre Kostenbeteiligung) bei der Haftpflichtversicherung des Unfallverursachers hereinholt und Ihnen dann auszahlt.

Übrigens: Das Gesagte gilt nicht nur für die gesetzliche Basisfranchise und den Selbstbehalt der Grundversicherung, sondern auch für allfällige freiwillige höhere Wahlfranchisen in der Grund- und/oder in der Zusatzversicherung.

Hat nun der Besucher keine obligatorische Unfallversicherung, muss der Hausbesitzer (bzw. seine Haftpflichtversicherung, sofern vorhanden) den ganzen Lohnausfall für drei Monate bezahlen.

Hat der Besucher eine Unfallversicherung, wird die Sache für ihn einfacher: Er muss sich nicht mit einer Drittperson herumschlagen. Damit der Verunfallte nicht zwischen der Unfallversicherung und dem Haftpflichtigen hin- und herfordern muss, hat das Gesetz eine einfache Regelung getroffen:
- Die Unfallversicherung deckt zunächst die Kosten des Verunfallten.
- Es liegt an der Unfallversicherung, später auf den Schädiger zurückzugreifen und von ihm einen Teil oder die ganze Summe

Stichwort

Haftungsprivileg für Verwandte

Wer obligatorisch unfallversichert ist, hat gemäss UVG gegenüber dem Ehegatten, gegenüber den Verwandten in auf- und absteigender Linie (Eltern und Kinder) und gegenüber Personen, die mit dem Verunfallten in häuslicher Gemeinschaft leben, grundsätzlich keinen Haftpflichtanspruch.

Beispiel: Eine Ehefrau verursacht einen Unfall, bei dem sie ihren mitfahrenden Gatten und Ernährer verliert.

Nun wäre es stossend, wenn die Frau für ihren Fahrfehler büssen müsste, nachdem ihr Mann und Ernährer tot ist.

Vielmehr ist es so, dass die obligatorische Unfallversicherung für den verunfallten Gatten die vollen UVG-Leistungen erbringt, konkret also eine Witwenrente zahlt – und dass sie nicht auf die nahe stehende Person zurückgreifen (Regress nehmen) darf.

Dies gilt unter der Voraussetzung, dass die schuldige Person den Unfall lediglich leicht fahrlässig verursacht hat.

Ein Regress wäre nur statthaft, wenn die Fahrerin den Unfall absichtlich oder grob fahrlässig herbeigeführt hätte.

zurückzuverlangen, die die Versicherung dem Verunfallten zuvor bezahlt hat. Diese Rückforderung betrifft nicht nur die Taggelder, sondern auch die Heilungs- und Spitalkosten. ∎

7 Das Schmerzensgeld für Geschädigte
Entschädigung für seelische Pein

Demütigungen, Ängste und seelische Pein – für diese Schmerzen können Unfallopfer und Geschädigte mit einem Geldbetrag entschädigt werden. Dank dem Rechtsinstrument der Genugtuung.

Mit einer Genugtuung sollen Opfer – nebst dem Ersatz für materiellen Schaden – auch eine Entschädigung für den seelischen Schmerz erhalten, den sie erlitten haben (siehe Kasten unten).

Stichwort

Schmerzensgeld, Genugtuung
Die Begriffe Genugtuung und Schmerzensgeld bedeuten das Gleiche. Der Ausdruck «Schmerzensgeld» drückt aber verständlicher aus, worum es geht: Die finanzielle Entschädigung soll den seelischen Schmerz, den jemand erleidet, bis zu einem gewissen Grad wieder gutmachen.

Seelischer Schmerz kann dadurch entstehen, dass man eine sehr nahe Person (Ehegatten oder -gattin, Kinder, Eltern) verliert oder dass man selber bei einem Unfall (oder bei einer Straftat) verletzt wird und deswegen körperliche oder seelische Schmerzen erleidet.

Hat der Schädiger eine Haftpflichtversicherung, so muss diese das geschuldete Schmerzensgeld übernehmen. Die Versicherung muss nämlich 100 Prozent des angerichteten Schadens zahlen (falls keine Reduktionsgründe vorliegen) – und zum Schaden gehört auch eine allfällige Genugtuung an das Opfer.

Schmerzensgelder sind übrigens mit 5 Prozent zu verzinsen – und zwar ab dem Zeitpunkt des Delikts (oder des Unfalls) bis hin zur Auszahlung der Summe.

Natürlich sind der Verlust eines Menschen oder eine schwere Verletzung nie durch Geld aufzuwiegen. Trotzdem erfolgen Genugtuungszahlungen mit der Absicht, den Schmerz des Opfers zu lindern; das Geld kann dazu beitragen, dass Geschädigte mit ihrem Schicksalsschlag und den erlittenen Demütigungen und Ängsten besser zurechtkommen.

Aus der Sicht des «Täters» sind Genugtuungszahlungen eine Gelegenheit, ein Stück weit Sühne zu leisten.

Während vor allem in den USA horrende Genugtuungssummen zugesprochen werden, sind die Schmerzensgelder in der Schweiz vergleichsweise bescheiden. Zwar wurden sie in den letzten Jahren hierzulande deutlich angehoben – sie haben aber nach wie vor nur symbolischen Charakter.

Beim Haftpflichtrecht gelten andere Regeln als beim UVG
Im Unterschied zur Integritätsentschädigung in der Unfallversicherung (siehe Seite 35 ff.) gibt es für die Genugtuung keinen festen, gesetzlich festgelegten Tarif. Grund: Das Haftpflichtrecht folgt andern Grundsätzen als das Unfallversicherungsrecht.

■ Bei der Unfallversicherung interessiert nicht die Ursache der Schädigung, sondern das «Resultat» des Unfalls – also das objektiv feststellbare medizinische Mass der Beeinträchtigung der körperlichen oder geistigen Unversehrtheit bzw. Integrität. Der Verlust eines Beines oder eine Para- bzw.

Tetraplegie haben jeweils dieselbe körperliche Versehrtheit zur Folge. Deshalb können diese einzelnen Verletzungen schematisch nach einer fixen Tabelle bewertet werden.
- Das Haftpflichtrecht folgt einer anderen Logik: Hier geht es um die Bewertung und Beurteilung des persönlich erlittenen Unrechts, das der Schädiger dem Opfer angetan hat, und um den Verlust an Lebensqualität.

Massgebend sind bei jedem Fall die genauen Umstände

Entscheidend ist also im Haftpflichtrecht die Art und Weise, wie man beispielsweise zum Para- oder Tetraplegiker wurde. Dabei stellen sich Fragen wie: Ging der Täter besonders brutal vor? Hat er sein Opfer während längerer Zeit gequält? Erforderte die Verletzung einen langen Genesungsprozess?

Die Bemessung der Genugtuung hängt also – anders als bei der UVG-Integritätsentschädigung – von den Umständen ab.

Deshalb ist ein Finger bei der Unfallversicherung immer gleich viel wert, während es im Haftpflichtrecht einen Unterschied macht, ob ein Pianist oder ein Fussballer einen Finger verliert. Der Fuss eines Fussballers hat umgekehrt ein höheres Gewicht als der Fuss eines Beamten, der seine Arbeit normalerweise sitzend im Büro verrichtet.

Aus diesem Grund ist eine tabellarische Zusammenstellung der Genugtuungszahlungen bei einzelnen Verletzungen ausserordentlich heikel und kann im Einzelfall sogar unzutreffend sein. Kommt dazu: Weil Genugtuungssummen letzten Endes meist von den Haftpflichtversicherungen bezahlt werden und die Versicherungen nur selten über die Höhe des Schmerzensgeldes prozessieren, gibt es in der Schweiz nur wenige Gerichtsurteile zum Thema.

Es ist deshalb für Aussenstehende schwierig zu wissen, welche Summen bezahlt werden.

Bereits ergangene Urteile liefern Anhaltspunkte

Trotzdem liefern die bereits ergangenen Urteile für andere Gerichte und Betroffene hilfreiche Hinweise zur Bemessung des Anspruches im Einzelfall.

Zudem haben die Gerichte die Sache insofern erleichtert, als sie im Interesse einer grösstmöglichen Rechtssicherheit in den letz-

---

In diesem Kapitel

Seite 126 Sinn und Zweck des Schmerzensgeldes
Seite 127 So wird der persönlich erlittene Schaden beurteilt
Seite 128 Die Kriterien der Bemessung
Seite 129 Begleitumstände, die zu einer höheren Genugtuung führen
Seite 130 50 Fälle von Genugtuungszahlungen: So haben Gerichte entschieden
Seite 132 Reduktionsgründe, die zu einer tieferen Genugtuung führen
Seite 133 Eine Kumulation von UVG-Integritätsentschädigung und Genugtuung ist nicht möglich

ten Jahren zunehmend den Versuch unternommen haben, die Bemessung von Genugtuungsansprüchen nach Möglichkeit zu objektivieren.

Die Kriterien der Bemessung

Bei der Bemessung des Schmerzensgeldes gehen die Gerichte in einer ersten Phase von der Schwere der Verletzung aus. Dabei orientieren sie sich an der UVG-Integritätsentschädigung (siehe Seite 35 ff.). Grund: Auch bei der Genugtuung sollen vergleichbare Verletzungen vergleichbar behandelt werden. Man könnte dies den «Basistarif» nennen.

In einer zweiten Phase muss dann das Gericht die Besonderheiten des Einzelfalles werten:

- Schwere des Verschuldens des Schädigers,
- Auswirkungen der Verletzungen auf den Beruf und die Lebensfreude ganz allgemein,
- Schmerzen und Dauer des Spitalaufenthaltes,
- Alter des Verletzten,
- Abhängigkeit von Hilfe durch Dritte,
- Isolation von der Aussenwelt,
- persönliches Empfinden der Beeinträchtigung durch die Behinderung,
- verkürzte Lebenserwartung,
- Verminderung von Heiratsaussichten,
- Verminderung der Fortpflanzungsfähigkeit.

Der vom Gericht ermittelte «Basistarif» aufgrund der effektiven körperlichen Schädigung wird also angesichts der konkreten Umstände erhöht oder reduziert. Es ist der Versuch, vergleichbares Leid bzw. vergleichbaren Schmerz auf vergleichbarer Grundlage abzufinden.

Je enger die Beziehung, desto mehr Geld gibt es

Die Tabelle auf den Seiten 130 und 131 ist in diesem Sinne zu interpretieren. Die Liste basiert auf konkreten Urteilen. Das Urteilsjahr ist deshalb verzeichnet, weil bei heutigen Entscheiden die inzwischen eingetretene Teuerung berücksichtigt werden sollte.

Ein Blick auf die Tabelle zeigt, dass die Genugtuungssumme umso grösser ist, je näher der Angehörige dem Verstorbenen ge-

Schmerzensgelder auch für Konkubinatspartner?

Beim Tode eines Konkubinatspartners kann der hinterbliebene Partner unter Umständen einen Versorgerschaden geltend machen. Daraus folgt, dass überlebende Partner in gewissen Fällen auch einen Anspruch auf Genugtuung haben.

Klar ist der Fall dann, wenn ein Paar ohne Trauschein bereits ein Kind hat und ein zweites erwartet: Jetzt hat der hinterbliebene Konkubinatspartner selbstverständlich einen Genugtuungsanspruch – genau wie jener Ehepartner, dessen Frau und ihr ungeborenes Kind kurz vor der Geburt wegen eines ärztlichen Kunstfehlers starben.

In anderen Fällen – also insbesondere bei kinderlosen Paaren – bleiben Genugtuungszahlungen an Konkubinatspartner umstritten.

standen hat. Beim Verlust von Ehegatten oder -gattin genehmigen die Gerichte bis zu 50 000 Franken. Der Verlust eines Kindes wird in der gleichen Grössenordnung entschädigt. Für den Verlust eines Elternteils gibts etwas weniger, Geschwister können für den Verlust von Bruder oder Schwester in etwa einen Viertel des Betrages geltend machen.

Umstritten ist, ob auch Konkubinatspartner oder -partnerinnen Ansprüche haben (siehe Kasten links). Weiter entfernte Angehörige haben in aller Regel keinen Genugtuungsanspruch.

Tod von Angehörigen: Die Elemente der Genugtuung
Bei der Bemessung des Schmerzensgeldes für den Verlust von Angehörigen gibt es eine Reihe von Elementen, die die Genugtuung erhöhen. Diese können sich beispielsweise aus dem Ereignis selbst ergeben: So führen besonders brutale Begleitumstände zu höheren Genugtuungsansprüchen.

Generell gilt nämlich: Je schwerer das Verschulden des Täters, desto grösser die Genugtuung für das Opfer.

Konkret geht es um die Frage, ob der Schadensverursacher leicht fahrlässig, grob fahrlässig oder gar absichtlich gehandelt hat. Ein Verkehrsrowdy wird also anders zur Kasse gebeten als ein gut beleumdeter Automobilist, dem eine leichte Unvorsichtigkeit passierte.

Oder: Wer jemanden auf besonders brutale und schmerzhafte Weise umbringt, haftet anders als ein Täter, dem in einer heftigen Emotion die Sicherung durchbrannte und das Opfer mit einem Schuss tödlich verletzte.

Schmerzensgelder: Oft stimmen die Relationen nicht
Fazit: Die Gerichte sollten bei der Bemessung der Genugtuung klar unterscheiden zwischen einer Schädigung durch eine fahrlässig begangene Verkehrsregelverletzung und einem brutal ausgeführten Verbrechen.

Das ist in den folgenden zwei Fällen wohl nicht geschehen:

- Ein Verkehrsopfer wird schwer verletzt, weil ein Raser mit übersetzter Geschwindigkeit unterwegs war: Der Mann erleidet ein Schädelhirntrauma, seine berufliche Laufbahn ist beendet, er trägt eine sprachliche und ästhetische Behinderung mit motorischen Störungen davon, seine Heiratsaussichten sind zerstört, er ist abhängig von Dritthilfe – und erhält 200 000 Franken Genugtuung.
- Eine Frau, die von ihrem Mann lebensgefährlich mit Messerstichen verletzt wird und gelähmt und rollstuhlabhängig bleibt, erhält lediglich 150 000 Franken.

In diesen zwei Fällen stimmen die Relationen mit Sicherheit nicht.

Harmonie in der Ehe wirkt sich auch finanziell aus
Wer als Angehöriger einen langen, schmerzhaften Todeskampf oder

Fortsetzung auf Seite 132

Schmerzensgelder für Opfer: So haben Gerichte entschieden

Genugtuung bei Körperverletzungen

Betrag	Verletzung bzw. erduldetes Leiden	Urteils-jahr
0.–	Ohrfeige, Fusstritte mit Bluterguss	1998
150.–	Verletzte Lippe, abgebrochener Zahn	1997
400.–	Bruch des Nasenbeins	1997
500.–	Prellung mit Bluterguss auf der Stirne, Schürfwunden	
1000.–	Faustschlag ins Gesicht, Verlust von drei Zähnen, künstliches Gebiss	1995
1000.–	Oberschenkelfraktur	1995
1000.–	Nasenbeinbruch, Schulterverletzung und Rissquetschwunden im Gesicht	1996
1000.–	Verletzungen an Kopf, linkem Vorderarm, Oberarmen und Hüfte durch Hundebisse	1998
1000.–	Schenkelhalsfraktur	1998
1000.–	Zwei Zähne ausgeschlagen, Schürfwunden im Gesicht, Prellungen	1994
2000.–	Todesangst	1995
2000.–	Faustschlag ins Gesicht, Blutergüsse, Hirnerschütterung	1996
3000.–	Hundebiss in den Oberschenkel	1996
4000.–	Operation der Kniebänder	1998
5000.–	Schleudertrauma, täglich Kopfschmerzen, gelegentlich Halsstarre	1995
8000.–	Verlust eines Auges	1995
8500.–	Lebensgefährliche Verletzungen, Nierenverlust einseitig, Verletzungen des Dünndarmes	1995
10 000.–	Lebensgefährlicher Riss der Bauchspeicheldrüse, Blutergüsse in den Augen	1996
12 000.–	Hirnerschütterung, diverse Frakturen (Schädel, Oberschenkel) und Quetschungen	1994
20 000.–	Verlust einer Hode (Hundebiss beim Joggen), Durchtrennung eines Samenstranges, Schmerzen beim Geschlechtsverkehr, beim Übereinanderschlagen der Beine, beim Tragen enger Hosen. Narbe. Beeinträchtigung der Männlichkeit	1996
20 000.–	Absterben eines von zwei Zwillingsföten wegen Kunstfehlers	1996
20 000.–	Muskulatur des linken Beines wurde irreversibel geschädigt. Ärztlicher Kunstfehler	1990
20 000.–	Infektionsbedingte, schwere, postoperative Komplikationen nach kosmetischer Korrekturoperation wegen Hundebisses im Gesicht; entstellende Narbe	1992
22 440.–	Hirnerschütterung, Schädelbruch, Sprunggelenkfraktur, Einschränkungen beim Hören	1994
40 000.–	Verlust beider Arme im Bereich des Oberarms, Schädelhirntrauma	1986
45 000.–	Schwere Verletzungen am Unterschenkel, die zur Amputation führten	1997
50 000.–	Schwere Kopfverletzungen, fast vollständige Erblindung	1986
50 000.–	Hässliche Narben am Bauch eines Pianisten, Kunstfehler eines Arztes	1989
50 000.–	Schwere Beinverletzung, erzwungener Berufswechsel	1991
75 000.–	Kopfverletzung, starke Einschränkung der Beweglichkeit	1992
80 000.–	Ansteckung mit HIV	1998

Betrag	Verletzung	Urteilsjahr
87 640.–	Paraplegie. Um 10 % verkürzte Lebenserwartung, depressive Verstimmungen, Vereinsamung, lebenslange schwere neurogene Sexualfunktionsstörungen	1990
100 000.–	Invalidität nach Schleuderunfall, auf Hilfe Dritter angewiesen	
100 000.–	Für ein Mädchen, das von seinem Vater zehn Jahre lang immer wieder aufs Brutalste sexuell missbraucht wurde	1999
100 000.–	Tetraplegie mit Atembeschwerden	1981
100 000.–	Schwerer Hirnschaden	1986
100 000.–	Erhebliche Invalidität	1993
100 000.–	Schwere Kopfverletzungen mit zahlreichen Einschränkungen (gestörtes Sprechverhalten, Konzentrationsschwäche, Defizite kognitiver Fähigkeiten), die zur Aufgabe der Berufstätigkeit führten	1995
110 000.–	Gesichtszertrümmerung mit einseitiger Erblindung, dauernde extreme Entstellung des Gesichts	1986
150 000.–	Linker Arm und linkes Bein abgerissen, angenähter linker Arm bleibt gelähmt, Rollstuhl, auf Dritthilfe angewiesen, gebärunfähig	1995
150 000.–	Lähmung mit Rollstuhlabhängigkeit	1997
200 000.–	Schädelhirntrauma mit zahlreichen Verletzungen, Oberschenkelamputation und mehrjährigem Koma	1997

Genugtuung an Angehörige von Schwerstverletzten

Betrag	Verletzung	Urteilsjahr
20 000.–	An die 70-jährige Mutter, welche die Pflege des vollinvaliden Sohnes übernahm	1995
20 000.–	An das Kind, dessen Mutter durch Kohlenmonoxydvergiftung cerebral geschädigt wurde	1991
30 000.–	An das Kind einer vollinvaliden, linksseitig gelähmten Mutter mit teilweiser Erblindung und unfallbedingtem Verlust von Geschmacks- und Geruchssinn	1994
30 000.–	Für Ehepartner, dessen Partner durch Kohlenmonoxydvergiftung cerebral geschädigt wurde	1991
30 000.–	Für den Ehepartner einer Frau, deren linker Arm und linkes Bein abgerissen wurden, Rollstuhlabhängigkeit, auf Dritthilfe angewiesen, gebärunfähig	1994
60 000.–	Für Ehemann einer vollinvaliden, linksseitig gelähmten Gattin, mit teilweiser Erblindung und unfallbedingtem Verlust von Geschmacks- und Geruchssinn	1994

Genugtuung bei Verlust eines Familienangehörigen oder Partners

Betrag	Empfänger	Jahr
0.– bis 10 000.–	An den Bruder oder an die Schwester nach Verlust von Schwester oder Bruder, je nach Alter und Intensität der fam. Beziehung	1998
10 000.– bis 25 000.–	Für Kinder eines getöteten Elternteils	1998
22 500.–	An jeden Elternteil des durch Unfall getöteten Sohnes	1998
25 000.–	Für den Verlobten einer tödlich verunfallten Frau	1989

Fortsetzung von Seite 129

eine besonders schmerzhafte Todesart miterleben muss, hat ebenfalls Anspruch auf eine höhere Genugtuung.

Auch die Intensität der zerstörten Beziehung ist ein erhöhender Umstand, weil die Zerstörung eines harmonischen Familienlebens schmerzlicher empfunden wird als das abrupte Ende einer bereits zerrütteten Ehe. In solchen Fällen könnte allerdings der Anspruchsberechtigte unter Umständen in Beweisnot geraten, falls er eine besonders intensive Beziehung nachweisen muss.

Das jugendliche Alter des Getöteten ist in der Regel ebenfalls ein erhöhender Faktor, weil die Eltern den frühen Tod eines Kindes als schwereren Schicksalsschlag empfinden.

Kleinkinder, die ihre Eltern verlieren, können in der Regel ebenfalls mit einer erhöhten Genugtuung rechnen.

Nach einer Gefälligkeit gibt es weniger Geld
Es gibt auch Gründe, die zu einer Herabsetzung der Genugtuung Anlass geben:
- Wer unmittelbar nach dem Tod seines Partners eine neue Bindung eingeht, muss damit rechnen, dass sein Genugtuungsanspruch reduziert wird.
- Wer jemandem um einen Gefallen bittet – beispielsweise als Zügelhelfer – und dabei durch den freiwilligen Helfer verletzt wird, muss mit einer Gefälligkeitsreduktion rechnen (siehe auch Seite 121 ff.).
- Das Selbstverschulden des Geschädigten kann die Genugtuung ebenfalls herabsetzen.
- Auch das hohe Alter des Getöteten bzw. dessen verkürzte Lebenserwartung kann die Genugtuung reduzieren.
- Die finanzielle Situation des Haftpflichtigen spielt für die Bemessung der Genugtuung ebenfalls eine Rolle. Sie wird reduziert, falls deren Höhe zum wirtschaftlichen Ruin des Schädigers führen würde. Das kommt heute allerdings nicht mehr oft vor, weil in den meisten Fällen Haftpflichtversicherungen für den Schaden aufkommen.

Die Genugtuung bei Körperverletzungen
Bei der Genugtuung für Körperverletzungen können vergleichbare Erhöhungs- und Reduktionsgründe wie bei der Genugtuung wegen Tötung ins Spiel kommen (Absicht, Brutalität, Rücksichtslosigkeit, schweres Verschulden, Einsichtslosigkeit, Sinnlosigkeit einer Handlung usw.).

Hinzu kommen Gründe, die eng mit der Körperverletzung zusammenhängen:
- Art, Auswirkung und Gefährlichkeit der Verletzung,
- Schmerzen,
- Anzahl und Gefährlichkeit der dadurch notwendig gewordenen medizinischen Behandlungen,
- Dauer des Spitalaufenthaltes,
- erlittene Komplikationen im Heilungsverlauf,

- nicht abschätzbare Spätfolgen und damit verbundene Ängste,
- jugendliches Alter,
- Verkürzung der Lebenserwartung,
- Erschwerung der sozialen Kontakte (z. B. bei Gehörverlust),
- Abhängigkeit von Dritthilfe (Verlust der Mobilität, Abhängigkeit bei der Verrichtung des täglichen Lebens usw.),
- psychische Probleme (Konzentrationsschwierigkeiten, Stimmungsschwankungen, Depressionen, Angstneurosen, Wesensveränderung usw.),
- körperliche Verunstaltungen,
- Verlust der Sexualität, Fortpflanzungsfähigkeit usw.,
- Einschränkung in der Freizeitgestaltung.

Zu den Reduktionsgründen gehören:
- nur leichtes Verschulden des «Täters»,
- Gefälligkeit,
- Selbstverschulden,
- fortgeschrittenes Alter des Verletzten,
- bereits bestehende Leiden.

Keine Kumulation von Integritätsentschädigung und Schmerzensgeld

Kann ein Geschädigter gleichzeitig eine Integritätsentschädigung der Unfallversicherung gemäss UVG *und* einen Genugtuungsanspruch gegenüber dem Haftpflichtigen geltend machen?

Die Antwort ist Nein, wie das folgende Beispiel zeigt:

Ein Arbeitnehmer wird durch einen Verkehrsunfall vollständig gelähmt. Der Unfallverursacher ist allein schuldig. Von der Unfallversicherung hat der Verunfallte eine Integritätsentschädigung von 100 000 Franken zugut. Der Genugtuungsanspruch gegenüber dem Haftpflichtigen liegt bei schätzungsweise 150 000 Franken.

Erhält das Opfer also 250 000 Franken? Nein. Die vorherrschende Rechtsmeinung geht davon aus, dass Geschädigte grundsätzlich den vollen Genugtuungsanspruch erhalten – aber nicht mehr.

Im konkreten Fall beträgt der volle Anspruch 150 000 Franken. Der Haftpflichtige muss also dem Opfer nur 50 000 Franken als Genugtuung zahlen. Die restlichen 100 000 Franken, die der Haftpflichtige dem Geschädigten bezahlen müsste, übernimmt die Unfallversicherung (die aber ihrerseits auch wieder auf den Verursacher bzw. dessen Haftpflichtversicherung Regress nehmen kann).

Fazit: Das Unfallopfer kann nicht verlangen, dass die UVG-Integritätsentschädigung und sein Genugtuungsanspruch kumuliert werden.

Ebenfalls nicht in Frage kommt eine Kumulation von Genugtuung aus Körperverletzung und Genugtuung aus Tötung. Wenn also jemand zunächst durch einen Unfall schwer verletzt wird und dann ein oder zwei Jahre später an den Folgen dieses Unfalls stirbt, so können die Angehörigen nach dem Tod des Opfers keine Genugtuung mehr verlangen, falls das Opfer selber schon ein Schmerzensgeld erhalten hat.

8 Die Leistungen der Opferhilfe
Bedürftige Opfer erhalten Hilfe vom Staat

Das Opferhilfegesetz soll verhindern, dass Betroffene mit tiefem Einkommen nach einer Straftat in einen finanziellen Engpass geraten: Sie erhalten Beratung, Rechtsbeistand und unter Umständen auch Schadenersatz sowie ein Schmerzensgeld.

Das Opferhilfegesetz geht auf eine Initiative des «Beobachters» von 1980 zurück und wurde 1993 in Kraft gesetzt. Es soll bedürftigen Opfern von Straftaten wirksame Hilfe leisten und ihre Rechtsstellung verbessern.

Hilfe erhält jede Person, die durch eine Straftat in ihrer körperlichen, sexuellen oder psychischen Integrität unmittelbar beeinträchtigt worden ist – und zwar unabhängig davon, ob der Täter ermittelt wurde oder ob er sich schuldhaft verhalten hat oder ob er unzurechnungsfähig ist.

Dabei geht es um Beratung des Opfers, den Schutz des Opfers unter Wahrung seiner Rechte im Strafverfahren und die Gewährung von Schadenersatz und Genugtuung.

Bei Einbruch oder Betrug greift die Opferhilfe nicht

Oft ist es so, dass Opfer nach einer Straftat – sei es Mord, Vergewaltigung oder vorsätzliche Körperverletzung – einen grossen materiellen Schaden erleiden. Ebenso oft sind die Täter aber finanziell nicht in der Lage, diesen Schaden zu ersetzen.

Deshalb ist es in der Vergangenheit immer wieder vorgekommen, dass Opfer einer Straftat – nebst der Verletzung der persönlichen Integrität – finanzielle Einbussen erleiden mussten und sogar mittellos wurden.

Opferhilfe auch nach Straftaten im Ausland

Wird eine Straftat in der Schweiz verübt, so erhalten nicht nur einheimische Opfer Entschädigung und Opferhilfe vom Staat, sondern auch Touristen, die sich hier aufhalten. Staatsangehörigkeit und Wohnsitz spielen also bei Delikten, die in der Schweiz passierten, punkto Geldleistungen keine Rolle.

Passiert die Straftat hingegen im Ausland, so haben nur Personen mit Schweizer Bürgerrecht *und* Wohnsitz in der Schweiz Anspruch auf Geld.

Bei der Opferberatung und der Kostenübernahme (zum Beispiel für eine Psychotherapie) sind die Bedingungen allerdings weniger streng.

Hier gilt: Bei im Ausland verübten Straftaten genügt es gemäss Bundesgericht, wenn das Opfer eine «hinreichende Beziehung zur Schweiz unterhalten hat». Wohnsitz in der Schweiz genügt also, Schweizer Bürgerrecht hingegen ist dann nicht erforderlich (oder umgekehrt).

Mit dem Opferhilfegesetz tritt der Staat an die Stelle eines haftpflichtigen Täters: Er ersetzt den effektiv erlittenen Haftpflichtschaden und zahlt eine Genugtuung.

Ursprünglich wollte man mit der Opferhilfe nur Gewaltverbrechen wie vorsätzliche Körperverletzung, Mord und Vergewaltigung berücksichtigen. Inzwischen fallen aber sämtliche Straftaten darunter – auch die fahrlässig begangenen.

Betroffen sind also beispielsweise auch Körperschädigungen durch ärztliche Behandlung oder Verkehrsunfälle.

Die Opferhilfe kommt aber nur bei Straftaten gegen Leib und Leben zum Zug. Vermögensdelikte fallen nicht darunter: Wer nach einem Einbruch oder durch Betrug einen Sachschaden erleidet, kann dafür vom Staat keinen Ersatz verlangen.

Ansprüche kann nicht nur das Opfer selber geltend machen, sondern auch dessen Ehegatte, die Kinder und Eltern sowie andere Personen, die ihm in ähnlicher Weise nahe stehen. Darunter fallen also auch Konkubinatspartnerinnen und -partner. Diese Angehörigen brauchen keinen Wohnsitz in der Schweiz zu haben.

Selbstverständlich kann der Staat aber auf den Täter Rückgriff nehmen, der primär haftpflichtig bleibt.

Der Schadenersatz gemäss Opferhilfegesetz

Wichtig sind zunächst die Hilfe und die Beratung sowie die Unter-

> **In diesem Kapitel**
>
> **Seite 134** Opferhilfe auch nach Straftaten im Ausland
> **Seite 134** Sachschäden sind nicht gedeckt
> **Seite 135** Nach diesen Kriterien wird die Entschädigung berechnet
> **Seite 136** Die Kürzung der Entschädigung
> **Seite 136** Opfer dürfen Anlaufstelle frei wählen
> **Seite 136** Bei der Genugtuung spielt das Einkommen keine Rolle
> **Seite 138** Checkliste: Das müssen Opfer wissen

stützung im Strafverfahren, die die kantonalen Opferhilfestellen gewähren (siehe Kasten auf Seite 136). Dazu gehören in aller Regel die Vermittlung eines Anwaltes und die Übernahme der Anwaltskosten. Das Gleiche gilt für allfällig anfallende Arztkosten und vom Arzt verordnete Therapien.

Der anfallende Personenschaden (also beispielsweise Lohnausfall oder Haushaltschaden, siehe Definition auf Seite 98 ff.) wird dem Opfer jedoch nur in begrenztem Umfang ersetzt:

- Die ausbezahlte Summe ist auf maximal 100 000 Franken beschränkt.
- Ausserdem wird dieser Schaden nur ersetzt, wenn das Opfer über ein geringes Einkommen verfügt. Massstab ist das Bundesgesetz über die Ergänzungsleistungen zur AHV, das einen bestimmten Höchstbetrag für den allgemeinen Lebensbedarf festlegt. Seit Januar 2003 beträgt die Einkommensgrenze 17 300 Franken

für Alleinstehende und 25 950 Franken für Ehepaare (für das erste und zweite Kind kommen noch 9060 Franken dazu).

Liegen die Einkünfte unter dieser Grenze, wird dem Opfer der volle effektive Schaden bis zum erwähnten Höchstbetrag ersetzt.

Liegen die Einnahmen höher, wird die Entschädigung entsprechend gekürzt.

Überschreiten die Einnahmen das Vierfache des genannten Höchstbetrages für den allgemeinen Lebensbedarf, wird keine Entschädigung ausgerichtet.

Für die Berechnung des Personenschadens gelten die gleichen Grundsätze wie im Privatrecht, die im Kapitel zur Schadenberechnung aufgezeigt sind (Seite 98 ff.).

Eine allfällige Kürzung liegt im Ermessen des Richters

Ein Selbstverschulden des Opfers bildet einen Herabsetzungsgrund, die Entschädigung wird also gekürzt. Dies ist aber nur erlaubt, wenn das Opfer den Schaden wesentlich mitverschuldet hat.

Eine vollständige Verweigerung der Leistungen ist aber ausgeschlossen. Selbst wer beispielsweise eine Schlägerei wesentlich mitverschuldet, geht nicht komplett leer aus. Theoretisch können somit beide Beteiligten an einer Schlägerei unter Berufung auf das Opferhilfegesetz Leistungen verlangen.

Die Kürzung wegen wesentlicher Mitschuld an einem Vergehen oder Verbrechen ist fakultativ, also vom Gesetz nicht zwingend vorgeschrieben. Sie liegt im Ermessen des Richters.

Die Kürzung darf aber nicht weiter gehen, als sie gemäss Unfallversicherungsgesetz möglich wäre.

Das heisst: Die Geldleistungen dürfen höchstens auf die Hälfte gekürzt werden, falls das Opfer zum Zeitpunkt des Unfalls für Angehörige zu sorgen hat, denen bei seinem Tode Hinterlassenenrenten zustehen würden (siehe Seite 46 f.).

Bei der Genugtuung spielt das Einkommen keine Rolle

Die gemäss dem Opferhilfegesetz ausbezahlte Genugtuungssumme (also das Schmerzensgeld) richtet sich nach den zivilrechtlichen Grundsätzen (siehe Seite 126 ff.).

Opfer dürfen die Anlaufstelle frei wählen

Der Vollzug der Opferhilfe liegt bei den Kantonen. Diese müssen entsprechende Beratungsstellen einrichten.

Ein Opfer ist nicht verpflichtet, die Beratungsstelle in seinem Wohnkanton aufzusuchen; es kann sich vielmehr an jede andere anerkannte Stelle wenden.

Die Liste mit den anerkannten Beratungsstellen finden Sie auf jedem Polizeiposten oder im Internet unter www.ofj.admin.ch beim Stichwort «Opferhilfe».

Opferhilfe-Entschädigung: Die Zahlungen von Versicherungen werden angerechnet

Im Opferhilfegesetz steht: «Leistungen, die das Opfer als Schadenersatz erhalten hat, werden von der Entschädigung abgezogen.» Damit sind in erster Linie Zahlungen von Versicherungen gemeint. Der Staat zahlt also nur, wenn der Schaden des Opfers nicht von anderer Seite – vom Täter, von Dritten oder von bestehenden Versicherungen – hinreichend gedeckt ist.

Das gilt sogar dann, wenn die Pensionskasse einer getöteten Person dem überlebenden Ehegatten ein Todesfallkapital auszahlt.

Dies hat das Bundesgericht in einem konkreten Fall aus dem Jahre 2003 so entschieden. Damals ging es um einen Mann, dessen Frau getötet worden war; er hatte Anspruch auf Ersatz für den Versorgerschaden sowie den Haushaltschaden. Er musste sich aber die Zahlungen der Pensionskasse seiner Frau anrechnen lassen (und natürlich auch die Hinterlassenenrente der Suva). Auch die Genugtuung, die er gemäss Opferhilfegesetz bereits erhalten hatte, wurde bei der Entschädigung für den Schaden berücksichtigt; das alles bewirkte, dass die Entschädigung tiefer ausfiel.

Umgekehrt heisst das aber: Wenn ein Opfer beispielsweise von der Unfallversicherung ein Taggeld oder eine Rente in der Höhe von 80 Prozent des letzten Lohnes erhält, so hat es nach Opferhilfegesetz grundsätzlich dennoch Anspruch auf Entschädigung für den vom UVG nicht gedeckten Erwerbsausfall (die verbleibenden 20 Prozent). Das Opfer erhält nämlich nach dem Sinn des Opferhilfegesetzes Ersatz für den *gesamten* Schaden.

Hier spielt das Einkommen keine Rolle.

Das Ausmass der Kürzung der Genugtuungssumme hängt vom Einzelfall ab:
- Die Genugtuung kann bereits herabgesetzt werden, wenn das Opfer ein leichtes Mitverschulden trägt.
- Ein grosses Verschulden kann ohne weiteres zur Folge haben, dass das Opfer den Anspruch auf Genugtuung komplett verliert.

Derzeit (Stand Mitte 2003) wird das Opferhilfegesetz überarbeitet. Dabei steht insbesondere die Genugtuung zur Debatte. Etliche Kantone wollen die Genugtuung abschaffen, andere wollen sie herabsetzen und an restriktivere Bedingungen knüpfen.

Der Staat als letzter Rettungsanker

Aus dem Grundgedanken des Opferhilfegesetzes ergibt sich, dass der Staat nur dann einspringt, wenn das Opfer nicht vom Täter bzw. dessen Versicherung entschädigt wird.

Bei Verkehrsunfällen muss demnach der Staat aufgrund der Kausalhaftung des Fahrzeuglenkers in aller Regel nicht zahlen.

Allerdings kommt das Opferhilfegesetz in solchen Fällen trotzdem zum Zug, falls der Fahrzeuglenker Führerflucht begeht und nicht identifiziert werden

Checkliste

Das müssen Opfer von Straftaten wissen

- Sie können sich an jede der 65 anerkannten Beratungsstellen in der ganzen Schweiz wenden. Jeder Kanton hat mindestens eine Stelle. Es gibt allgemeine und spezialisierte Beratungsstellen (zum Beispiel für Opfer von Sexualdelikten).
- Die Opferhilfe richtet sich nicht nur an direkt Betroffene, sondern auch an Hinterbliebene und Bezugspersonen.
- Die Beratungsstellen sorgen zunächst für medizinische, psychologische, soziale, materielle und juristische Hilfe. Sie helfen also bei der psychischen Verarbeitung der Folgen der Straftat und bei der Wiedereingliederung ins Berufsleben. Sie unterstützen das Opfer auch beim Vorgehen gegen Versicherungen oder beim Einreichen einer Strafanzeige. Die Soforthilfe ist gratis.
- Längerfristige Unterstützung wie zum Beispiel für Arzt-, Anwalts- oder Verfahrenskosten können die Beratungsstellen ganz oder teilweise finanzieren, falls das aufgrund der persönlichen Verhältnisse des Opfers angezeigt ist. Jeder Kanton interpretiert das anders.
- Geldansprüche für Schadenersatz oder Genugtuung verfallen zwei Jahre nach der Straftat. Für den Anspruch auf Hilfe gilt diese Verjährungsbestimmung nicht.
- Die staatlichen Leistungen sind immer subsidiär, sie ergänzen also Zahlungen von anderer Seite, beispielsweise von Versicherungen.

kann. In einem solchen Fall kann dann die Opferhilfe auf den Nationalen Garantiefonds Regress nehmen; das ist ein von allen Autohaftpflicht-Versicherern gebildeter Fonds, der bei Fahrerflucht grundsätzlich zahlen muss.

Selbstverständlich hat der Staat gegenüber dem Täter im Umfang seiner Leistungen ein Regressrecht. Und der Staat tritt dem Täter gegenüber – im Umfang seiner Leistungen – in die Rechte des Opfers ein.

Das heisst aber nicht, dass das Opfer zunächst selber nach dem Täter suchen und alle anderen Möglichkeiten abklären muss; vielmehr kann das Opfer von Anfang an gestützt auf das Opferhilfegesetz Leistungen verlangen. Es ist dann Sache des Staates, sich allenfalls beim Täter schadlos zu halten.

Das ist deshalb wichtig, weil solche Strafverfahren oft sehr lange dauern und das Opfer so in der wichtigsten Phase nach dem Delikt die erforderliche Unterstützung nicht bekäme.

Geldansprüche verjähren nach zwei Jahren

Opfer von Straftaten können ihre Schadenersatz- und Genugtuungsansprüche sehr einfach im Rahmen des Strafverfahrens geltend machen.

Das hat den Vorteil, dass das Opfer nicht noch das Risiko von Verfahrenskosten für einen Zivilprozess zu tragen hat; vielmehr kann der Strafrichter im Rahmen der strafrechtlichen Beurteilung des Vorgefallenen auch die Zivilforderungen der Geschädigten behandeln.

Will sich ein Opfer auf das Opferhilfegesetz berufen, muss es seine Geldansprüche innerhalb einer Frist von zwei Jahren geltend machen. Geschieht dies nicht innert dieser Frist, kann sich das Opfer nicht mehr an den Staat halten.

Wichtig ist aber, dass das Opfer auf diese Möglichkeiten und diese Fristen hingewiesen wird: Die Polizei ist im Rahmen des Strafverfahrens verpflichtet, diese Aufklärung zu leisten. Ergibt sich aufgrund der Strafakten, dass diese Information durch die Polizei nicht erfolgte, kann dem Opfer später nicht die Verwirkung seiner Ansprüche entgegengehalten werden. ■

**8
Die
Leistungen
der
Opferhilfe**

9 So wahren die Versicherten ihre Rechte
Das sind die Spielregeln der Justiz

Wer mit dem Entscheid der Versicherung nicht einverstanden ist, kann ihn vor Gericht anfechten. Betroffene haben aber schlechte Karten, wenn sie die Funktionsweise des Justizapparates nicht kennen. Denn je nach Versicherung ist der Rechtsweg verschieden.

Es passiert immer wieder: Die Unfallversicherung will kein Taggeld zahlen. Oder die Pensionskasse will keine Rente vergüten. Oder die Haftpflichtversicherung weigert sich, eine Haftung anzuerkennen.

In solchen Fällen bleibt oft nur der Gerichtsweg, um sein Recht durchzusetzen.

Bevor man aber daran geht, den Entscheid einer Gegenpartei dem Richter vorzulegen, lohnt es sich, zuerst alle anderen Möglichkeiten zu prüfen. Denn eine Klage kann – vor allem bei den Versicherungen nach Privatversicherungsrecht VVG – ins grosse Geld gehen.

Mündliche Auskünfte sind nicht viel wert

Deshalb ist es wichtig, dass man sich zunächst an der richtigen Stelle darüber informiert, ob man überhaupt im Recht ist oder nicht. Und ob man mit einer Klage allenfalls eine Chance hat.

Bevor Sie das tun, sollten Sie aber immer zuerst mit der Versicherung reden. Verlassen Sie sich dabei nicht auf mündliche Aussa-

Vom Nutzen der Rechtsschutz-Versicherung

Im Streit mit Unfallverursachern oder Versicherungen kann eine Rechtsschutz-Versicherung wertvoll sein; sie setzt Ihre Ansprüche vor Gericht durch, ohne dass Sie sich vor hohen Anwaltskosten fürchten müssen.

Achten Sie darauf, dass sowohl der Verkehrsrechtsschutz als auch der Privatrechtsschutz abgedeckt sind, falls Sie sich für eine solche Police entscheiden.

Wer Wert darauf legt, bei einem Rechtsstreit die freie Wahl des Anwalts zu haben, schliesst seinen Rechtsschutz mit Vorteil bei der Assista ab. Wer nur auf die Prämie schaut, findet derzeit bei der Krankenkasse Helsana das günstigste Angebot.

Wichtig: Falls der Unfall bereits passiert ist oder der Rechtsstreit schon begonnen hat, ist es für den Abschluss einer Rechtsschutz-Versicherung zu spät, denn laufende Streitigkeiten sind nicht versichert.

Übrigens: Mehr als eineinhalb Millionen Krankenkassen-Kunden haben heute über eine Zusatzversicherung auch einen Patienten-Rechtsschutz mitversichert. Der ist zwar nützlich bei Streitigkeiten um ärztliche Behandlungsfehler, kann aber den vollständigen Schutz einer klassischen Rechtsschutz-Versicherung nicht ersetzen.

gen von Mitarbeiterinnen oder Mitarbeitern, sondern verkehren Sie grundsätzlich nur schriftlich. So haben Sie immer alle Zusagen oder Einwände schwarz auf weiss in der Hand.

Das sind die wichtigsten Anlaufstellen für Betroffene
Für Unfallopfer und alle anderen Betroffenen gibt es in der Schweiz eine ganze Reihe von Anlauf- und Beratungsstellen, die Auskunft geben und Hilfe leisten:
■ Die Rechtsberatungsstelle von Saldo und K-Tipp erteilt telefonische und schriftliche Auskünfte auch zu Versicherungsfragen (Angaben auf Seite 150).
■ Wer einen ausgewiesenen Anwalt sucht, wendet sich mit Vorteil an die Rechtsberatungsstelle für Unfallopfer und Patienten U.P.; sie wird von Rechtsanwälten betrieben, die schwergewichtig im Haftpflichtrecht und im Sozialversicherungsrecht arbeiten (Adresse auf Seite 153).
■ Für Betroffene mit spezifischen Körperschädigungen gibt es spezialisierte Anlaufstellen wie zum Beispiel der Schleudertrauma-Verband oder Fragile Suisse für Hirnverletzte (Adressen auf Seite 152).
■ Die Rechtsschutz-Versicherungen stellen ebenfalls einen Ansprechpartner zur Verfügung und bieten Unterstützung auf dem Rechtsweg (siehe Kasten links).
■ Eine Alternative zum Rechtsweg können die Ombudsstellen sein (siehe Kasten auf Seite 142).
■ Die Patientenstellen und die Schweizerische Patientenorganisation (SPO) richten sich in erster Linie an Patienten, die mit der Behandlung beim Arzt oder im Spital nicht zufrieden waren oder Opfer eines Kunstfehlers wurden (Adressen auf Seite 151 f.).

In diesem Kapitel

Seite 140 Vom Nutzen der Rechtsschutz-Versicherung
Seite 141 Der Rechtsweg in der Unfallversicherung
Seite 142 Die Ombudsstellen, eine Alternative zum Gerichtsweg
Seite 143 Das Verfahren im Sozialversicherungsrecht
Seite 144 Der Rechtsweg bei der Invalidenversicherung
Seite 144 Streitigkeiten mit der Krankenkasse
Seite 144 So sollte eine Beschwerde formuliert sein
Seite 145 So werden die Fristen berechnet
Seite 145 Der Rechtsweg bei der Pensionskasse
Seite 146 Der Rechtsweg im Zivilprozess
Seite 147 Gütliche Einigungen mit der Versicherung können tückisch sein

Der Rechtsweg in der Unfallversicherung

Der Rechtsweg bei der Unfallversicherung läuft in folgenden Schritten ab:
■ In der Regel teilt der Unfallversicherer seinen Entscheid mit einer formellen Verfügung mit; ist dies ausnahmsweise nicht der Fall, kann eine solche verlangt werden. Die Verfügung muss un-

ter anderem auch eine Rechtsmittelbelehrung enthalten.
- Gegen die Verfügung können Versicherte innert 30 Tagen Einsprache erheben. Eine Einsprache muss nicht unbedingt schriftlich erfolgen; es genügt, persönlich bei der Unfallversicherung vorzusprechen und die Einsprache mündlich zu erheben. Eine telefonische Mitteilung reicht hingegen nicht. Es ist nützlich (aber nicht Voraussetzung), die Einsprache kurz zu begründen.
- Aufgrund der Einsprache muss die Unfallversicherung den Fall unentgeltlich noch einmal überprüfen und allenfalls korrigieren.
- Falls die versicherte Person mit dem Einspracheentscheid nicht einverstanden ist (wenn also die Versicherung auf ihrem Standpunkt beharrt), kann man beim kantonalen Versicherungsgericht des Wohnkantons eine Beschwerde einreichen (siehe Kasten auf Seite 144). Die Beschwerdefrist beträgt 3 Monate bei Streitigkeiten über die Höhe der Versicherungsleistung, in den übrigen Fällen 30 Tage.
- Versicherte können auch eine Beschwerde einreichen, falls der Einspracheentscheid gar nicht kam oder zu lange auf sich warten liess (Begründung: Rechtsverweigerung oder Rechtsverzögerung).
- Kann man sich mit dem Entscheid des kantonalen Versicherungsgerichts nicht abfinden, ist das Eidgenössische Versicherungsgericht in Luzern die nächste und letzte Instanz: Hier gilt es, innerhalb von 30 Tagen eine begründete Beschwerde einzureichen. Tipp: Ohne Anwalt ein Ver-

Die Ombudsstellen: Eine Alternative zum Gerichtsweg

Bevor Sie einen Rechtsstreit einleiten, können Sie Ihren Fall einer Ombudsstelle unterbreiten. Die Adressen stehen im Anhang auf Seite 150.

Für Streitigkeiten mit Privat- und Unfallversicherungen ist die «Stiftung Ombudsman der Privatversicherung und der Suva» in Zürich die richtige Anlaufstelle. (Für die Krankenversicherung gibt es eine Ombudsstelle in Luzern.)

Die Beratung ist kostenlos. Falls die Ombudsstelle zum Schluss kommt, das Anliegen des Versicherten sei gerechtfertigt, wird sie der betreffenden Versicherung empfehlen, auf ihren Entscheid zurückzukommen. Ombudsstellen geben schriftliche (Kopien aller Unterlagen beilegen!) und telefonische Rechtsauskünfte und vermitteln in Streitfällen zwischen dem Versicherten und der Gesellschaft. Sie können jedoch keine Entscheide fällen oder Anweisungen an die Versicherer erteilen.

Ist der Beschwerdeführer mit dem Resultat des Vermittlungsversuches nicht einverstanden, kann er immer noch den Rechtsweg beschreiten.

Die Ombudsstelle der Privatversicherung schreibt in ihrem Jahresbericht 2002, in 57 Prozent der Fälle habe die Versicherung nach der Intervention den ursprünglich eingenommenen Standpunkt zu Gunsten der versicherten Person korrigiert.

fahren gegen die Unfallversicherung bis zum Bundesgericht weiterzuziehen ist riskant.
- Das Verfahren bei den Versicherungsgerichten ist kostenlos. Mit Gerichtskosten müssen nur jene Beschwerdeführenden rechnen, die die Richter mutwillig wegen einer eindeutig aussichtslosen Angelegenheit bemühen.

Das Verfahren im Sozialversicherungsrecht soll auch Laien offen stehen

Das Unfallversicherungsrecht gehört zum Sozialversicherungsrecht – wie Streitigkeiten mit Krankenkasse, Invalidenversicherung und Pensionskasse. Dieses hat zum Ziel, dem Rechtsunkundigen eine Beschwerde auch ohne Rechtsbeistand zu ermöglichen.

Seit Anfang 2003 gilt das ATSG, das «Bundesgesetz über den allgemeinen Teil des Sozialversicherungsrechts». Es hat den Rechtsweg im komplizierten schweizerischen Versicherungsrecht etwas vereinfacht. Bei Unfallversicherung und IV ist der Rechtsweg grundsätzlich gleich, nur bei einer Frist gibt es einen Unterschied.

Die Pensionskassen sind vom ATSG nicht betroffen (und natürlich auch nicht die Versicherungen nach VVG).

Die Kantone sind gehalten, für Streitereien in den Sozialversicherungen zum Schutz der Versicherten «ein einfaches und rasches Verfahren» vorzusehen.

Im gesamten Sozialversicherungsrecht gilt der Untersuchungsgrundsatz. Das bedeutet: Sowohl die Versicherung als auch der Richter müssen den Sachverhalt selber abklären und allenfalls die notwendigen Beweise beschaffen. (Im Zivilprozess gilt genau das Gegenteil, die klagende Partei hat die Beweise zu liefern, siehe Seite 146.)

In diesem Verfahren haben Versicherte eine Mitwirkungspflicht: Sie müssen der Versicherung und dem Gericht alles mitteilen, was wichtig ist, und das tun, wozu sie aufgefordert werden.

Der erwähnte Untersuchungsgrundsatz ist bei den Sozialversicherungen von grosser Bedeutung: Wenn nämlich Versicherte selber eine Beschwerde formulieren und dabei ein wichtiges Beweismittel vergessen, kann ihnen diese Unterlassung im Sozialversicherungsrecht nicht zum Nachteil gereichen. Auf diese Weise sollen rechtsunkundige Versicherte, die ohne Rechtsbeistand ans Gericht gelangen, nicht über verfahrensrechtliche Fussangeln stolpern müssen.

Der Untersuchungsgrundsatz hat übrigens zur Folge, dass das Gericht nicht an die Begehren der Parteien gebunden ist. Es kann also eine Verfügung oder einen Einspracheentscheid auch zu Ungunsten der beschwerdeführenden Partei ändern. Aber das Gericht kann ihr auch mehr zusprechen als beantragt wurde.

Sollte das Gericht der beschwerdeführenden Partei weniger zusprechen als in der Verfügung oder im Einspracheentscheid der Versicherung gewährt wurde, muss das Gericht die versicherte Person vorher darauf aufmerksam machen, damit sie dazu Stellung nehmen oder die Beschwerde zurückziehen kann.

Tipp: Eine gut begründete Beschwerde, die alle Beweismittel und Gutachten nennt, hat mehr Erfolgschancen als eine schlecht begründete (siehe Kasten S. 144).

> **Tipp**
>
> **Rechtsweg: So sollte eine Beschwerde formuliert sein**
>
> Eine Beschwerde muss eine kurze Zusammenfassung des Sachverhaltes, ein Rechtsbegehren und eine Begründung enthalten.
>
> Ist die Beschwerde mangelhaft, wird sie zwar nicht abgewiesen, aber dem Beschwerdeführer zur Verbesserung zurückgeschickt mit der Androhung, dass sonst auf die Beschwerde nicht eingetreten wird.
>
> Eine Beschwerde muss nicht in Maschinenschrift geschrieben, sondern kann auch handschriftlich verfasst sein. Sie muss aber leserlich und in derjenigen Sprache verfasst sein, die am Gerichtsort gesprochen wird.
>
> Eine Beschwerde ohne Unterschrift ist ungültig.
>
> Es ist empfehlenswert, vor einer Beschwerde eine Rechtsberatungsstelle zu konsultieren (Adressen auf Seite 150 ff.).

- Die Versicherten müssen in keinem Fall damit rechnen, die Anwaltskosten der Gegenpartei (der Unfallversicherung) übernehmen zu müssen – auch wenn sie den Fall verlieren. Dies ganz im Gegensatz zum Zivilprozessrecht (siehe Seite 147).
- Auch im Sozialversicherungsrecht müssen die Versicherten aber ihre Anwaltskosten selber tragen, falls ihre Beschwerde abgelehnt wird (gewinnen sie, haben sie Anspruch auf Ersatz ihrer Anwaltskosten). Mittellose oder bedürftige Personen haben in komplexen Fällen das Recht auf einen unentgeltlichen Rechtsbeistand, sofern der Prozess nicht aussichtslos ist.

Streitigkeiten mit der Invalidenversicherung

Bei Konflikten mit der Invalidenversicherung (IV) gilt wie bei der obligatorischen Unfallversicherung, dass die IV ihre Entscheide per Verfügung an die Versicherten mitteilen muss.

Darin müssen Beschwerdefrist und Beschwerdeinstanz vermerkt sein. Achtung! Im Unterschied zur Unfallversicherung beträgt die Beschwerdefrist hier immer nur 30 Tage.

Wie bei der Unfallversicherung gibt es neu auch bei der IV eine Einsprachemöglichkeit. Dieser Entscheid kann an das kantonale Versicherungsgericht weitergezogen werden.

Wer mit dem Entscheid des kantonalen Gerichts nicht einverstanden ist, kann in der Sache mit einer weiteren Beschwerde an das Eidgenössische Versicherungsgericht in Luzern appellieren. Was die Kosten, Fristen und die Begründungspflicht anbetrifft, so gelten die gleichen Grundsätze wie bei der obligatorischen Unfallversicherung und der obligatorischen Grundversicherung der Krankenkasse.

Streitigkeiten mit der Krankenkasse

Wer nicht obligatorisch unfallversichert ist, hat den Unfallschutz bei der Grundversicherung der Krankenkasse – und damit gilt auch hier das Sozialversicherungsrecht (wie übrigens auch bei

den KVG-Taggeldern). Der Rechtsweg ist also der Gleiche wie bei der Unfallversicherung:
- Einsprache gegen die begründete Verfügung der Krankenkasse innert 30 Tagen;
- Möglichkeit der Beschwerde an das kantonale Versicherungsgericht und später an das Bundesgericht;
- kostenloses Verfahren und Gratis-Rechtsbeistand für Bedürftige.

Der Rechtsweg bei der Pensionskasse

Anders als bei Unfallversicherung, IV und Krankenkasse muss die Pensionskasse ihre Entscheide nicht in Form einer Verfügung mitteilen. Ist man mit einem Entscheid der Pensionskasse nicht einverstanden und kann man die Differenz im Gespräch mit den Verantwortlichen der Pensionskasse nicht bereinigen, muss man mit der Streitfrage direkt ans Gericht gelangen. Das Rechtsmittel bei einem unliebsamen Entscheid der Pensionskasse ist also nicht die Beschwerde, sondern die Klage.

Zuständig für das Verfahren ist aber auch hier das kantonale Versicherungsgericht. Es gelten im Prinzip die gleichen Regeln wie beim Verfahren bei der IV oder bei der Unfallversicherung.

Versicherte haben zwei Gerichte zur Auswahl: das Versicherungsgericht des Kantons, in dem der Arbeitgeber seinen Firmensitz hat, oder das Versicherungsgericht jenes Kantons, in dem die Pensionskasse ihren Sitz hat. Der Entscheid des kantonalen Gerichts kann ebenfalls an das Eidgenössische Versicherungsgericht in Luzern weitergezogen werden.

Beim Klageverfahren gibt es keine so genannte Beschwerdefrist. Man muss jedoch die Verjährungsfrist beachten, sie ist je

So werden die Fristen berechnet

In den meisten Fällen beträgt die Beschwerde- oder Einsprachefrist 30 Tage. Sie beginnt einen Tag, nachdem man die Verfügung, den Einspracheentscheid oder ein kantonales Urteil erhalten hat.

Beispiel: Eine Frau erhält am 15. September von der Unfallversicherung eine Verfügung per Einschreiben und unterzeichnet am selben Tag den Empfangsschein. Am 16. September beginnt die Einsprachefrist.

Von da an zählen alle Tage, sodass die Frist am 15. Oktober um 24 Uhr endet (der September zählt 30 Tage). Fällt der letzte Tag der Frist auf einen Samstag, Sonntag oder Feiertag, läuft die Frist um 24 Uhr am darauf folgenden Werktag ab.

Es ist dringend zu empfehlen, die Einsprache oder die Beschwerde eingeschrieben zu verschicken. Nur so können Sie beweisen, dass sie rechtzeitig abgeschickt wurde.

> **Tipp**
>
> **Verlangen Sie einen schriftlichen Verjährungsverzicht!**
>
> Verhandlungen mit Versicherungen können einige Zeit in Anspruch nehmen. Denkbar ist auch, dass im Augenblick das volle Ausmass des Schadens noch nicht bekannt ist, etwa weil unklar ist, ob ein bleibender Gesundheitsschaden resultiert.
>
> Um in solchen Fällen sicher zu sein, dass man wegen der eingetretenen Verjährung keiner Ansprüche verlustig geht, sollte man auf jeden Fall von der Versicherung einen schriftlichen Verjährungsverzicht verlangen.
>
> Ist sie dazu nicht bereit, muss man sie regelmässig und noch vor Ablauf der Verjährungsfrist betreiben. Dadurch kann die Verjährungsfrist unterbrochen werden. Das ist entscheidend, weil diese Fristen unter Umständen sehr kurz sind.
>
> Wichtig ist, dass man sich in solchen Fällen juristischen Rat einholt und abklären lässt, welche Verjährungsfristen gelten.

nach der Forderung an die Pensionskasse unterschiedlich:

- Wenn es um die Höhe der monatlichen Rentenzahlungen geht, gilt eine Verjährungsfrist von 5 Jahren.
- Ist eine versicherte Person mit der Berechnung der Freizügigkeitsleistung nicht einverstanden, hat sie 10 Jahre Zeit, um eine Klage einzureichen.

Eine andere Möglichkeit, um Differenzen mit der Pensionskasse zu bereinigen: Man kann an die Aufsichtsbehörde gelangen, die über die Geschäftstätigkeit der Pensionskasse zu wachen hat. Diese hat nämlich die Möglichkeit, die Pensionskassen unter Androhung von Massnahmen aufzufordern, anders zu entscheiden.

Eine Ombudsstelle für Pensionskassenfragen gibt es nicht.

Streitigkeiten mit der Haftpflichtversicherung oder mit einer haftpflichtigen Person

Streitigkeiten mit privaten Haftpflichtversicherungen oder haftpflichtigen Personen unterliegen dem Zivilprozessrecht (im Unterschied zum Sozialversicherungsrecht, siehe Kasten auf S. 143).

Dies hat für die Versicherten oder Betroffenen erhebliche Nachteile, denn ein Zivilprozess gegen eine haftpflichtige Person oder gegen ihre private Versicherung ist mit grossen Risiken verbunden.

- Die klagende Partei muss alle Elemente, die für die Begründung ihres Anspruches wichtig sind, selber zusammentragen.
- Sie ist verpflichtet, selber Beweise aufzutreiben und Zeugen zu bezeichnen.
- Sie muss sich ferner bewusst sein, dass sie – nach dem Einreichen der Klage – in der Regel dem Gericht nur noch einmal zusätzliche (neue) Fakten oder Beweismittel vorlegen darf. Sollte sich der Kläger/die Klägerin erst später an Beweise und Fakten erinnern, kann das Gericht diese Argumente bei der Urteilsfällung nicht mehr berücksichtigen.

Bei solch strengen Verfahrensvorschriften ist von einem Prozess ohne versierten Rechtsbeistand abzuraten.

Da die Versicherten das volle Kostenrisiko tragen, müssen sie, falls sie scheitern, nicht nur hohe Gerichtskosten, sondern auch hohe Entschädigungen für den eigenen und für den Anwalt der Gegenpartei berappen.

Diese Kosten sind deshalb sehr hoch, weil sie sich am Streitwert orientieren; in Haftpflichtprozessen wird oft um sehr hohe Summen gestritten. Bei Konflikten mit der Haftpflichtversicherung ist es deshalb sehr wichtig, sich genau über die Prozessaussichten zu informieren, bevor man die Klage einreicht.

Eine Klage gegen einen Haftpflichtigen oder gegen eine private Versicherungsgesellschaft muss bei einem ordentlichen Zivilgericht (Friedensrichter, Bezirksgericht) eingereicht werden.

Ein Urteil kann ans kantonale Obergericht und zuletzt an das Bundesgericht in Lausanne weitergezogen werden. Auch hier müssen die Verjährungsfristen

Vorsicht bei der Saldo-Quittung: Gütliche Einigungen mit der Versicherung können negative Folgen haben

Eine gütliche Einigung mit der Versicherung kann tückisch sein; es lohnt sich in solchen Fällen, die vorgeschlagene Vereinbarung von einer rechtskundigen Person überprüfen zu lassen.

Heikel sind vor allem die so genannten Saldo-Quittungen. Es kommt immer wieder vor, dass eine Versicherung eine Schlussabrechnung präsentiert und dabei den Verzicht auf jede weitere Forderung verlangt, eine so genannte «Quittung per saldo aller Ansprüche».

Die Folgen können verheerend sein. Während nämlich bei den Sozialversicherungen (zum Beispiel IV oder Suva) eine einmal gesprochene Rente aufgrund des veränderten Gesundheitszustandes neu beurteilt werden kann, ist das bei den privaten Unfall- und Haftpflichtversicherungen grundsätzlich nicht der Fall, wenn eine Saldo-Quittung unterschrieben wurde.

In diesen Fällen muss damit gerechnet werden, dass bei einer Verschlechterung des Zustandes die Versicherung einwendet, man habe eine Saldo-Quittung unterschrieben.

Deshalb sollte man in jedem Fall bei der Unterzeichnung einen Vorbehalt anmelden und damit zum Ausdruck bringen, dass man nicht auf weitere Leistungen verzichtet, falls sich der unfallbedingte Gesundheitszustand unerwartet verschlechtert.

Dass das Bundesgericht in diesem Bereich solche Saldoklauseln nicht ohne weiteres absegnet, zeigt das folgende Beispiel: Ein Mann akzeptierte eine Teilzahlung infolge Invalidität und unterschrieb die Saldo-Quittung. Überraschend starb er kurze Zeit später an den Folgen des Unfalls, der zur Invalidität geführt hatte. Er hatte auch ein Todesfallkapital versichert, und das musste die Gesellschaft ebenfalls auszahlen (unter Anrechnung des bereits bezahlten Invaliditätskapitals). Den Einwand der Versicherung, «per saldo» heisse «endgültig und unwiderruflich», liess das Bundesgericht nicht gelten.

berücksichtigt werden; sie können je nach Anspruch zwischen einem und zehn Jahren liegen.

Streitigkeiten mit den Zusatzversicherungen

Versicherungen nach Privatrecht sind im Kapitel zu den Unfall-Zusatzversicherungen angesprochen. In erster Linie handelt es sich um das Taggeld sowie die Privatspital-Zusatzversicherung der Krankenkassen nach Privatversicherungsrecht (VVG) sowie um die Erwerbsunfähigkeitsrenten, die ebenfalls dem Privatrecht unterstehen (siehe Seite 146 ff.).

Im Unterschied zum Verfahren im Sozialversicherungsrecht müssen hier die Versicherten im Streitfall die Versicherung beim zuständigen Zivilgericht direkt einklagen.

Punkto Prozessrisiko und den damit verbundenen Kosten für Gericht und Anwalt gilt hier das Gleiche wie bei den Streitigkeiten mit Haftpflichtversicherungen. ■

9
Der Rechtsweg

10 Beratungsstellen für Versicherte
Die wichtigsten Adressen

Aufsichtsbehörden
Bundesamt für Sozialversicherung
Effingerstrasse 20, 3003 Bern
Tel. 031 322 90 11
www.bsv.admin.ch

Das Bundesamt für Sozialversicherung (BSV) plant, lenkt und kontrolliert die Durchführung der Sozialversicherungen; zu ihnen gehören – nebst der Krankenversicherung – auch die Unfallversicherung nach UVG sowie IV und Pensionskassen.

Bundesamt für Privatversicherungen
Friedheimweg 14, 3003 Bern
Tel. 031 322 79 11
www.bpv.admin.ch

Das Bundesamt für Privatversicherungen (BPV) überwacht den Geschäftsbetrieb der privaten Versicherungsgesellschaften. Es ist auch für die Zusatzversicherungen der Krankenkassen zuständig, weil diese dem Privatversicherungsrecht unterstehen.

Anlauf- und Beratungsstellen
Gratis-Rechtsberatung von Saldo und K-Tipp
Juristen stehen den Abonnenten täglich während fünf Stunden für telefonische Anfragen zur Verfügung: jeweils von 9 bis 12 und von 13 bis 15 Uhr. Die Telefonnummer lautet: 01 253 83 83. Adresse für schriftliche Anfragen (bitte die Abo-Nummer angeben): K-Tipp, «Beratung», Postfach 431 8024 Zürich
oder beratung@ktipp.ch

Ombudsman der sozialen Krankenversicherung
Morgartenstrasse 9
6003 Luzern
Tel. 041 226 10 10
www.ombudsman-kv.ch

Der Krankenkassen-Ombudsman vermittelt bei Meinungsverschiedenheiten, die die obligatorische Grundversicherung der Krankenkassen betreffen, aber auch bei Streitigkeiten um Krankenkassen-Zusatzversicherungen nach VVG.

Ombudsman der Privatversicherung und der Suva
Kappelergasse 15
Postfach 2646, 8022 Zürich
Tel. 01 211 30 90
www.versicherungsombudsman.ch

Diese Ombudsstelle ist nicht für Fragen der Krankenversicherung zuständig, seit 2002 aber für die Unfallversicherung. Erwerbstätige, die obligatorisch gegen Unfall versichert sind, können sich nun an diese Ombudsstelle wenden – egal ob sie bei der Suva oder bei einer privaten Versicherungsgesellschaft versichert sind.

Procap Schweizerischer Invalidenverband
Froburgstrasse 4
Postfach, 4601 Olten
Tel. 062 206 88 88
www.siv.ch

Procap, der Schweizerische Invaliden-Verband, ist die grösste

Selbsthilfeorganisation für Menschen mit Handicap. Er bietet seinen Mitgliedern Kontakte, Beratung, Rechtsschutz in sämtlichen Fragen der Sozialversicherung, Beratung in behindertengerechtem Bauen, Vermittlung von rollstuhlgängigem Wohnraum, Kurse in allen Belangen der Selbsthilfe und Ferienangebote.

Pensionskassenberatung
Bei Fragen zur beruflichen Vorsorge können Sie sich an folgende Beratungsstellen wenden:

■ **Verein für unentgeltliche Auskünfte für Versicherte der Pensionskassen** (BVG-Auskünfte). Er betreibt Beratungsstellen in
Bern: Belpstr. 23
Frauenfeld: Rathaus, 3. Stock
Luzern: Taubenhausstr. 38
St. Gallen: Büro Bezirksgericht, Bohl 1
Zürich: Fraumünsterstr. 21
Besprechungstermin ist überall jeweils der erste Mittwoch des Monats, 17 bis 19 Uhr. Die Beratung erfolgt ohne Voranmeldung, dauert etwa 15 Minuten und ist gratis.
www.bvgauskuenfte.ch

■ **Verein für BVG- und Pensionskassen-Auskünfte,** Sekretariat der GGG, Schmiedenhof 10, 4051 Basel, telefonische Beratungen auch in Liestal, Telefonabfrage unter Tel. 061 261 02 62. Besprechungstermin ist jeweils der erste Montag des Monats von 17 bis 18.30 Uhr. Die Beratung erfolgt ohne Voranmeldung, dauert etwa 15 Minuten und kostet 10 Franken.

VZ Vermögenszentrum
Beethovenstrasse 24
8002 Zürich
Tel. 01 207 27 27
www.vermoegenszentrum.ch
www-Adresse für
Online-Versicherungsvergleiche:
www.vzonline.ch
Basel
Aeschengraben 20, 4051 Basel
Tel. 061 279 89 89
Bern
Spitalgasse 33, 3011 Bern
Tel. 031 329 26 26
Lausanne
Rue du Petit-Chêne 11
1003 Lausanne
Tel. 021 341 30 30
Zug
Bahnhofstrasse 12
6300 Zug
Tel. 041 726 11 11

Beratung für Patientinnen und Patienten
Patientenstellen
Sprechstunden nach Vereinbarung. Hotline für Nichtmitglieder:
Tel. 0900 104 12,
Fr. 2.– pro Minute inkl. MwSt.
Patientenstelle Zürich
Hofwiesenstrasse 3
Postfach, 8042 Zürich
Tel. 01 361 92 56
www.patientenstelle.ch
Patientenstelle Aargau
c/o Frauenzentrale
Bahnhofstrasse 57
Postfach, 5001 Aarau
Tel. 062 837 50 15

Patientenstelle Basel
Hebelstrasse 53
Postfach, 4002 Basel
Tel. 061 261 42 41

Patientenstelle Innerschweiz
St.-Karli-Quai 12
Postfach 5219
6000 Luzern 5
Tel. 041 410 10 14

Patientenstelle Thurgau
Zürcherstrasse 194a
Postfach 619
8501 Frauenfeld
Tel. 052 721 52 92

Patientenstelle Tessin
Via Visconti 1
Casella postale 1077
6500 Bellinzona
Tel. 091 826 11 28

Stiftung Schweizerische Patientenorganisation (SPO)
Gesamtschweizerische Beratungsnummer für Nichtmitglieder: Tel. 0900 567 047 (Mo–Do 9–12 Uhr; Fr. 2.13 pro Minute inkl. MwSt.)

SPO Zürich
Zähringerstrasse 32
Postfach 850, 8025 Zürich
Tel. 01 252 54 22
www.spo.ch

SPO Bern
Eigerplatz 12
Postfach 345, 3000 Bern 14
Tel. 031 372 13 11

SPO Olten
Im Spitalpark, Fährweg 10
4600 Olten
Tel. 062 206 77 26

SPO St. Gallen
Rosenbergstrasse 85
9000 St. Gallen
Tel. 071 278 42 40

OSO Lausanne
Rue du Bugnon 21
1005 Lausanne
Tel. 021 314 73 88

Schleudertrauma-Verband
Horneggstrasse 9
8008 Zürich
Beratungstelefon 01 388 57 00
(Mo, Di, Do, Fr 9–12 Uhr)
www.schleudertraumaverband.ch

Fragile Suisse
Beckenhofstrasse 70
8006 Zürich
Tel. 01 360 30 60
www.fragile.ch
Helpline für die Region Zürich und die Zentralschweiz
Tel. 0800 256 256
(gratis, Mo–Fr 10–13 Uhr)

Fragile Suisse ist die Vereinigung für hirnverletzte Menschen; sie bietet konkrete Unterstützung mit Publikationen, Beratungen, Vermittlung von Adressen sowie Kurse und Schulungen. Die Organisation setzt sich für die rechtliche Besserstellung hirnverletzter Menschen ein und vermittelt Vertrauensanwältinnen und -anwälte.

Vermittlung eines Anwalts oder einer Anwältin
Diese Stellen vermitteln Anwältinnen und Anwälte, die auf Sozialversicherungsrecht spezialisiert sind.

Schweizerischer Anwaltsverband
Marktgasse 4, 3011 Bern
Tel. 031 313 06 06
www.swisslawyers.com

**Demokratische Juristinnen
und Juristen der Schweiz**
Neuengasse 8
3011 Bern
Tel. 031 312 83 34
Sektionen in Basel, Bern,
Genf, Waadt, Neuenburg,
Schaffhausen, Luzern
und Zürich (Tel. 01 241 24 55)
www.djs-jds.ch (hier ist auch die
Liste der DJS-Anwälte abrufbar)

**Rechtsauskunftsstelle
Anwaltskollektiv**
Kernstrasse 8, 8004 Zürich
Tel. 01 241 24 33
(Mo–Fr 12.30–18.30 Uhr,
keine tel. Beratung.
Beratung Fr. 60.– pro halbe Std.)
www.beratungsnetz.ch/
rechtsauskunftsstelle

**Rechtsberatungsstelle für
Unfallopfer und Patienten U.P.**
Werdstrasse 36
8004 Zürich
Tel. 0800 707 277 (gratis)
www.rechtsberatung-up.ch

Derzeit sind etwa 45 Juristinnen und Juristen aus den Regionen Bern, Luzern und Zürich in der Beratung aktiv. Die meisten von ihnen sind Anwälte, die schwergewichtig im Haftpflichtrecht und im Sozialversicherungsrecht arbeiten. Die Beraterinnen und Berater informieren Sie, welche Versicherungsleistungen Ihnen zustehen. Sie prüfen, ob weitere medizinische Abklärungen nötig sind. Sie begutachten die Entschädigungsangebote von Versicherungen. Sie zeigen Ihnen, wie Sie zu Ihrem Recht kommen, und vermitteln Ihnen auf Wunsch kompetente Anwältinnen und Anwälte in der ganzen Deutschschweiz. Das Sekretariat reserviert Ihnen einen Beratungstermin. Eine Beratung von rund 45 Minuten kostet 80 Franken.

**Verzeichnis der wichtigsten
Krankenkassen und
Unfallversicherer**

Allianz
Bleicherweg 19
Postfach 2266
8022 Zürich
Tel. 01 209 51 11
www.allianz-suisse.ch

Assista TCS
Ch. de Blandonnet 4
Postfach 820
1214 Vernier/Genf
Tel. 022 417 27 27
www.tcs.ch

Assura
Av. C.F. Ramuz 70
1009 Pully
Tel. 021 721 44 11
www.assura.ch

Atupri (Krankenkasse SBB)
Zieglerstrasse 29
3000 Bern 65
Tel. 031 555 09 11
www.atupri.ch

Basler
Aeschengraben 21
4002 Basel
Tel. 0800 24 800 800 (gratis)
www.basler.ch

CSS
Rösslimattstrasse 40
6002 Luzern
Tel. 041 369 11 11
www.css.ch

EGK-Gesundheitskasse
Brislachstrasse 2
4242 Laufen
Tel. 061 765 51 11
www.egk.ch

Galenos
Militärstrasse 36
Postfach
8023 Zürich
Tel. 01 245 88 88
www.galenos.ch

Generali
Soodmattenstrasse 10
8134 Adliswil
Tel. 01 712 44 44
www.generali-assurances.ch

Groupe Mutuel
(Krankenkassen Mutuelle Valaisanne, Avenir, Hermes, Universa, CMBB/SKBH,/CMEL, Futura, Caisse Vaudoise, Mutualité, CM Fonction Publique, CM Isérables, CM Troistorrents, CM EOS, CM Chemin de Fer du Jura, Natura, Avantis)
Rue du Nord 5
1920 Martigny
Tel. 0848 803 111
www.groupemutuel.ch

Helsana
Stadelhoferstrasse 25
Postfach, 8024 Zürich
Tel. 0844 80 81 82
www.helsana.ch

Helvetia-Patria
St. Alban-Anlage 26
4002 Basel
Tel. 0848 80 10 20
www.helvetiapatria.ch

Innova
Bahnhofstrasse 4
3073 Gümligen
Tel. 031 954 25 00
www.innova.ch

Intras
Rue Blavignac 10
1227 Carouge
Tel. 022 827 92 92
www.intras.ch

KPT
Tellstrasse 18, 3000 Bern 22
Tel. 031 330 91 11
www.kpt.ch

Krankenkasse 57 (Smuv)
Weltpoststrasse 20, 3015 Bern
Tel. 031 350 22 00
www.smuv.ch

Mobiliar
Bundesgasse 35
Postfach 8726, 3001 Bern
Tel. 031 389 61 11
www.mobi.ch

National
Steinengraben 41
Postfach, 4003 Basel
Tel. 061 275 21 11
www.national.ch

ÖKK
Postfach 3235, 4002 Basel
Tel. 0800 816 816 (gratis)
www.oekk.ch

Pax
Aeschenplatz 13
4002 Basel
Tel. 061 277 66 66
www.pax.ch

Providentia
Postfach 302, 1260 Nyon 1
Tel. 022 363 94 94
www.providentia.ch

Rentenanstalt/Swiss Life
General Guisan-Quai 40
Postfach
8022 Zürich
Tel. 01 284 33 11
www.swisslife.ch

Sanitas
Lagerstrasse 107
Postfach, 8021 Zürich
Tel. 01 298 63 00
www.sanitas.com

SLKK
Hotzestrasse 53
Postfach, 8042 Zürich
Tel. 01 368 70 30

Supra
Chemin de Primerose 35
1000 Lausanne 3 Cour
Tel. 021 614 54 54

Suva Hauptsitz
Fluhmattstrasse 1, 6002 Luzern
Tel. 0848 830 830
www.suva.ch

Swica
Römerstrasse 38
8401 Winterthur
Tel. 0800 80 90 80 (gratis)
www.swica.ch

Vaudoise
Place de Milan
1001 Lausanne
Tel. 0800 811 911 (gratis)
www.vaudoise.ch

Visana
Weltpoststrasse 21
3000 Bern 15
Tel. 031 357 91 11
www.visana.ch

Wincare
Konradstrasse 14
8401 Winterthur
Tel. 052 261 77 77
www.wincare.ch

Winterthur Versicherungen
General Guisan-Strasse 40
Postfach 357
8401 Winterthur
Tel. 0800 809 809 (gratis)
www.winterthur.com/ch

Zenith
Tour Haldimand 6
Postfach 492
1009 Pully
Tel. 021 721 70 00
www.zenith.ch

Zürich Versicherung
Postfach
8085 Zürich
Tel. 0800 80 80 80 (gratis)
www.zurich.ch

Stichwortregister

A

Abfindung	40
Abnützungserscheinung	11
Abredeversicherung	14, 32
AHV	10, 35
Alkohol am Steuer	49
Arbeitgeberhaftung	123
Arbeitnehmer	8
Arbeitslose	12, 14, 31
Arbeitsunfähigkeit	30, 33, 44, 58
Arbeitsweg	23, 48
Arzt- und Spitalkosten	26 ff., 100 f.
ATSG	143
Aufsichtsbehörde BVG	146
Aufstiegschancen	105 f.
Ausbildung	31, 33 f.
Auslandbehandlung	29
Aussergewöhnliche Gefahren	49 f.
Autohaftpflicht-Versicherung	92 ff.
Autohalterhaftung	78, 91 ff.

B

Barwert *(siehe Kapitalisierung)*

Begehrungsneurose	19
Beratungsstellen	141
Bereits bestehende Krankheit	43 ff.
Bergbahnbetreiber-Haftung	87 f.
Berufskrankheit	22
Berufsunfall	8, 23, 48
Beschwerde	142 ff.
Bestattungskosten	45, 101 f.
BVG	64 ff.

E

Einkommensveränderung	31 f., 103
Einsprache	142 ff.
Einzel-Unfallversicherung	55
Erbschaft	104
Ergänzungsleistungen gemäss AHV	135 f.

Erwerbsausfall, Erwerbsschaden *(siehe Lohnausfall)*

Erwerbsunfähigkeit	30, 33, 44, 58
Erwerbsunfähigkeits-Versicherung	61 ff., 69 f.

F

Fahrlässigkeit	46 ff., 51, 81, 95 f.
Fahrzeugähnliche Geräte	83 f.
Familienoberhaupt-Haftung	84 f.
Ferienersatz	100

Freizeit *(siehe Nicht-Berufsunfall)*

Fristenberechnung	145
Führerflucht	137 f.
Fussgängerhaftung	82 f.

G

Gartenteich	86
Gefährdungshaftung	77, 95
Gefälligkeit, Gefälligkeitsabzug	92, 121, 132
Geldleistungen gemäss UVG	29 ff.

Genugtuung *(siehe Schmerzensgeld)*

Gericht, Gerichtsverfahren	140 ff.
Geschäftsauto	93
Geschäftsherrenhaftung	91

Grobfahrlässigkeit *(siehe Fahrlässigkeit)*

H

Haftpflichtversicherung	28, 126
Haftung/Haftpflichtrecht	72 ff.
Haftungsprivileg	125
Haftungsreduktion	94 ff., 118 ff.
Halbprivat-Spitalbehandlung	55, 101
Halter und Mithalter eines Autos	92 ff.

Hausbesitzerhaftung 76f., 85ff.
Hausfrauen 55ff.
Haushaltführung, Haushaltschaden 110ff.
Heilungskosten *(siehe Arzt- und Spitalkosten)*
Hilflosenentschädigung gemäss IV 67f.
Hilflosenentschädigung gemäss BVG 38f.
Hinterlassenenrenten *(siehe Witwen- oder Waisenrente)*
Höhere Gewalt 119
HWS *(siehe Schleudertrauma)*

I
Inlineskaterhaftung 83f.
Integritätsentschädigung gemäss UVG 35f., 128, 133
Invalidenrente gemäss IV 66
Invalidenrente gemäss UVG 33ff., 61
Invalidenrente gemäss BVG 66
Invalidenversicherung (IV) 34f., 66ff., 144
Invaliditätsgrad 30, 33, 64, 66f., 106

K
Kaderleute 54f.
Kapitalabfindung 104ff., 108
Kapitalisierung, Kapitalisierungszinsfuss 106ff.
Kausalhaftung 76ff.
Kausalzusammenhang 16, 46, 81
Kinderbetreuung 112
Kinderschäden 75
Komplementärrente 34f.
Konkubinat 128, 135
Kostenbeteiligung (Franchise und Selbstbehalt) 27, 31, 124

Krankenkasse 8, 26f., 42, 55, 124, 140, 144f.
Krankenversicherungsgesetz 59
Krankheit 8
Krankheitsrisiko 61ff.
Kuren 27

L
Leistungskürzung 43ff., 136
Lohnausfall 29ff., 105ff.
Lohnschwankung *(siehe Einkommensveränderung)*

M
Meldepflicht 23
Mietauto 93
Militär 11, 32, 34, 50

N
Nationaler Garantiefonds 83, 138
Nebenjob 13, 115
Nicht-Berufsunfall (NBU) 8, 23, 46ff.

O
Ombudsstellen 142
Opferhilfe 134ff.

P
Pensionskasse und BVG 64ff., 145
Personenschaden 98ff., 135f.
Pflege- und Betreuungsschaden 116ff.
Pistensicherheit 88
Privathaftpflicht-Versicherung 72ff., 83, 89
Privat-Spitalbehandlung 55, 101
Produktehaftpflicht 90f.
Provokation 50
Prozesskosten 147
Psychische Leiden 17ff., 45f.
Putzfrau 10

157

R

Rauferei *(siehe Schlägerei)*
Rechtsschutz-Versicherung 140
Rechtsweg 141 ff.
Regress 122 ff.
Rentenkürzung *(siehe Leistungskürzung)*
Rückfall 32

S

Sachschaden 28, 99, 134
Saldo-Quittung 147
Schaden, Schadenberechnung, Schadenersatz 98 ff., 135
Schadenminderungspflicht 101, 120
Schadenversicherung 58
Schlägerei 50, 80, 136
Schleudertrauma 20 f., 44 f.
Schmerzensgeld 126 ff., 136 f.
Schwarzarbeit 11
Selbständigerwerbende 12, 59 ff., 67 ff.
Selbstgefährdung 119
Selbstmord 17, 45
Selbstverschulden 94 ff., 118, 132, 136 f.
Skifahrerhaftung 79 f.
Skiliftbetreiber-Haftung 87 f.
Snowboarderhaftung 79 f.
Sozialversicherungsrecht 143 ff.
Spitalzusatzversicherung 27
Spitex (Hauspflege) 26, 28
Sport 52 ff., 118
Strafgericht 80
Straftat 134 ff.
Strolchenfahrt 94
Summenversicherung 58
Suva 8, 14, 21, 52 f.

T

Taggeld gemäss IV 67
Taggeld gemäss UVG 29 ff.
Taggeldversicherung 56 ff.
Teilzeitbeschäftigte 12, 48, 111, 114 f.
Tierhalterhaftung 88 ff.
Tierschaden 98

U

Überentschädigung 34, 69
Unbezahlter Urlaub 14, 32
Unfall, Unfallbegriff 8 ff.
Unfallähnliche Körperschädigung 24
Untersuchungsgrundsatz 143
Urteilsfähigkeit 45, 75, 81

V

Velofahrerhaftung 82 f.
Velovignette 83
Veranlagung 120
Verfügung 142 ff.
Vergehen und Verbrechen 48 ff.
Verhaltensregeln 80 f.
Verjährung 138 f., 145 ff.
Verjährungsverzicht 146
Vermögensdelikt 135
Vermögensschaden 99 f.
Verschulden 79 ff.
Verschuldenshaftung 72
Versicherungsvertragsgesetz (VVG) 59
Versicherter Verdienst 30
Versorger, Versorgerschaden 102 ff.
Vorleistungspflicht 100 f.

W

Wagnis, Wagemut 50 ff.
Waisenrente 39 ff., 65 f.
Wanderwege 87
Wartefrist 58
Werkeigentümerhaftung 86
Widerrechtlichkeit 80
Wiedereingliederung 67, 138
Wiedereinstieg ins Berufsleben 114

Witwe	103 f.
Witwenrente	39 ff., 65 f.

Z

Zahnschaden	15 f.
Zivilgericht, Zivilprozess	80, 146 ff.
Zumutbare Behandlung	44
Zusatzversicherung	54 ff.

Die *saldo*-Ratgeber:
Kompetent, aktuell und günstig.

Das aktuelle Mietrecht im Überblick
Vom Mietantritt bis zur Kündigung
- So schützen Sie sich gegen unberechtigte Mietzinserhöhungen
- Unzulässige Kündigung
- Die Voraussetzungen einer Erstreckung

E-Banking für jedermann
Was Sie zum Umgang mit Geld übers Internet wissen müssen
- Technische Voraussetzungen und Software
- Vor- und Nachteile des Online-Banking
- Was ist mit der Sicherheit?
- Checklisten für das Finden guter Angebote

Erben und Vererben
Vom Testament bis zur Erbteilung
- Nach einem Todesfall: Das muss sofort getan werden
- Das Wichtigste zu Testament und Erbvertrag
- Berechnung der Pflichtteile
- Erbvorbezug und Darlehen
- Grundsätze der Erbteilung

Gut vorsorgen: Pensionskasse, AHV, 3. Säule
Die drei Säulen auf einen Blick
- So kontrollieren Sie die Gutschriften für AHV und Pensionskasse
- So berechnen Sie die Altersrenten von AHV und Pensionskasse

Neues Scheidungsrecht
Von der Trennung bis zur Scheidung
- So wird das Vermögen und das Pensionskassenguthaben aufgeteilt
- So berechnen Sie die geschuldeten Unterhaltsbeiträge
- Unterhaltsbeiträge für Kinder

Die Rechte von Eltern und Kind
Von der Schwangerschaft bis zur Mündigkeit
- Was bezahlen Krankenkasse und Arbeitgeber bei der Geburt?
- Wann machen sich Kinder oder Jugendliche strafbar?
- Wie geht man bei einer Adoption vor?

Medienrecht für die Praxis
Vom Recherchieren bis zum Prozessieren
- Das Recht auf Information
- Voraussetzungen für Publikationsverbote
- Gegendarstellung und Berichtigung
- Schadenersatz und Genugtuung

Die eigene Website
Handbuch zum Erstellen einer eigenen Homepage
- Planung und Aufbau
- Gestaltung
- Homepage erweitern mit Links
- Bilder einbauen
- Interaktive Seiten
- Aufschaltung der Site

Ich bestelle folgende *saldo*-Ratgeber

- ☐ Das Mietrecht im Überblick
- ☐ E-Banking für jedermann
- ☐ Erben und Vererben
- ☐ Gut vorsorgen: Pensionskasse, AHV, 3. Säule
- ☐ Neues Scheidungsrecht
- ☐ Die Rechte von Eltern und Kind
- ☐ Medienrecht für die Praxis
- ☐ Die eigene Website

Sie haben drei Möglichkeiten zu bestellen:
übers Internet www.saldo.ch,
per Fax 01 253 90 50 oder mit diesem Coupon.

Vorname/Name

Strasse

PLZ/Ort   u/h

Coupon einsenden an:
saldo, Aboverwaltung, Postfach 75, 8024 Zürich